Fuchs
Heilen und befreien

29.80

Ottmar Fuchs

Heilen und befreien

Der Dienst am Nächsten als Ernstfall von Kirche und Pastoral

Patmos Verlag Düsseldorf

Fundort von »Das Armenwesen« (Umschlagrückseite):
Martin Buber, Die Erzählungen der Chassidim,
Zürich 1949, 360 f.

CIP-Titelaufnahme der Deutschen Bibliothek

Fuchs, Ottmar: Heilen und befreien : der Dienst
am Nächsten als Ernstfall von Kirche und Pastoral / Ottmar Fuchs. –
1. Aufl. – Düsseldorf : Patmos Verl., 1990
ISBN 3-491-77799-2

© 1990 Patmos Verlag Düsseldorf
Alle Rechte vorbehalten
1. Auflage 1990
Umschlaggestaltung: Peter J. Kahrl, Neustadt/Wied
Umschlagbild: Otto Dix, Der Streichholzhändler (Bildvorlage:
Staatsgalerie Stuttgart)
Gesamtherstellung: Bercker Graphischer Betrieb GmbH, Kevelaer
ISBN 3-491-77799-2

Inhalt

Vorwort

Das vorliegende Buch ist als ein »*Lesebuch*« zur *Diakonie* der *Kirche* und ihrer Pastoral gedacht.

»*Kirche*« meint hier immer beides, im engeren Sinn die katholische Kirche, in deren Innenbereich ich lebe und arbeite und von der ich herkomme, im weiteren Sinn aber auch die ökumenische Kirche der Kirchen, die indessen ihr jeweiliges Mitgemeintsein selbst einschätzen mögen.

Unter »*Diakonie*« verstehe ich den Bereich der Kirche, den Jesus von Nazaret als das Gebot der Nächstenliebe dem Gebot der Gottesliebe gleichgestellt hat (Mt 22,39). Mit Diakonie ist demnach diese theologisch-inhaltliche und kirchlich-praktische Seite des Christentums angesprochen (nicht etwa nur der Wohlfahrtsverband »Diakonisches Werk«, wie auch der Begriff »Caritas« dem entsprechenden Wohlfahrtsverband vorbehalten ist). Ich beschränke mich auf die Diakonie hierzulande und gehe nicht eigens und ausgeführt, wie es sein sollte, auf die globale diakonische Verantwortung der Christen für den Frieden unter den Völkern, für die soziale Gerechtigkeit zwischen Nord und Süd, für die Erhaltung der natürlichen Umwelt usw. ein. Dabei orientiere ich mich an Mutter Teresa, die einmal auf die Anfrage, was denn angesichts der vielen Nöte in der Welt zu tun sei, mit der Aufforderung geantwortet hat, sich die Frage zu stellen: »Wo und wer sind die Armen in unserer Stadt (in unserem Dorf, in unserem Land)?« Wenn nicht hierzulande den näheren geschädigten und fremden Menschen gegenüber Diakonie geschieht und entsprechende Erfahrungen gemacht werden, werden wohl auch die Offenheit und Sensibilität für die Weltdiakonie an den fernsten Nächsten und für die Zukunftsdiakonie den künftigen Nächsten gegenüber nicht kraftvoll und ausdauernd genug sein, weil sie dann zu wenig konkrete Verankerung im alltäglichen Leben der Menschen haben. Wenn unsere Lebenswelt nicht diakonischer wird, wird auch die Welt wenig Diakonie von unserem Leben haben.

»*Lesebuch*« bedeutet, daß hier keine durchgehende theologische Abhandlung vorliegt, sondern ein Mischtext von erzählenden, beschreibenden, argumentativen und skizzierten Teilen. Dies hat zur Folge, daß sich manche Inhalte in unterschiedlichen Kontexten und Perspektiven zeitweise wiederholen können, was sie dann als besonders ausschlaggebende Positionen und Einsichten hervortreten läßt (von denen man gern sagt, daß man sie »nicht oft genug hören kann«). Die Gattung »Lesebuch« bringt es auch mit sich, daß nur eine Auswahl von der Literatur berücksichtigt wurde, die man eigentlich zum Thema »Diakonie« bemühen sollte, beanspruchte man, eine Monographie dazu zu schreiben. Deshalb auch der Verzicht auf eine Literaturliste. (Mehrfache Anmerkungshinweise bezüglich derselben Publikation werden im Kapitel der ausführlichen Erstbenennung anschließend mit Kurztiteln markiert, in weiteren Kapiteln bei ihrer ersten Nennung mit Kurztitel und Hinweis auf die Anmerkung, wo die vollständige Angabe steht.)

Herzlich bedanke ich mich für die Schreibarbeit meiner Mitarbeiterin Frau Gertrud Böhnlein sowie für die kritische Lektüre und intensiven inhaltlichen Anregungen meines Doktoranden Gregor Fehrenbacher.

Bamberg, im Juli 1990   *Ottmar Fuchs*

1. Annäherungen in Geschichten

1.1 Richtungsanzeigen

a) Persönliches

Nicht zuerst abstrakte Gedankengänge, sondern konkrete Begegnungen mit beschädigten und kranken Menschen haben mich und dann auch mein theologisches Denken radikalisiert und etwas heftiger als vorher gemacht. Darin zeigt sich so etwas wie die radikalisierende Kraft des Einzelhaftigen in der eigenen Biographie, wenn es insbesondere in direkten Beziehungen und im Risiko wegbegleitender Begegnungen (mit den Investitionen an Zeit und Treue) dauerhaft ernst genommen und zu leben versucht wird. Dann gibt es nicht nur generative Themen, sondern vielmehr generative Begegnungen, die nicht quantitativer Natur sind (allzu viele davon kann man sich nicht leisten, will man nicht gerade darin kollabieren): als Quellen des Lebens und als Erfahrung der eigenen Begrenzung.

Dies hat nichts mit falscher Opfer- oder Selbstlosigkeitsideologie zu tun, sondern beruht auf dem Tatbestand, daß solche Begegnungen ihre Kraft und Ressourcen in sich selber haben und entfalten. Nur im Singulären (und nie im Allgemeinen) kommen Wort und Tat in der eigenen Existenz zusammen. Die eigene Leidens- und Mitleidensfähigkeit entfaltet sich nicht abstrakt, sondern in der Wucht von meist wenigen, aber tiefgehenden Beziehungen der Freundschaft und Solidarität. Flächendeckende Pastoral ist ausgesprochen geeignet, vor solchen Intensitäten zu fliehen.

Nicht nur »der Teufel«, sondern auch Gott »liegt im Detail«. In den konkreten Gebrochenheiten und Details entdecke ich meinen Ort innerhalb des Glaubens und der Umkehr. Wie die Berufung des Christenmenschen vorerst ein Tatbestand meiner eigenen Existenz ist, so beginnt die Verbindung von Wort und Tat, von Glaube und Umkehr in den Möglichkeiten und Unmöglichkeiten meines in vieler Hinsicht begrenzten Lebens. Auch die

Begegnung mit helfenden Menschen, die mit hilfs- und befreiungsbedürftigen Menschen umgehen und leben, hat Lebensräume zutage gefördert, die meine Theologie und meinen Kirchenbegriff verändert haben. Die vorbehaltlose Diakonie allen Leidenden ohne Ausnahme gegenüber erweist sich dann als unbeliebiger praktischer Bestandteil des Glaubens an die unbedingte Liebe Gottes uns gegenüber.

Einige Erfahrungen seien im Detail vorangestellt: Aus meiner Verwandtschaft hat ein zehnjähriges Mädchen eine Erbanlage mitbekommen, die verschiedene Formen annehmen kann, von leichteren bis zu schwersten Behinderungen. Bei ihr sind nur leichte Sprachschwierigkeiten und Verhaltensüberraschungen wahrzunehmen. In den Ferien kommt sie öfter ein paar Tage zu mir. Bei einem Spaziergang im Sommer hat sie erzählt, was sie in der Schule an Grausamkeit und Aussperrung erlebt: weil sie in ihrer etwas bräunlichen Hautpigmentierung etwas anders aussieht, weil sie zeitweise hilfloser ist und anders reagiert als die anderen. Und sie hat mir dabei die im Moment schlimmste Beschimpfung unter den Kindern erzählt, die auch sie abbekommt: »Du hast ja Aids!« Und dann erzählt sie: »Ich darf ja gar nicht heiraten, weil ich wegen meiner braunen Flecken keine Kinder bekommen darf. Aber ich habe schon einen Freund, den Martin, den ich gern sehe!«

Es hat mir die Eingeweide vor Schmerz und Wut zusammengezogen: darüber, was dieses Mädchen auszuhalten hat. Das Schlimme ist, daß ich selbst nicht viel dagegen tun kann, denn ich habe auf ihre Lebenswelt keinen verändernden Einfluß. Von dieser direkten Begegnung mit einer »Benachteiligten« eröffnet sich mein Theologisieren nicht mehr als auch oder beliebig diakonal, sondern als unbedingt diakonal. Und die Rede von der Evangelisierung hierzulande kann nur einen Sinn haben, wenn sie mit solchen Menschen zu tun hat! Von daher ist mir zunehmend jede Theologie zuwider (und dies trifft nicht zuletzt meine eigene theologische Vergangenheit), die in generalisierender Langeweile optionslos und ohne Biß daherkommt und über alles Mögliche im »Sowohl-als-auch« ebenso ausgeglichen und öde wie flüssig und gekonnt zu sprechen weiß. Spät genug liegen mir zuweilen die Frage und das Schweigen näher als die Antwort und das Reden.

Anläßlich eines Besuchs der Eltern von Erstkommunionkindern

in einer Pfarrei komme ich in eine Arbeiterfamilie. Der Vater erklärt mir: Mit der Kirche haben wir nichts zu tun, aber unsere Tochter soll schon zur Kommunion gehen. Im Wohnzimmer ist das Sofa zum Bett umgebaut. Der Vater deutet auf die Großmutter und sagt:»Die Oma geben wir nicht her. Sie ist zwar pflegebedürftig. Aber unsere Familie ist ja groß genug, sich rund um die Uhr abzuwechseln.« Mir ist deutlich geworden: Selbstverständlich hat diese Familie mit Kirche zu tun, weil sie dem Reich Gottes auf der Tatebene vielleicht näher ist als diejenigen, die in den kirchlichen Zentren die Rede von Gott führen.

Als Kaplan war ich in einer Gemeinde, in der sich auch das Obdachlosenasyl befand. Man kann sich gut vorstellen, daß daher an unserer Haustür allerhand los war. Ein Obdachloser kam regelmäßig, um seine Essensmarken und manchmal auch Geld zu erhalten. Wir unterstellten diesen Männern, daß sie nur etwas haben wollten, und behandelten sie im Grunde als Objekte unserer Hilfsbereitschaft. Bis mir etwas Entscheidendes aufging. Ich hatte damals etwas mehr Zeit und fing mit ihm ein Gespräch an: Ich gab diesem Mann endlich die Möglichkeit zu einer Begegnung, in der er selbst die Fassaden des Habenwollens abstreifen und von sich erzählen konnte. Im Zuhören wuchs meine Erschütterung, und ich merkte immer mehr, daß hier jemand steht, der in seinen Erfahrungen mit Kirche und Mensch und auch mit Gott Prophetisches für Christ und Kirche zu sagen hat. Was er erzählte, war und ist als Kritik für mich und die Kirche wichtig!

Es wäre gut gewesen, hätte es in unserer Kirche eine kommunikative Form gegeben, in der dieser Mann seine Erfahrung in der Verkündigung aussprechen hätte können. Mir war klar, daß seine Geschichte in der Gemeinde hätte zu Wort kommen müssen. In dieser Begegnung ist mir aufgegangen, daß wir gerade solche Menschen vom»Rande« als Subjekte wahrnehmen sollten, weil sie von ihrer eigenen Erfahrungswelt her für die»Mitte« etwas ganz Entscheidendes zu geben haben und deshalb für die Verkündigung wichtig, ja theologisch»verdächtig« sind!

Vor einiger Zeit hat jemand, der in besonderer Weise gerade die Unbarmherzigkeit einer Kirchengemeinde und ihrer Hauptamtlichen erfahren hat, gesagt:»Ich verstehe das nicht. Da glauben die Christen an einen Gott der Liebe, sie behaupten, daß sie in der Kirche und in den Sakramenten Gottes Liebe erfahren. Aber ich frage mich, wo diese unendliche Liebe, die sie ständig in sich aufnehmen dürfen, bleibt. Ich habe den Eindruck, daß Gottes Liebe in den Christen einfach versickert und verschwindet: und damit nach außen, denen gegenüber, die auch etwas von dieser Liebe brauchen könnten, fruchtlos bleibt!«[1] Der selbst an den Rollstuhl gebundene Pastor Ulrich Bach erzählt folgende Geschichte:»Eine Gruppe von Rollstuhlfahrern geht zum Schwimmen. Darunter sind einige Querschnittgelähmte. Von denen sind einer oder zwei inkontinent (Inkontinenz heißt Unfähigkeit zur willkürlichen Regulierung von Stuhl- bzw. Harnentleerung). Welcher Mitarbeiter geht mit ihnen ins Wasser? Karl macht das und Susi; und andere sagen: igitt, das könnte ich nicht.«[2] Dieses Zitat wie auch die folgenden Bemerkungen fasse ich zunächst analytisch-beschreibend auf. Ich will damit nicht moralisieren. Ich weiß aus eigener mehrmonatiger Pflegeerfahrung (in der geriatrischen Abteilung eines Bezirkskrankenhauses), daß der Abbau des Ekels nicht von heute auf morgen möglich ist. Die Widerstände sind massiv, und es gibt immer wieder auch Grenzen dessen, was einem möglich ist. Nur: Wer sich diese Grenzen durch den »Igitt-Ekel« der ach so ästhetisch empfindsamen Zeitgenossen von vornherein zu eng ziehen läßt und nicht selbst an der Erweiterung seiner diesbezüglichen Möglichkeiten arbeitet, verdrängt diese Dimension menschlicher Existenz und zersetzt seine eigene Fähigkeit, Grenzen dann zu überschreiten, wenn es darum geht, die »Negativseiten« des Lebens und darin diejenigen, die darunter leiden, an sich herankommen zu lassen bzw. zu diesen hinzugehen und mit ihnen für beide Seiten helfende und befreiende Kontakte aufzunehmen.

In diesen »igitt«-Leuten zeigt sich die ganze schöne Gesellschaft, die mit den »Abfällen« nichts mehr zu tun haben will, die sie zum größten Teil selber produziert (Geschädigte im Straßenverkehr, in Umweltkatastrophen, in der Arbeitswelt, im mili-

---

[1] N. Mette spricht von einer »Spiritualität« in bedenklicher Nähe zur »autosuggestiven Erbauungspsychologie«, in: Sozialpastoral, in: P. Eicher/ders. (Hrsg.), Auf der Seite der Unterdrückten? Theologie der Befreiung im Kontext Europas, Düsseldorf 1989, 234–265, hier 264. Zur notwendigen Verbindung von Diakonie und Glaube vgl. insgesamt R. Völkl, Nächstenliebe – Die Summe der christlichen Religion?, Freiburg 1987.

[2] U. Bach, Kreuzes-Theologie und Behindertenhilfe, in: Pastoraltheologie 73 (1984) 6, 211–224, hier 223.

tärischen Bereich, durch Drogen und Medikamente u.v.a.). Ähnliches zeigt sich im ökologischen Bereich in der verschwenderischen Produktion und in der schädlichen Vernichtung der Abfälle; ähnliches zeigt sich in der Verdrängung und Unterdrückkung des Leidens und der Schuld. Die Kultur produziert einen Ekel, der zum Gehabe des Gesunden wird und der es ihm emotional verunmöglicht, die Negativseiten des Daseins in die Bestimmung seines Lebens wie auch seiner Freiheit und Identität aufzunehmen. »Die Beziehung, die den Menschen zu ihren eigenen Ausscheidungen eingebleut wird, liefert das Modell für ihren Umgang mit sämtlichen Abfällen ihres Lebens«,[3] also für ihren Umgang mit sämtlichen Negativerfahrungen des Schwachen, Niederen und Peinlichen und mit sämtlichen Negationen des allgemein Anerkannten, Plausiblen und Geläufigen. Demgegenüber gilt es jetzt, »die Brauchbarkeit des Unbrauchbaren, die Produktivität des Unproduktiven neu zu durchdenken, philosophisch gesprochen: die Positivität des Negativen aufzuschließen und unsere Zuständigkeit auch für das Unbeabsichtigte zu erkennen.«[4]

Von meinen Erfahrungen eines monatelangen Zusammenlebens mit behinderten Menschen in einem Lebens- und Arbeitszentrum für spastische Menschen in England her waren es vor allem zwei Momente, die in der intensiveren Begegnung tiefen Eindruck machten: einmal die Individualität, zum anderen die Grenzüberschreitung. Behinderte Menschen haben aufgrund ihrer Stigmata und der darin erlittenen Lebensgeschichte eine Einmaligkeitskraft und Originalität, die sonst bei den Grau in Grau sich angleichenden Zeitgenossen selten zu finden ist. Und: Ihre ungehemmte Offenheit, »normale« Grenzen in Begegnungen im spontanen körperlich-zärtlichen Aufeinanderzugehen zu überschreiten, schafft Beziehungen, die beiderseits tiefe emotionale Bande des Liebhabens aufkommen lassen. Um wieviel reicher würden unsere zwischenmenschlichen Begegnungen sein, könnten wir diese beiden Dimensionen auch für die sogenannten Normalen retten. Noch etwas anderes habe ich gelernt: Nicht wenige von ihnen sind anfangs oft schlecht zu verstehen. Ungeduldige Zeitgenossen geben nach ersten empathischen Versu-

[3] P. Sloterdijk, Kritik der zynischen Vernunft, Bd. 1, Frankfurt/M. 1983, 288.
[4] Sloterdijk, Kritik, 289.

chen ihre Mühe auf und sagen immer mehr, verbunden mit um so häufigerem Nicken, »ja, ja«, ohne etwas verstanden zu haben. Sie investieren nicht die Zeit und Mühe, die körperliche Schwierigkeit *und* Fähigkeit der behinderten Stimme zu erfahren: wie die Worte mühsam und langsam geformt und schließlich in einer Stimme, die Ausdruck des ganzen Körpers ist, gesprochen werden. Dabei kann man sie gut verstehen und ihre Worte in neuer Weise erleben, wenn man sich auf die Körperlichkeit ihrer Stimme einläßt und sie nicht wegen der Anfangsschwierigkeiten vorschnell überspielt und dadurch in schlimmer Weise für unwichtig erachtet, was der Betreffende sagen will und was einen ganzheitlichen Ausdruck seiner Existenz darstellt.

b) Unbehagen

Während immer mehr Zeitgenossen in der Gesellschaft die zentrale Aufgabe und Daseinsberechtigung der Kirche in ihren sozialen und diakonischen Leistungen sehen, nimmt die Diakonie im Selbstbewußtsein der Kirche sowie in ihrer Pastoral und Gemeindebildung eine eher marginale Stellung ein. Hier geschieht das »Eigentliche« in der Predigt, in den Sakramenten und Gottesdiensten, auch in der Glaubensvergewisserung im Bibel- und Glaubensgespräch. Dies zeigt sich empirisch in der Erfahrung, daß kirchennahe und fernstehende Christen mit dem Stichwort »Kirche« solche Wörter wie »Pfarrer«, »Kirchenbau« und »Gottesdienst«, allenfalls den »Religionsunterricht« assoziieren, höchst selten aber z. B. den Caritasverband und seine Einrichtungen, etwa ein Behinderten- oder Altenheim in kirchlicher Trägerschaft, mit »Kirche« verbinden. Letzteres gilt offensichtlich als »Vorfeld« der Kirche und Pastoral und damit als Anwendung des Eigentlichen (und nicht als das Eigentliche selber).

Auch wenn man die »Aktiven« und Pfarrer unserer Gemeinden fragt: »Was ist das Entscheidende am Christsein?«, dann wird wahrscheinlich häufig die Antwort kommen: ». . . daß man an Gott, daß man an Christus glaubt!« Die Pfarreien sind der Ort, wo den Menschen der christliche Glaube in der Predigt und in den Sakramenten verkündigt wird und wo (wenn es sich um eine besonders lebendige Gemeinde handelt) die Gläubigen selbst über ihren Glauben miteinander sprechen lernen. Zunächst einmal gilt: Dies alles ist gut so und für die Identität der Kirche notwendig.

Und doch kann dabei mit dem Blick auf Jesus selbst und seine Art und Weise, das Evangelium zu verkünden, eine intensive Unbehaglichkeit nicht leicht weggewischt werden. Zu viele Begegnungsgeschichten und Gleichnisse Jesu gibt es, in denen überraschend deutlich wird: Wenn er vom Evangelium und vom Reich Gottes spricht, dann hat er schon heilend und helfend gehandelt. So erlöst er die Menschen von zerstörerischen Besessenheiten und identifiziert diese Tat mit der Ankunft des Reiches Gottes (vgl. Lk 11,20).

Bei Jesus sind Gottes- und Nächstenliebe bis zur Fremden- und Feindesliebe sich gegenseitig gleichstufig auslegende und bedingende Vorgänge. Das zeigen seine Worte, seine Geschichte und sein gesamtes Lebenszeugnis. Diese *Praxis* erst legt seine Verkündigung zutreffend aus.

Die wenigen Andeutungen zeigen: Christsein erschöpft sich weder in einem gemeinsamen Bekenntnis zu formulierten Wahrheiten des Evangeliums noch in einer gedanklichen und denkerischen Zustimmung zur wahren »christlichen Weltanschauung«, sondern klagt die Wahrheit seiner selbst in der Tat der konkreten Nachfolge Jesu und damit in der Praxis der Liebe und Befreiung ein. Natürlich bleiben Bekenntnisse, Lieder, Gebete, Bilder und Liturgie unerläßlich, aber sie gewinnen ihre Wichtigkeit für das reale Leben und ihre existentielle Bedeutung – wie bei Jesus, der in der Tat Ausdruck des Wortes Gottes ist – nur in der notwendigen Verbindung mit den konkreten Vollzügen der Orthopraxie, des rechten Handelns und Begegnens für- und miteinander. Läßt man sich die Identität der Kirche dergestalt von der Praxis Jesu her füllen, dann geht es bei ihr nicht zuerst um die Einheit derer, die so recht in ihrem Milieu und ihren Einstellungen vereinsideologisch zusammenpassen, sondern vielmehr um die spannungsreiche und riskante Aufnahme der Kleinen und Schwachen, der Notleidenden und Unterdrückten, der Fremden und der anderen, der Gestörten und der Störer. Eben solches Handeln macht Jesu Reich-Gottes-Verkündigung aus, auch (bezeichnenderweise!) gegen die Einwände seiner Jüngerschaft (vgl. Mt 19,13).

Ohne heilende und befreiende Begegnungen, ohne helfendes und solidarisches Handeln leistet sich Jesus keine Rede von

Gott. Auf uns übertragen: Ohne eine an Jesus orientierte Praxis hängt der Glaube an Christus»in der Luft« von lediglich in der Verkündigung behaupteter und in der Liturgie gefeierter Menschenfreundlichkeit Gottes: als ob letztere nicht auch mit der Menschenfreundlichkeit *der Menschen* zu tun hätte.

Die Diakonie als die Nächstenliebe im Ernstfall des mitmenschlichen und lebensrettenden Umgangs mit Notleidenden und unterdrückten Menschen sowie der Solidarisierung mit Betroffenen und mit denen, die sich ihrerseits um die Betroffenen kümmern, als praktisch-notwendige Basis der Kirchenbildung, der Verkündigung und Pastoral einzusehen und zu verwirklichen, steht angesichts der Angstzonen in der Welt und der Notzonen in der Gesellschaft mit höchster Dringlichkeit an. Ereignet sich die christliche Rede von Gott tatsächlich im Horizont der zwischenmenschlichen Diakonie, dann kommt auch wieder mehr in den Blick, daß Gottes Geschichte mit den Menschen selbst *als* Diakonie, als *sein* heilendes und versöhnendes Handeln an den Menschen aufgefaßt und erlebt werden kann. Die Verkündigung dieses Gottes hat demnach selbst diakonische Qualität: Andernfalls macht sie als Herrschaftswissen mehr Unterdrückung und Angst, als daß sie hilfreich ist.

In einer Zeit, wo die Menschen der kommenden Generation zu befürchten haben, daß ihr individueller Tod mit der »Apokalypse«, also mit dem kollektiven Tod des Untergangs der ganzen Menschheit zusammenfällt, wo also die Reich-Gottes-Zukunft als katastrophaler Einbruch in die Geschichte denkbar ist, kann die christliche Hoffnung nicht mehr leicht einem linear-kontinuierlichen Übergang von jetziger Geschichte in das Reich Gottes hinein (etwa in der Phantasierung eines weltweiten ökologischen und handlungsethischen Fortschritts) das Wort reden, ohne für diese »Besserung der Welt« nicht nur die Hoffnungsattitüde bereitzustellen, sondern auch sich für entsprechende möglichst schnelle Veränderungen einzusetzen. Dann aber steht es um so mehr an, in Treue und Ausdauer im konkreten Detail sozial-widersprüchlicher Verhältnisse von gegenwärtigen Betroffenen her die Diakonie zu lernen: als höchst notwendige Erfahrungsbasis für die solidarische Mentalität, von den zukünftigen potentiellen Betroffenen her jetzt zu handeln und in Verantwortung diesen gegenüber in höchster Eile alles zu tun, was den kollektiven Tod der Menschheit zu verhindern vermag. Die Bedingung, die dafür nötigen politischen Mehrheitsverhältnisse und überregionalen Handlungsstrukturen aufzubauen, daß also solche solidarischen Mehrheiten zustande kommen, ist eben die Solidarisierung mit den nächsten und fernsten betroffenen Menschen und Völkern der Gegenwart. Darin vollzieht sich erst jener Paradigmenwechsel ganzheitlicher Art, von dem bereits die Rede war. Denn wer sagt, was neben mir passiert, interessiert mich nicht, wird auch sagen: Nach mir die Sintflut!

Kümmert sich die Kirche um die diakonische Gestaltung ihres Selbstvollzugs nach innen und nach außen, zugunsten der Christen wie auch zugunsten aller Menschen überhaupt, dann findet sie gerade darin ihre geschichtliche Zukunft, als sie die humanere Zukunft der Menschen mitermöglicht, miterkämpft und mitgestaltet. Auf vereinsideologische Rekrutierungsstrategien kann sie dann verzichten.

c) Anliegen

Das Buch versucht praxisorientiert und in theologischer Verantwortung die diakonische Fragestellung genauer für herkömmliche und zukünftige Kirchenbildungen zu entfalten:

– Für das Verhältnis von Kirche und Reich Gottes und für die Ausweitung der Kirchenzugehörigkeit von der Glaubens- zur Tatzugehörigkeit, damit für ein neues Verhältnis der Kirche zu den »Fernstehenden«.

– Für den Zusammenhang von Glaube und Nächstenliebe, von kirchlicher Institution und Diakonie, von Pfarrgemeinde und sozialem Engagement, für das Verhältnis von Einrichtungen des Caritasverbandes zum christlichen Glauben bzw. zur kirchlichen Verkündigung.

– Für das Verhältnis von herkömmlichen Kirchenformen (Pfarreien, Orden, Vereinen) zu den neuen »konziliaren Prozessen«, die sich netzwerkartig quer durch die Konfessionen hindurch um bestimmte weltweite Gefährdungen der Menschheit gruppieren und entsprechendes Handeln angehen.

– Für das theologische Selbstbewußtsein der Kirche im Rückgriff auf das II. Vatikanum und für eine entsprechende Spiritualität der Hauptamtlichen in den pastoralen und sozialen Bereichen, nicht zuletzt für einen bekömmlichen Umgang der Hauptamtlichen mit sich selbst.

– Für eine neue Sicht der Sakramentenpastoral als des Ortes, wo die Diakonie Gottes dem Menschen gegenüber erfahrbar wird, und für eine entsprechende »gnädige« und nicht gesetzliche Verkündigung.

– Für die gesellschaftliche Verantwortung der Kirche, die sie mit dem Caritasverband im Wohlfahrtsstaat übernimmt.

Innerhalb eines (kleineren) Teils der akademischen praktischen Theologie sowie in kirchlichen Wohlfahrtsverbänden ist das theologische Gespräch um die Diakonie seit etwa einem Jahrzehnt recht intensiv geworden. Ja, dieses Thema mausert sich bei diesbezüglichen Gesprächspartnern/innen allmählich zum aktuellen Schlüsselthema kirchlicher Praxis und praktischer Theologie. Dabei wird von diesem »Schlüssel« nicht weniger erwartet, als daß er die Tür zur lebendigen Gemeindebildung in der gemeinsamen Sorge für die Opfer von Not, Krankheit und Gewalt und zu einer engagierten »Theologie der Befreiung« hierzulande öffnet. Dieser Prozeß verheißt Gutes, weil er »einen penetranten Bezug«[5] auf die Wirklichkeit der Leidenden hat, der in seiner Aufdringlichkeit und Unabweisbarkeit Kirche und Theologie vor einem »Selbstvollzug« rettet, in dem sich nicht real das »Selbst« dessen vollzieht, den sie als den »fortlebenden Christus« bekennen.[6] Analog zu der Option der lateinamerikanischen Theologie der Befreiung für die Armen entwickelt sich hier unter dem noch undeutlichen Stichwort »Diakonie« ebenfalls eine an sozialen Tatsachen interessierte Grundperspektive[7], ein Basisanliegen und eine nach einer ganz konkreten und akut notwendigen Mitmenschlichkeit suchenden Grundentscheidung, kurz eine Option, die Kirche und Theologie folglich unter ein ganz bestimmtes und einklagbares Kriterium stellt, insofern sie sich im Brennpunkt dieser Option von ihren eigenen behaupteten Inhalten her auf der Ebene des Handelns kritisierbar ma-

---

[5] Vgl. zu dieser Formulierung H. Wagner, Ein Versuch der Integration der Diakonie in die Praktische Theologie, in: Pastoraltheologie 72 (1983) 4, 186–194, hier 189 (der in diesem Zusammenhang Philippi zitiert).

[6] Zum Verhältnis von Selbstvollzug und christologisch orientierter Diakonie vgl. A. E. Hierold, Grundlegung und Organisation kirchlicher Caritas unter besonderer Berücksichtigung des deutschen Teilkirchenrechtes, St. Ottilien 1979, 42–55.

[7] Zur Problematik wie auch zur Möglichkeit einer europäischen Theologie zur Praxis der Befreiung vgl. G. Girardi, Kann es eine europäische Theologie der Befreiung geben?, in: Christen für den Sozialismus (Hrsg.), Kultur des Verstehens gegen Kolonialismus der Ideen, Münster 1983, 50–56; vgl. P. M. Zulehner, Auferweckung schon jetzt: Skizze zu einer europäischen »Befreiungstheologie«, Meitingen/Freising 1984; Eicher/Mette, Seite der Unterdrückten.

chen. Frei schwebende Praxisgestaltungen und Theologiekonzeptionen, denen irgend etwas (durchaus auch Wichtiges) am Herzen liegt (z. B. eine ansprechende Liturgie, eine agile Kerngemeinde, eine kognitive Sinnerschließung, eine apologetische Spekulation usw.) werden in ihrem relativ beliebigen Vagabundentum gebremst und haben sich vor dem Ort der »Diakonie« im Sinn einer »Nagelprobe«[8] einzufinden, sich dort zu verantworten und auf ihre diesbezügliche Relevanz zu überprüfen. Je mehr ich mich um dieses Thema bemühe und im Kontakt vor allem mit denen bespreche, die beruflich (besonders im Caritasverband) und »ehrenamtlich« in entsprechenden Initiativen mit Betroffenen zu tun haben, desto mehr spüre ich, daß sich hier so etwas wie ein »Putschversuch« anbahnt, der die abendländische Praxis von Kirche und Theologie umkrempelt und so manche »herrschenden« Leitthemen und Leitfiguren »stürzt und leer ausgehen läßt«.[9] Diesem Vorgang möchte ich mich hier anschließen: auf der Suche nach einer angemessenen theologischen Perspektive und darin nach einer wirksameren Praxisgestaltung im Ernstfall der Diakonie an Betroffenen.

Zum Begriff der »Betroffenen« sei übrigens folgendes geklärt: Er befindet sich nicht im Dunstkreis eines subjektivistischen (und damit beliebigen) Betroffenheitsjargons, sondern gilt als real objektiver Sammelbegriff für alle Menschen, die von Un-

---

[8] Vgl. H. Steinkamp, Zum Beispiel: Wahrnehmung von Not. Kritische Anfragen an den gegenwärtigen Entwicklungsstand einer praktisch-theologischen Handlungstheorie, in: O. Fuchs (Hrsg.), Theologie und Handeln, Düsseldorf 1984, 177–186; W. Zauner, Diakonie als pastorale Tätigkeit, in: H. Erharter (Hrsg.), Prophetische Diakonie. Impulse und Modelle für eine zukunftsorientierte Pastoral, Wien 1979, 147–159, hier 148, der in der »Vernachlässigung der Diakonie den Hauptanteil an der Pathologie der Kirche von heute« vermutet; vgl. P. Philippi, Diakonik – Diagnose des Fehlens einer Disziplin, in: Pastoraltheologie 72 (1983) 4, 177–186.

[9] Die Anführungsstriche freilich wollen deutlich machen, daß hier von einem Umsturz die Rede ist, wie ihn das Magnifikat ausdrückt: »Er vollbringt mit seinem Arm machtvolle Taten, er zerstreut, die im Herzen voll Hochmut sind; er stürzt die Mächtigen vom Thron und erhöht die Niedrigen. Die Hungernden beschenkt er mit seinen Gaben und läßt die Reichen leer ausgehen« (Lk 1,51–53). Absolutes (bezüglich ihrer Durchsetzung und Vollendung) Subjekt dieser Handlungen ist Gott, wenngleich der Geist solcher einspruch- und widersprucherhebenden Taten in den Menschen wirksam werden will, freilich nicht anders als nach dem Vorbild des Jesus von Nazaret. In seiner Nachfolge wird umstürzlerisches Handeln zugunsten der Armen und Leidenden von der Dimension der Gewalt getrennt und bekommt die Züge radikaler Menschlichkeit, insofern auf Macht verzichtet und der Opferweg riskiert wird. Solches Handeln erweist sich dann freilich als um so umstürzlerischer, als man keine Kompromisse mit den Strategien der »Gegner« eingeht und die Mächtigen und Reichen selbst noch einmal als die Adressaten der Umkehr- und Heilsbotschaft begreift.

glück, Not, Krankheit, Unterdrückung und Ängsten getroffen sind. Nicht (jedenfalls nicht primär) die von Leid betroffener Menschen Betroffenen sind gemeint, sondern die vom Leid Betroffenen selbst. Daß Betroffene Betroffenheit auslösen, ist selbstverständlich notwendig, doch ist erstens mehr notwendig als Betroffenheit, und zweitens braucht man diese Vokabel nicht unbedingt, die in ihrer Karriere bislang zunehmend nach individualisierter Erbauungspsychologie schmeckt und im gruppendynamischen Kontext wohl mehr die von den Betroffenen Betroffenen als die Betroffenen im Blick hat. Die »guten alten« Worte wie Barmherzigkeit und Mitleid bringen nach wie vor ein präziseres Bedeutungsprofil auf. Die Betroffenen auszumachen liegt außerdem nicht primär in der Beliebigkeit emotionalisierter Betroffenheitserfahrungen der Nichtbetroffenen, sondern in den von den Betroffenen mit buchstäblicher Notwendigkeit einklagbaren Hilfe- und Befreiungsansprüchen selbst. Die »Selbstevidenz« subjektiver Betroffenheit kann täuschen und vom Entscheidenden ablenken, wenn sie sich nicht zentral an der nüchtern empirischen und analytischen Evidenz der Not- und Betroffenenwahrnehmung orientiert (und dann selbstverständlich nicht nur der fremden, sondern auch der eigenen Not). Schließlich ist »Betroffenheit« nur dann eine theologische Kategorie, wenn sie die auf die Betroffenen gerichtete Barmherzigkeit meint und wenn sie die Optionen beinhaltet, die Gottes Anwaltschaft für die Betroffenen praktizieren (vgl. Lk 2,19; 7,13; 10,32; 24,32): um des Evangeliums willen zugunsten der Menschen und um der Menschen willen zugunsten der Realität, die Jesus Reich Gottes nennt.

1.2 Im Anfang: Wort und Tat

a) Bedeutungserfahrung am Beginn

Wenn das Kleinkind »Mama« sprechen lernt, dann geschieht dies im Zusammenhang mit ganz bestimmten Begegnungen, in denen die Mutter mit dem Kind umgeht und eben diesen Umgang mit dem Lautkörper »Mama« für das Kind benennt. Von Anfang an wird also die Bedeutung eines Wortes vom Zusammenhang der Handlungen bestimmt, in denen es gebraucht und erlernt wird. Auch wenn im fortschreitenden Erlernen des Vokabulars und Sprachsystems die Abstraktionsleistung steigt, gleiche Wörter mit unterschiedlichen Konkretionen zu verbinden (Mamas haben auch die anderen Kinder, und die sehen alle unterschiedlich aus), geht doch die tiefgehende »Anamnese« der singulären, eigenen Mama und der damit verbundenen ursprünglichen Begriffserfahrung (mit all ihrer ambivalenten Kraft) nicht verloren. Wie andererseits die Mütter mit anderen Kinder ausschauen und sind, wird erst in konkreten Begegnungen mit diesen selbst erfahrbar sein.

Die enorme Leistung des Spracherwerbs besteht dabei in der Kombination von Abstraktem und Konkretem: Der Mutterbegriff gilt für alle Mütter, auch wenn diese sehr unterschiedlich, ja gegensätzlich sind. Für die Mütter der anderen stellt das Sprachsystem keinen eigenen Lautkörper bereit, weil der Mutterbegriff generell alle Frauen meint, die ein Kind bzw. Kinder haben. Über die konkrete Mutter sagt der Begriff also darüber hinaus nichts aus, auch wenn er für jede konkrete Frau, die unter diese Definition fällt, benutzt wird. Welche bestimmte Mutter demnach gemeint ist, sagt nicht bereits das Wort, sondern erst z. B. eine Ergänzung: meine Mutter, die Mutter von Hans usw. Der Sprecher deutet auf eine ganz bestimmte Person und evoziert dabei die entsprechende konkrete Erfahrung.

Diese schlichten Überlegungen zeigen bereits: Es gibt zwei Definitionen eines Wortes: einmal die lexikalische innerhalb des Sprachsystems (Mutter ist eine Frau, die ein Kind bzw. Kinder hat), zum anderen die referentielle Definition, welche sich auf eine konkrete Mutter »außerhalb« des Sprachsystems bezieht. *Praktisch* eindeutig ist erst die Bedeutung, in der der Sprecher eine generelle Wortbedeutung mit einer konkreten Person bzw. einem realen Sachverhalt verbindet. Letzteres kann auf eine doppelte Weise geschehen: sei es in der Verbindung des Wortes mit einer Geschichte (von der genannten Person), sei es in Verbindung des Wortes mit der gemeinten Realität selbst (z. B. im Deuten auf einen personalen oder sachhaften Vorgang, der sich gerade in direkter Erfahrung abspielt). Letzteres dürfte relativ selten der Fall sein (es sei denn, man hat ein Foto oder eine Filmrolle in der Tasche). Meist sind wir in der sprachlichen Kommunikation darauf angewiesen, das Konkrete im Sprechen selbst zu benennen: durch Beschreiben oder Erzählen. Dabei handelt es sich nicht nur um eine hohe Konkretions-, sondern auch um eine ebensolche Unterscheidungsleistung, nämlich zwischen diesen und jenen (durchaus auch widersprüchlichen) Konkretionen ein und desselben Wortes. Beides kommt der jeweiligen Kommunikation zugute und verschafft ihr Verständlichkeit und Realitätsbezug.

Das hier angedeutete Verhältnis von Wort und Wirklichkeit gilt für alle Bereiche und Ebenen. So definieren sich große Worte wie Gerechtigkeit und Freiheit, die jeder im Mund führt, erst von daher, wie die Realität im Zusammenhang mit diesen Worten aussieht: Die Freiheit, von denen Diktatoren reden, sieht für das Volk anders aus als eine Freiheit, die im Zusammenhang demokratischer Verhältnisse besprochen wird. Obwohl solche Worte fast eine automatische Zustimmungsqualität haben (jeder ist dafür!), ist mit ihnen nicht viel gesagt, wenn nicht ihre Allbezüglichkeit dadurch reduziert wird, daß der Sprecher deutlich genug beschreiben und erzählen kann, wofür er *tatsächlich* ist. So zeigten sich in der Friedensdiskussion unter dem Stichwort »Friedenssicherung« auch zwei völlig unterschiedliche Handlungskonzeptionen, einmal die Nach-, zum anderen die Abrüstung. Ein Begriff erhält also seine Vereindeutigung nicht nur und nicht zuerst dadurch, daß seine Qualität in unseren Gedanken abstrahiert und definiert wird, sondern auch und vor allem dadurch, daß man auf eine Wirklichkeit oder ein Handeln hindeuten und sagen kann: »Schau her, wie ich das tue und wie der andere das tut bzw. wie hier die Verhältnisse sind und die Beziehungen strukturell geregelt werden, das meine ich, wenn ich von Freiheit oder von Frieden rede!« Dann erst kommen in der Regel die realitäts- und handlungsentscheidenden Unterschiede und Widersprüche der Gesprächspartner zum Vorschein. Und erst dann streitet man sich nicht mehr nur um Überbauphänomene (»Ideologien«), sondern um die Gestaltung der real existierenden Verhältnisse.

Um einen Begriff verstehen zu können, muß er demnach auf seine materialen bzw. kommunikativen Inhalte gebracht werden. Diese können durch »Hindeuten« auf Verhältnisse, Ereignisse und Personen beschrieben und erzählt werden. Erst wenn ich davon etwas sagen kann, daß und wie ein Wort mit einem bestimmten Handeln verbunden ist, gewinnt dieses Wort eine die Praxis selbst erreichende Bedeutungsdimension.

Gegen mögliche Mißverständnisse sei betont, daß der hier verwendete Handlungsbegriff nicht nur unmittelbar aktives Tun meint, sondern sich überhaupt auf menschliches Handeln, z. B. auch auf das Schweigen und Warten, bezieht. Letzteres gehört integrativ zum Handlungsbegriff dazu, weil ich Handeln als ein Begegnungshandeln von und zwischen Subjekten verstehe, wozu nicht nur das Reden und Geben, sondern auch das Schweigen und Empfangen, nicht nur die Aktivität, sondern auch das Erleiden gehören.

b) Biblische Gottesgeschichten

Betrachtet man die Gotteserfahrungen des Alten Testaments, dann zeigt sich vor allem in der biblischen Uroffenbarung des Jahwe-Namens (Ex 3,14) etwas ganz Eigenartiges und zugleich Charakteristisches: Dieser Name »Ich bin, der ich bin bzw. der ich sein werde!« enthält in sich keine generelle oder abstrakte Eigenschaft, mit der Gott benennbar wäre (etwa durch Superlative wie »allgütig«, »allmächtig«, »allweise« usw.). Der Name sagt »nur«, daß Gott da ist und da sein wird. Er bezeichnet in dieser Form einen personalen Bereich, der offenbar nicht auf einer vom Konkreten abgelösten Ebene bestimmbar ist. In dieser Hinsicht ist der Name »leer«, oder besser: Er ist offen für eine »Füllung«, die es erst noch zu erfahren gilt. Das trifft sich mit dem alttestamentlichen Anliegen, daß man sich von Gott kein Bild machen darf.

Für Israel wird der Eigenname Gottes erst dadurch zum Bedeutungsträger, daß er in Verbindung mit ganz bestimmten Begegnungen und Geschichten erfahren und erzählt wird. Der Name »Jahwe« wird beispielsweise inhaltlich gefüllt, indem er in der Erinnerung mit der Exoduserzählung oder mit dem Gott, wie er den Vätern begegnet ist, verbunden wird: Gott ist durch deren Geschichten und Erfahrungen bekannt geworden, und zwar als einer, der auf der Seite der Menschen steht, ihnen seine Treue nicht entzieht und sie von Sünde und Unterdrückung befreit. Der Jahwe-Name »füllt« sich in Israel also nicht durch ein Summarium von gewichtigen Eigenschaften und autoritätshaltigen Titeln (diese gibt es auch, aber doch auch immer im Kontext bzw. als Resultat konkreter Erfahrungen, insbesondere in der Gebetsbeziehung der Psalmen); Gott gewinnt vielmehr bedeutsame Konturen, indem von ihm hinsichtlich konkreter Erfahrungen der Menschen im *Zeitwort,* also in den Dimensionen von

Begegnungen und Handeln, erzählt werden kann. Anders »handelt« es sich nicht mehr um den biblischen Gott.

Dabei handelt es sich immer um einmalige, als Kopie keinesfalls wiederholbare, sondern sehr unterschiedliche Geschichten, die freilich in die differierenden Situationen und Personen hinein immer das gleiche »bebildern«: die befreiende Treue Gottes in der Geschichte der Menschen. In der Gebrochenheit menschlichen Lebens bricht sich die Erfahrung mit Gott wie das Licht in einem Prisma in sehr kontrastreichen Farben, die von den Möglichkeiten und Unmöglichkeiten, dem Reichtum und der Begrenzung realer Personen herrühren. Natürlich ist nichts dagegen einzuwenden, daß Theologen mit Verstandeslogik argumentativ und spekulativ überlegen, wie man über Gott nachdenken und was man von ihm darüber hinaus aussagen kann. Nur darf sich diese »systematische Theologie« nicht von ihrer Basis der Geschichten und Erfahrungen ablösen, in denen sich die entscheidenden, einmaligen und zugleich dadurch immer wieder für die Zukunft ermöglichten Begegnungen zwischen Gott und Mensch ereignen. Erst eine »Füllung« des Gottesbegriffs durch solche Erinnerung erlöst und befreit uns davon, Gott selber in unserem Denken produzieren zu müssen bzw. ihn unserem argumentativen oder auch magischen Zugriff unterzuordnen.

Hier zeigt sich, daß gerade die biblische Personalität Gottes insofern das Geheimnis Gottes rettet (und nicht verkleinert), als er in solchen konkreten Begegnungsgeschichten zwar konkret benennbar, aber nicht generell bestimmbar wird. Hier erweist sich das Alte Testament, dem immer wieder vorgeworfen wird, es sei zu anthropomorph und rede zu vermenschlicht von Gott, gerade als kritische Instanz gegenüber einer Theologie, die Gott in Gedanken umgarnen und in Systematisierungen ergreifen will. Insofern diese von Gott etwas besitzen will, ist sie anthropomorpher als die Art und Weise, in der im Zusammenhang mit konkreten Begegnungsgeschichten in Israel von Gott in der »dritten« Person erzählt wird. Denn diese Geschichten in der »ersten« und »zweiten Person« bleiben in ihrer Einmaligkeit des Du-Ich/Wir-Verhältnisses offen für neue Geschichten in der Gegenwart und Zukunft, in denen Gott mit neuen Menschen auch neue und einmalige Begegnungsgeschichten eingeht, in denen seine in der Erinnerung der alten Geschichten liegende Verheißung immer noch einmal anders eingelöst wird, als es von uns Menschen kalkulier- und vorhersehbar ist.

So sammeln sich bereits in der Schrift selbst durchaus sehr unterschiedliche, zum Teil widersprüchliche menschliche Erfahrungsgeschichten mit dem gleichen Gott, so daß weder Einheitlichkeit noch Widerspruchsfreiheit für die Präsenz Gottes in der Geschichte charakteristisch sind. Die von daher mit Recht aufgeworfene Frage nach der »Einheit« des Gottesbegriffs kann demnach nicht in einem für alle Gläubigen zustimmungspflichtigen theologischen Denksystem ihre Antwort finden (deren es ohnehin viele und auch widersprüchliche gibt, weil sie alle, so generell sie sich geben mögen, doch auch immer »nur« von konkreten Menschen kommen). Die Einheit wird vielmehr darin bestehen, daß man die unterschiedlichen, ebenso konkreten wie singulären Begegnungsgeschichten in ihrer unangetasteten Eigenständigkeit wie auch in ihrer gegenseitigen Ergänzungsfähigkeit und -bedürftigkeit liest.

Die Geschichten mit Jahwe enthalten schließlich eine bezeichnende inhaltliche Doppelstruktur, die in der Theologie in der Verhältnisbestimmung von Indikativ der Gnade Gottes und Imperativ des menschlichen Handelns, von Zuspruch und Anspruch besprochen wird. Gott wird so befreiend als der treue Wegbegleiter und Helfer in der eigenen Bedrängungsgeschichte erfahren, daß er ein ganz bestimmtes zwischenmenschliches Handeln herausfordert und *ermöglicht,* nämlich ebenso helfend wie befreiend mit den Menschen umzugehen. Beide inhaltlichen Dimensionen der Präsenz Gottes in der Geschichte des Volkes erfolgen in konkreten Geschichten: So erinnert Israel in der Exodusgeschichte die Befreiung von Gott her; so erinnert sich Israel an konkrete Prophetengeschichten, welche ihrerseits nie praxisbeliebig vom Willen Jahwes sprachen, sondern ganz unmißverständlich klarmachten, daß der Glaube an Jahwe, daß sein Wort nur mit einer ganz bestimmten sozialen und politischen Praxis vereinbar ist. Daß auch diese das menschliche Handeln thematisierenden Texte durchaus unterschiedlicher Natur sind und in Spannung zueinander stehen, liegt wegen der Unterschiedlichkeit der Personen, Situationen und auch wegen der differierenden Radikalität bzw. Kompromißoffenheit auf der Hand. Auch hier wird man von der gegenseitigen Ergänzungsfähigkeit und -bedürftigkeit ausgehen, damit insgesamt durch die Geschichte hindurch erlebt werden kann, was es heißt, nach dem Willen Jahwes das Leben und das Handeln zu gestalten. Auch hier wird es wiederum von der je eigenen Geschichte, Gebrochenheit und Freiheit abhängen, welche »Fortsetzung« die alten Geschichten darin finden.

c) Jesu praktische Rede von Gott

Was so im Alten Testament beginnt, gewinnt in der Menschwerdung Gottes in Jesus von Nazaret seine tiefste Begründung und Verwirklichung. In Jesus wird Gott selber Mensch und nimmt gleichsam die »geschichtliche« singuläre und konkrete Definition seiner selbst in die eigene Hand. Wer Gott in Geschichte ist, bestimmt sich seither durch die Geschichte und die Erinnerung der Geschichte des Jesus Christus. Gott kommt also nicht »von oben nach unten« in Form eines generellen Herrschaftswissens auf die Menschheit zu, indem er sich vor den Menschen großspurig darstellt und die Erlösung als Dekret einführt: »Weil ich die Liebe bin, deswegen seid ihr alle erlöst!«, sondern er riskiert dafür, um uns zu zeigen, daß er die Liebe ist, selbst eine Geschichte in Welt und Zeit, in der er vorkommt und in der er sich in den Worten und Taten eines Menschen »zeitigt«. Er zeigt seine Liebe im Detail eines einzelnen Menschen. Um sich zu »bedeuten«, deutet Gott auf seinen geliebten Sohn, wie es meisterhaft in der Geschichte von der Taufe Jesu erzählt und »bebildert« wird. »Und während er betete, öffnete sich der Himmel ... und die Stimme aus dem Himmel sprach: Du bist mein geliebter Sohn, an dir habe ich Wohlgefallen« (Lk 3,21 f). Gott deutet auf den realen Menschen Jesus: Schaut ihn an, dann wißt ihr, wer mit Gott zu tun hat; dann wißt ihr, was Reich Gottes bedeutet! Wer Gott ist und was der Mensch sein könnte und sollte, bekommt seither seinen Inhalt von den Handlungen dieses Menschen und seiner Gottes- wie Menschenbeziehung.

Mit brillanter Konsequenz verweigert die Taborgeschichte von der Verklärung Jesu die anstrengungsarme Zuflucht in die dünne Luft verklärter erdloser Figuren und Hütten: Dafür aber steht das ähnliche Deutewort Gottes, wie es auf einen realen Menschen und sein Reden und Handeln hinweist: »Das ist mein auserwählter Sohn, auf ihn sollt ihr hören« (vgl. Lk 9,28–36, hier 35b). Die Beteiligten müssen wieder hinabsteigen in die Ebenerdigkeit der Menschen untereinander; und die Verklärung hat keinen Selbstwert, sondern erweist sich als leuchtende »Inthronisation« des konkreten mitmenschlichen Lebens des Jesus von

Nazaret und seines Weges zum Kreuz, das er um der Liebe willen und aufgrund der damit notwendig verbundenen Kritik der Unmenschlichkeit der Machthaber riskiert.
Dementsprechend leistet sich Jesus selbst keine Rede von Gott außerhalb konkreter, heilender und rettender Begegnung. Damit steht er in der Tradition der Propheten in Israel, die einklagten, daß die Menschen handeln, wie Gott an ihnen gehandelt hat: indem sich der Mensch für die Gerechtigkeit aller und für die Barmherzigkeit allen gegenüber einsetzt und nicht durch frommes Gerede Ungerechtigkeit und Gnadenlosigkeit zudeckt. Er spricht vom Reich Gottes, wenn er in der Begegnung mit Armen, Stigmatisierten und Schwachen seine Heilsbotschaft im Heilen tut bzw. indem er den Sündern Gottes Vergebung zuspricht. Er spricht auch vom Reich Gottes, wenn er sich in seinen Reden und Gleichnissen für die Armen und Leidenden solidarisiert: Wenn ich mit dem Finger meiner Hand heile, schlimme Entfremdungen austreibe und wenn ich gegen die Marginalisierung der Leidenden und Ausgegrenzten spreche und handle, dann ist das Reich Gottes zu euch gekommen! So wird in seinen realisierten wie auch erzählten Geschichten dem Begriff Gott eine unmißverständlich praktische Eindeutigkeit verschafft. Diese Geschichten verdrängen nicht, sondern nehmen die leidende Welt auf und erzählen eben darin das Wirken Gottes unter den Menschen, welches sich immer wieder auf den elementaren Widerspruch zwischen denen, die Leid schaffen, und denen, die das Leid bekämpfen, konzentriert und in diesem Widerspruch sich aufreibt.
So weist Jesus auf die Anfrage Johannes' des Täufers die »Wahrheit« seines Evangeliums dadurch aus, daß er ihm in Anschluß an Jesaja seine heilenden Taten berichten läßt: »Blinde sehen wieder, Lahme gehen, und Aussätzige werden rein; Taube hören ... und den Armen wird das Evangelium verkündet« (Lk 7,22). So wird der wiederkommende Herr uns danach fragen, ob wir ihm in den Hungernden zu essen gegeben haben, oder ob wir ihn als den Fremden aufgenommen und als den Kranken besucht haben (vgl. Mt 25,31–46). So ist der Ketzer in der Samaritergeschichte der Gerechtfertigte, weil er dem Leidenden hilft; und der Priester, auf den Tempel fixiert, um dort den »eigentlichen« Gottesdienst zu vollziehen, hat nichts verstanden (vgl. Lk 10,25–37). Und auch die Geschichte vom Messiasbe-

kenntnis des Petrus und seiner Flucht vor der riskanten Messias-
nachfolge in der Tat (vgl. Mt 16,13–27) gehört hierher: Für das
Bekenntnis wird Petrus als der »Fels« der Kirche seliggepriesen,
für die Flucht vor der realen Nachfolge des sich hergebenden
und gewaltlosen Messias freilich wird er als Satan betitelt.
Dies also sind die Details, in denen das Reich Gottes in den Geschichten der Menschen Geschichte wird. Die erzählten Kriterien sind ausgesprochen praktischer Natur! Die Konflikte mit
denen, die zwar auch von Jahwe reden, aber ein demgegenüber
kontraeffektives, nämlich die Menschen um ihre Rechte und
ihre Freiheit betrügendes Verhalten und Verwalten an den Tag
legen, sind vorprogrammiert. Der tödliche Konflikt entzündet
sich an der unversöhnlichen gegensätzlichen *Praxis* der Kontra-
henten, die sie mit dem Gottesbegriff verbinden.
Die Pluralität unterschiedlicher Praxisgestaltungen unter dem
Gottesbegriff hat demnach ihre entschiedenen Grenzen an der
Stelle, wo Menschen benachteiligt, unterdrückt und ins Leid gestürzt werden, ob man nun diese Praxis mit dem Gottesbegriff
verbindet oder nicht. Daß dies nicht perfektionistisch und rigoristisch zu denken ist, zeigen Jesu Umgang mit den Sündern
sowie die Botschaft von der Versöhnung Gottes, die immer wieder ermöglicht, neu anzufangen. Wer freilich nicht einmal diesen Weg mitmenschlicherer Praxis und der Umkehrbereitschaft
im Angesicht Gottes sucht und versucht, hat sein Recht verwirkt,
den Gottesbegriff für seine »Geschichten« zu beanspruchen.
Wer seither von Gott spricht, wird ihn nur dann auch für die Erfahrung des anderen »bewahrheiten«, wenn er so zu handeln
versucht wie Jesus Christus, also wie in Jesus Christus »Gott in
Geschichte« konkret geworden ist. Denn Jesus heilt die durch
die Menschen produzierte Sprachzerstörung bezüglich des Gottesbegriffs, indem er diesen Begriff über seine eigene Geschichte
aus der paradoxen Kommunikation herausholt, in der der Begriff Gott mit einer seiner Wirklichkeit widersprechenden Praxis
der Unterdrückung und Zerstörung der Menschen verbunden
wird. Wer dieser »Geschichte« nachfolgt, beteiligt sich selbst
nicht nur an der Wiedergewinnung des authentischen Gottesbegriffs, sondern gleichzeitig an der Realisierung seiner Gegenwart unter den Menschen.
Die Freiheit in der Begegnung mit Geschichten aus Bibel und
Tradition findet also ihre Grenzen in der Not-Wendigkeit ihrer

Inhalte und in der Not-Wendigkeit in der Geschichte der Noterfahrungen und Notwahrnehmungen der Empfänger. In solcher »Horizontverschmelzung« liegt das inhaltliche Kriterium der verstehenden Rezeption. Die Diakonie erweist sich damit als der ebenso theoretische wie realistische hermeneutische Horizont authentischer Begegnungen zwischen Christ und Tradition (vgl. Kap. 7.2–3). Dabei handelt es sich bei näherem Zusehen gar nicht um eine Begrenzung der Freiheit, sondern um eine Abwehr der Beliebigkeit, welche leicht in die Gefahr gerät, die Freiheit der anderen zu gefährden. Wer etwa biblische Geschichten nicht aus der Perspektive der Barmherzigkeit und Gerechtigkeit liest, wird sie rasch ideologisch und (die bestehenden Widersprüche) stabilisierend verwenden und mißbrauchen. Der Horizont der Diakonie, wie er die Pointe der biblischen Geschichten ausmacht, kommt nur in den Blick, wenn diese Pointe auch von den Empfängern als Anliegen und Erfahrung begriffen wird. Gerade dieser Prozeß ist Kirche in ihrer realen geistreichen Qualität, wo heilende und befreiende Handlungen und politische Solidarisierungen in der Begegnung mit dem Gott erstritten und entschieden werden, der das Heil der Menschen ist und will und allen wegbegleitend zur Seite steht, die sein Heil in die Geschichten der Menschen hineinzutragen versuchen. Nicht selten entstehen dabei Opfergeschichten, weil der helfende und der den menschenfreundlichen Gott verkündende Mensch selbst in Nachteile und Lebensbedrohung gerät. Dafür steht Golgata. Und zugleich sind es Geschichten der Hoffnung, durch Golgata hindurch auf die Lebensmacht des Gottes zu treffen, der die Toten auferweckt und jeder hier noch so erfolglosen Barmherzigkeit im Reich Gottes Ewigkeitsrecht verleiht.

Die Einheit zwischen Wort und Vollzug, wie sie beispielsweise in den Heilungserzählungen Jesu zum Vorschein kommt, qualifiziert auch die innere Struktur seiner Redekommunikation. Anstehende Fragen, Probleme oder Begriffe erklärt er nicht mit abstrakten Syllogismen, sondern mit Beispielerzählungen und Gleichnissen[10], in denen pointenhaft die Bedeutung dessen aufscheint, was zur Klärung ansteht. So liefert er im Gleichnis von den Arbeitern im Weinberg (Mt 20,1–16) die narrative Drama-

---

[10] Zu den Gleichnissen Jesu im Horizont handlungstheoretischer Überlegungen vgl. E. Arens, Kommunikative Handlungen, Düsseldorf 1982, bes. 325–337.

turgie dessen, was man sich unter den Begriffen Himmelreich und dessen Gerechtigkeit vorzustellen hat. Eben die dadurch erfolgende »gottgegebene« Definition der Begriffe kontrastiert in unabweisbarer Schärfe und Deutlichkeit mit dem konventionellen Begriff der Straf- bzw. Tauschgerechtigkeit, wie sie in der Praxis der Menschen üblich ist und durch viele Erfahrungsgeschichten zu belegen wäre. Damit konfrontiert Jesus nicht nur Begriffe (deren abstrakt besprochene Gegensätzlichkeit leicht durch gescheite Rationalisierung geschwächt oder gar aufgehoben werden kann), sondern stellt *erzählte Praxis* gegen *reale Praxis*. Deren Differenz kann nicht mehr wegdiskutiert werden. Im Anschluß an diese Geschichte kann christliche Verkündigung der Gerechtigkeit nicht mehr nur eine kognitiv-generelle Abhandlung über Gerechtigkeit sein, sondern hat die hier vorliegende erzählpragmatische Definition zur Grundlage des Nachdenkens zu machen und solche Geschichten und Handlungsvorschläge aufzusuchen, die der biblischen Vorlage faktisch entsprechen. Im Bestreben, den Dimensionen des Reiches Gottes bereits in dieser Geschichte und Gegenwart Daseinsmöglichkeit zu verschaffen, wird man bestrebt sein, diese erzählten Handlungsstrukturen in das demgegenüber oft sperrige Handeln der Menschen einzubringen.

Das praxishaltige narrative Wort provoziert eine neue reale geschichtliche Praxis. Der Streit der Worte und Geschichten wird zum Streit um Taten und Lebensformen. Was dann den Vergleich zwischen der in der Geschichte erzählten Definition (der Gerechtigkeit im Himmelreich) und dem realen geschichtlichen Handeln (der Menschen) ermöglicht, ist die beiden innewohnende Handlungs- und Kommunikationsstruktur. Die begriffskritische Konsequenz lautet: Ein Begriff ist nicht als situationsüberlegene Theorie ohne seine Dramaturgie zu haben, will er nicht seine konkretionsfähigen Inhalte verlieren und praktisch beliebig werden. Die Anwendung von Begriffen auf Nicht-Beliebiges sondern auf notwendig-entsprechendes Konkretes liefert erst die Chance seines unzweideutigen Verstehens und Realisierens: Gottes Wort ereignet sich dann weiter in der Tat.

1.3 Der Messias als Diakon

a) Sensibilität und Solidarität

Wie sieht nun das messianische Handeln des Jesus von Nazaret näherhin aus? Wie geht er mit den Armen um, wie handelt er diakonal, und wie nimmt er die Leidenden ernst? Wie werden bei ihm die Benachteiligten nicht nur Empfänger der Hilfe und Befreiung, sondern auch selbst Subjekte, die Wichtiges zu sagen haben und ihrerseits für die Helfer Lebenshilfe und -bereicherung bereithalten? Ich möchte hier nur einige charakteristische Momente beim Namen nennen, die mir im Zusammenhang mit unserer Gesamtthematik ausschlaggebend erscheinen.

– Jesus geht leiblich und zärtlich mit den Menschen um

Trotz mancher formaler Reduktionen der überlieferten Geschichten durch entsprechende literarische (Gattungs- und Formen-)Schemata haben viele Begegnungserzählungen Jesu im Evangelium den eigentümlichen Charakter unvermiedener Körperlichkeit beibehalten. So läßt Jesus den Aussätzigen nahe an sich herankommen und berührt ihn (Mt 8,3), und so läßt er sich von der blutflüssigen Frau anfassen (vgl. Mt 9,20). Jesus scheut sich auch nicht, seinen Speichel mit Erde zu vermischen und mit den Augen des Blinden in Berührung zu bringen (vgl. Joh 9,6). Zu dieser Manifestation menschenfreundlicher Begegnung gehört es auch, daß sich Jesus Zeit zum Gespräch läßt (vgl. Mt 15,21–28) und daß er häufig höchst sensibel und treffsicher bezüglich der beteiligten Personen und Situationen reagiert und handelt: Ich denke hier z. B. an die Begegnung mit der Ehebrecherin (vgl. Joh 8,3–11). Jesus beschuldigt nicht, sondern deklassiert die selbsternannten Richter und ihre buchstäblich steinigenden Moralgesetze; er schreibt schweigend in die Erde und rettet so die Situation und die »Sünderin«. Kein Mensch verdient demnach wegen wirklicher oder vermeintlicher Übertretung von (Moral-)Prinzipien eine Verletzung des Körpers! Daß Jesus so auf die konkrete Situation eingeht, ist ein Aspekt seines Umgangs mit konkreten, leibhaftigen Menschen.
Wenn man bedenkt, daß es sich hierbei wohl um holzschnittartige Überformungen der realen Begegnungen Jesu handelt, dann kann man sich die Gefühlswärme, die vertrauenschenkende Vorgabe, die kommunikative und therapeutische Kraft sowie die

leibliche Dimension in seinen Begegnungen kaum farbig und intensiv genug vorstellen! Die Überwindung der Berührungsangst Kranken, Fremden und Aussätzigen gegenüber ist wohl die helfende und barmherzige Frucht des heiligen Geistes bei allen Heiligen vergangener und gegenwärtiger Tage, die die Sicherheit ihres Lebens in Gott festmachen und von solchem Glauben her (wie Franz von Assisi) den Aussätzigen küssen und umarmen können.

– Jesus heilt und vergibt

Jesus hat die konkrete körperliche und geistige Not um sich herum unmittelbar wahrgenommen, und er hat in befreienden Begegnungen die Kranken geheilt, Dämonen ausgetrieben und Sünden vergeben. Daß Jesus dabei als Wundertäter auftritt, ist für die damalige sozialkulturelle Umwelt zwar erstaunlich, aber nicht prinzipiell ungewohnt. Jesus praktiziert also eine durchaus »konventionelle« Form des Heilens in der damaligen Zeit. So stellt er sich den Schmerzerfahrungen und reagiert möglichst wirksam darauf. Nach A. Suhl sind die Wunder »ein unbedingter Protest gegen konkretes menschliches Leid, gegen das Leid der Kranken, der Verstümmelten und Isolierten«.[11] Die Wundergeschichten sind demnach nicht (nur) dazu da, den Glauben an die göttliche Autorität Jesu zu unterstützen (solcher Glaube dürfte ausschließlich in der Auferweckungsbotschaft begründet sein), sondern sie verweisen auf seine Praxis, Not wahrzunehmen, den Notleidenden begegnen zu wollen und ihnen soweit wie möglich zu helfen bzw. sich mit ihnen zu solidarisieren. Über die bereits im Neuen Testament anlaufende Hochstilisierung des Wunderbegriffs sowie über die immer wieder angefragte und je neu »moderne« Diskutierbarkeit der Wunder Jesu darf man die ebenso nüchterne wie prinzipielle diakonische Basisaussage der Heilungsgeschichten auf keinen Fall hintanstellen! Nicht die Wunder sind des christlichen Glaubens »liebstes Kind«. So ist das Heilen Jesu nicht nur in seinem Sinngehalt eng mit dem Heil verbunden, sondern auch das Heil ist seinerseits in seinem materialen Wirkgehalt eng mit der Heilung verknüpft!

---

[11] A. Suhl in seiner Einleitung, in: ders. (Hrsg.), Der Wunderbegriff im Neuen Testament, Darmstadt 1980, 1–38, hier: 38.

Und wenn man schon nicht auf das Wunder verzichten kann, dann muß es wohl in seinem strikten Funktionskontext zur Diakonie gesehen werden: Gott bestätigt im Heilungswunder die Tatsache, daß Jesus um des Menschen willen bestehende religiöse bzw. profane Normen übertreten darf. Die Wunder sind so ein »Gottesurteil« für die radikale Diakonie Jesu zu jeder Zeit und an jedem Ort[12], gegen alles, was sich diesem diakonischen Handeln in den Weg stellen könnte. Die Motivation dieses Hilfs- und Heilshandelns Jesu ist sein Mitleid, seine oft affektiv geschilderte Barmherzigkeit (die Not der Menschen rührt ihn, erschüttert ihn, vgl. Mt 9,36; Mk 1,41; 6,34). »Primär erfahren die Armen und Kranken, was es heißt, daß sie für Jesus – und, wie dieser behauptet, auch für Gott – wichtiger sind als selbst der Sabbat, das Gesetz. Barmherzigkeit denkt und handelt vom notleidenden Menschen her.«[13] Die Wunder vereindeutigen die Prävalenz diakonischen Handelns. »Nur das Bewußtsein, daß Gott selbst sich durch Wunder auf die Seite des normdurchbrechenden Handelns stellt, hebt die Verunsicherung auf, führt zum Loben Gottes (Mk 2,12).«[14]

Deshalb holt Jesus den Leidenden in den innersten Kreis, macht ihn zum intersubjektiven Zentrum seiner Worte und Taten. So stellt Jesus den Mann mit der verdorrten Hand (Mk 2,27–3,6) vom Rand in die Hauptszene, und hier noch dazu in die Mitte der Synagoge. Das ist ungeheuerlich. Denn die Mitte ist der Ort, wo sonst die Thorarolle, das Wort Gottes, Gott selbst Platz hat. Es handelt sich hier nicht nur um eine lokale Mitte, sondern es ist eine theologisch bestimmte Mitte. Zu erinnern wäre hier neben den erwähnten Geschichten an seinen Umgang mit Aussätzigen, Zöllnern, Dirnen und Sündern. Aber auch viele Gleichnisse gehören hierher. Die Armutsgruppen der damaligen Zeit bekommen ihren Platz in der Mitte allein aufgrund ihrer Hilfsbedürftigkeit (also keiner irgendwie gearteten anderen Vorleistungen als der der hoffnungsvollen Erwartung) und der Tatsache, daß Jesus mit ihnen in eine solche Begegnung kommt. All dies zeigt, daß die Begegnung mit Hilfsbedürftigen und Schwa-

---

[12] Vgl. dazu M. Dibelius, Die Formgeschichte des Evangeliums, Tübingen 6/1971, 144.
[13] H. Seibert, Diakonie – Hilfehandeln Jesu und soziale Arbeit des Diakonischen Werkes. Eine Überprüfung der gegenwärtigen Diakonie an ihrem theologischen und sozialen Anspruch, Gütersloh 1983, 35.
[14] G. Theißen, Urchristliche Wundergeschichten, Gütersloh 1974, 118.

chen ins Zentrum jeder christlichen Kommunikation und auch der christlichen Sozialform gehört. Im Moment einer Begegnung mit einer/m Hilfsbedürftigen ist nichts anderes mehr wichtig als dieser Mensch, der Anerkennung, Aufwertung und Hilfe braucht. Sein Leben ist in den Augen Jesu und seines Gottes unendlich wertvoll. Christen haben in der Nachfolge des Jesus von Nazaret diesen unendlichen Wert des Notleidenden durch ihr eigenes Handeln erfahrbar zu machen.

Gerade solche Momente der Begegnung mit den Beschädigten sind der vorzügliche Ort, wo Jesus verkündigt, wo er vom lieben-den Gott und von der Reich-Gottes-Botschaft spricht. Reich Gottes ist hier nicht eine utopische, ortlose Idealität, an die man glauben muß und auch nur glauben kann, sondern bereits, wenigstens teilweise, eine verortete Realität, die man sieht! Die Glaubwürdigkeit Jesu liegt nur zum Teil in seinen Worten über das Reich Gottes und über Gott, zu einem weit größeren Teil in seinen diakonischen Erfahrungen mit Gott und in seinen diakonischen Taten für die Menschen. Umgekehrt formuliert: Jesus interpretiert mit seiner Botschaft im Grunde »nur«, was er tut![15] Damit hat die diakonische Erfahrung zentralen Verkündigungs-charakter, insofern sie stückhaft die Realerfahrung des gerade dadurch glaubwürdigen ganzen Reiches Gottes ermöglicht. Wie wichtig überhaupt die Tat innerhalb der Botschaft und des Lebens Jesu ist, zeigen etwa die Nachfolgesprüche, zeigt die Geschichte von den zwei Brüdern (Mt 21,28–32), wo der eine Sohn zum Vater auf sein Wort, in den Weinberg zu gehen, nein sagt, aber dann doch positiv handelt, während der andere ja sagt, aber nichts tut. Der erstere ist gerechtfertigt.

– Jesus erwartet von den Hilfsbedürftigen und Außenseitern entscheidende Inhalte

Wo Jesus leidenden oder stigmatisierten, also irgendwie durch Mangel und Nachteil, aber auch durch Schuld gezeichneten Menschen begegnet, stellt er diese in die Mitte der aktuellen Kommunikation (vgl. Mk 2,27–3,6). So stellt er das Kind in die Mitte, das damals (wie heute) kein »vollwertiger« Mensch ist, weil es noch nicht kultfähig ist (bzw. noch nichts leisten kann),

[15] Vgl. R. Zerfaß, Predigt im Prozeß Gemeinde, in: ders. (Hrsg.), Mit der Gemeinde predigen, Gütersloh 1982, 30–49, hier 36.

eben noch nicht ein Erwachsener ist. Und er tut dies auch gegen das Bestreben seiner Jünger, die Kinder abzuwimmeln, weil sie sie für die Begegnung mit dem Rabbi für zu unwichtig halten. Zugleich geschieht aber noch mehr: Die Kinder und ihr Kindsein werden zur inhaltlichen Orientierung für die Erwachsenen, für die Jünger hingestellt, die ihrerseits die Kinder nicht ernst nehmen: zum Maßstab dafür, wie der Mensch mit dem Reich Gottes umzugehen hat. Das Kind wird also nicht etwa deswegen in die Mitte gestellt, um dort nur Objekt des Hilfehandelns zu werden, sondern es wird selbst Kriterium dafür, wie die sogenannten Erwachsenen mit dem Leben, mit den Menschen und mit Gott umzugehen hätten (vgl. Mt 19,13–14; Mk 9,36). So sagt Jesus: »Wer das Reich Gottes nicht so annimmt wie ein Kind, der wird nicht hineinkommen« (Mk 10,15). Daß die Betroffenen etwas zu sagen haben, zeigt auch die Blindenheilung (Mk 10,50): Er heilt den Blinden nicht einfach ungefragt, sondern er fragt ausdrücklich: »Was willst du, das ich dir tue?« Jesus dreht den Spieß um: Gerade von den Kleinen und Schwachen könnt ihr lernen, wie man mit Gott und den Menschen umgeht. Die Schwachen sind also inhaltliches Gestaltungsprinzip der Nachfolge Jesu, nicht die Starken. Dies gilt in doppelter Hinsicht, nämlich daß die Starken (hier die Erwachsenen) ihren Kreis öffnen, die Kleinen und Schwachen in die Mitte stellen; *und* daß sie die inhaltliche Gestaltung ihrer Gemeinschaft mit Mensch und Gott von diesen Schwachen her effektiv bestimmt sein lassen.

In verblüffender, bisher kaum beachteter Weise tritt das Moment der Begegnung Jesu mit Leidenden (nämlich ihnen eine ganz besondere inhaltliche Kompetenz zuzutrauen) in den Heilungen der sogenannten Besessenen zutage: Letztere wissen, wer Jesus ist: der Sohn Gottes (vgl. Lk 4,41). Der »Besessene« hat etwas Wahres zu sagen.[16]

Die Leidenden sind bei Jesus demnach nicht nur Adressaten einer heilenden Handlung, welche ihre Defizite »behandelt«, sondern sie werden gerade aufgrund ihres Leidens als Subjekte wichtig genommen, welche (wenn auch in ihrer jeweils »gebrochenen« Form) Entscheidendes zu sagen haben. In der Diako-

---

[16] Vgl. ausführlicher dazu O. Fuchs, Theologische Aspekte zur Interaktion mit psychiatrischen Patienten, in: Wege zum Menschen 40 (1988) 2, 87–95, hier 89 ff.

nia ereignet sich demnach eine *Martyria* besonderer Art. Denn wenn in den Leidenden der Menschensohn begegnet, dann darf man um so mehr darauf vertrauen, daß sie nicht nur Adressaten, sondern auch schöpferische Subjekte der Martyria und Diakonia sind und werden (vgl. Mt 25,31 und 35 ff).

– Jesus setzt sich öffentlich für die Leidenden ein

Bekanntlich hat sich Jesus nicht nur in die Kleingruppenarbeit begeben, sondern bei vielen Gelegenheiten auch die »Massenkommunikation« nicht gescheut und in pointierter Weise öffentlich seine Positionen deutlich gemacht. Auch die Streitgespräche mit den damaligen religiösen Machthabern gehören zur öffentlich-politischen Dimension seines Auftretens. Und kaum ein Gleichnis hat nicht neben dem interpersonalen Vorgang auch in der Auswahl der Beteiligten eine strukturpolitische Perspektive: Ein klassisches Beispiel für diesen Sachverhalt liefert wiederum die Geschichte vom barmherzigen Samariter. In der Antwort Jesu auf die Frage der Gesetzeslehrer »Wer ist mein Nächster?« erfolgt die Definition dieses Begriffes nicht abstrakt, sondern pragmatisch, also innerhalb eines erzählten Handlungsvorgangs, und zwar mit einer doppelten Stoßrichtung: einmal in Richtung auf den engeren helfenden zwischenmenschlichen sozialen Bereich, zum andern aber auch in Richtung auf eine scharfe Gesellschaftskritik hinsichtlich der bestehenden Vorurteile, denn der Samaritan ist es, der hilft (vgl. Lk 17,11–19). Hier wird, wie in vielen anderen Geschichten, auch der strukturelle Aspekt der Sünde mitthematisiert: Der Prototyp dessen, der zur Negativgruppe in der situativen Umwelt gehört, wird in der Geschichte mit positivem Handeln verbunden. Der religiöse Außenseiter ist es, der dem hilft, der ihm selbst gegenüber fremd und Außenseiter ist. So wendet sich die Geschichte auch gegen die kollektiven Diffamierungsstrukturen der Umgebung. Der Samariter ist zwar nicht auf der Ebene der erzählten Geschichte, aber doch auf der Ebene der Geschichte zwischen dem erzählenden Jesus und seinen Zuhörern sehr wohl auch das Opfer: Jesus opponiert gegen sein diesbezügliches »Opfersein«, indem er ihn als Vorbild erzählt und damit die erniedrigenden Stereotypen gegenüber dem anderen, der nicht zum eigenen Bereich gehört, angreift. Die biblischen Geschichten sind zwischen Kollektiv und Individuum nicht teilbar, sie entfalten sowohl für die Beziehungen zwischen

Personen wie auch für die zwischen Gruppen, Gesellschaften und Völkern ihre inhaltliche Energie. Zu erinnern ist an die Geschichten der Propheten, deren sozialkritisches Engagement im Kontext des Glaubens an Jahwe (als Helfer der Witwen und Armen) für ihre Botschaft konstitutiv ist. Der sündenträchtige Aspekt zwischen den Völkern wird beispielsweise auch deutlich in Jes 7,1–9, wo es für den König Achaz um die Entscheidung zwischen Militärbündnis und Stillehalten im Horizont des Gottvertrauens geht.

In der authentischen Nachfolge der alttestamentlichen sozialkritischen Prophetie nennt Jesus in seinen öffentlichen Reden (vgl. besonders die Feldrede Lk 6,20–49) die entscheidenden sozialen Widersprüche beim Namen und deckt sie damit auf:»Selig seid ihr Armen – weh euch ihr Reichen!« Auf dem Hintergrund des Vorbildes Jesu läßt sich also eine Individualisierung der Diakonie in keiner Weise rechtfertigen. Die politische Diakonie bildet vielmehr einen integralen Bestandteil seines heilenden Umgangs mit Kranken und Bedrängten. Denn die Diagnose der sozialen, politischen und institutionellen Wirklichkeit muß als ein unaufgebbares Moment seiner Verkündigung selbst angesehen werden. Zur Diakonie gehört also nicht nur die unmittelbare Hilfeleistung und Verkleinerung oder Abwendung des Leidens, sondern zugleich die Suche nach den leidschaffenden politischen und strukturellen Herkünften und die daraus resultierende sozialpolitische und wirtschaftspolitische Position.

– In der Diakonie riskiert Jesus selbst, Außenseiter und Bedrängter zu werden

Seine Beziehungen zu den Kranken, Armen und Schuldigen sowie sein öffentliches diesbezügliches Eintreten handeln Jesus seinerseits den Vorwurf der Besessenheit ein. Was er tut, wird bereits von seinen Zeitgenossen als Narretei aufgefaßt (vgl. Lk 11,14 ff). Sein Nonkonformismus und sein Dissidententum um der Diakonie willen kommen denen, die etwas zu sagen haben, als gefährliche Verrücktheit vor und bringen ihn schließlich ans Kreuz. Wer mit Leidenden und Unterdrückten radikal helfend und befreiend umgeht, zieht sich offensichtlich den Zorn derer zu, die auf Kosten der Benachteiligten ihre Bemächtigungen durchsetzen. Bis zum Schluß jedoch gibt Jesus den Kampf für die Menschlichkeit nicht auf. Für ihn sind gerade die»Reichen« die eigentlichen »Narren«, weil sie auf trügerische und menschenfeindliche Sicherheiten und Strategien setzen (vgl. Lk 12,20), die ins Reich Gottes hinein keine Zukunft haben.

– Jesu Beziehung zur Diakonie Gottes

Man fragt sich, woher Jesus die Kraft hatte, ein solches Leben konsequent bis zum Ende durchzuhalten und auszuhalten. Die Antwort auf diese Frage führt zu seiner Gottesbeziehung, und das heißt hier: Er glaubt an den Gott Israels und befindet sich in der Begegnungstradition dieses Volkes mit Jahwe. So betet er mit den Worten der Psalmen und prophetischer Texte, so kennt er die alten Geschichten von Gottes helfendem und erlösendem Handeln an seinem Volk. Jesus erfährt die Gottesbeziehung offensichtlich unüberbietbar intensiv und tragend. Dafür findet er ein eigenes Wort, nämlich die Anrede »Abba«, das Kinderwort für einen liebenden und guten Vater. Deshalb zieht er sich wochenlang zurück in die Wüste, deshalb erzählt er in Gleichnissen von der Liebe und Gerechtigkeit Gottes, deshalb glaubt er an das kommende Reich Gottes, deshalb klagt er schließlich in höchster körperlicher, psychischer und spiritueller Not mit den Worten des Psalms 22 (vgl. Mk 15,34).[17] Dies können nur Andeutungen dafür sein, wie sehr die Gottesbeziehung das Herzstück seiner Existenz bildete, wie sehr er sich dafür Zeit nahm und wie vital seine Gebetsbegegnung im Ich-Du-Dialog war. Gott ist für ihn keine Chiffre für Mitmenschlichkeit, sondern selbst ein realer helfender und befreiender Partner in diesem Leben und darüber hinaus, der gerade deswegen in der Geschichte der Menschen nicht anders verkündet und vertreten werden kann denn als vehementer Anwalt hilfe- und befreiungsbedürftiger Menschen. Für Jesus werden Gott und sein Reich nicht nur konkrete Praxis in der mitmenschlichen Tat, sondern – diese tragend und ermöglichend – in der im Glauben als Realität erfahrbaren Weggenossenschaft Gottes in Versöhnung und Verheißung.

b) Der Messias in der Kirche

Die Verbindung von Diakonie und Reich Gottes zeigt sich nicht nur darin, daß in der Diakonie Gottes Herrschaft Tat wird. Viel-

---

[17] Vgl. dazu meinen Beitrag: Klage. Eine vergessene Gebetsform, in: H. Becker/B. Einig/P.-O. Ullrich (Hrsg.), Im Angesicht des Todes. Ein interdisziplinäres Kompendium II, St. Ottilien 1988, 939–1024.

mehr verleiht die Reich-Gottes-Botschaft dem Hilfehandeln am Schwachen einen unabweislichen Sinn, nämlich als theologische Begründung und Ermöglichung solcher Diakonie. Im Horizont des Reiches Gottes ist jeder Mensch, vor allem der Leidende und Schwache, der Arme und Stigmatisierte, mehr wert, als was gegenwärtig an Wert an seinem Leben augenscheinlich ist. Er ist nicht nur von der Schöpfung her Gottes Ebenbild, sondern bleibt es in alle Ewigkeit hinein, auch über den gegenwärtigen Zustand der Not hinweg oder, besser gesagt, durch ihn hindurch, also gerade, wenn seine Ebenbildlichkeit in der Realität verletzt ist. Weil Gott, der Schöpfer und Weltvollender, gerade dem Armen und Schwachen seine Barmherzigkeit und Hilfe und damit ihre gottebenbildliche Qualität zuspricht, weil er selbst für die Verwirklichung dieses Zuspruchs ganz und gar im Reich Gottes einstehen wird, bleibt der Wert des Schwachen auch für die Gegenwart – entgegen allem noch so schlimmen Augenschein – voll erhalten. Die Wertgarantie des Schwachen und Armen im Horizont der Gottesherrschaft hat für Christen natürlich keine kompensatorisch-vertröstende Funktion, sondern eine motivierende und aktivierende Wirkung. Weil der Stigmatisierte so viel wert ist, hat der Christ ihm gegenüber eine realistische Verkündigungsaufgabe, insofern er ihn in die Mitte stellt und in solcher tatsächlichen Diakonia von dem Gott spricht, der ihn liebt und in seinem ganzen Wert unverletzlich bis in die Ewigkeit hinein in den Händen hält. »Diakonie und Eschatologie erklären und legitimieren sich gegenseitig.«[18]

So wird Kirche zu einem wirklichen Heilszeichen, zu einem erfahrbaren Sakrament der Liebe Gottes in der Welt. Damit also steht und fällt die Glaubwürdigkeit kirchlicher Botschaft, nicht zuerst mit der Qualität argumentativ und rhetorisch gekonnter Predigten. Das Wort allein genügt nicht, genügte Gott schon nicht, als er in Jesus Mensch wurde. Das Wort will Wirklichkeit werden, auch durch unsere Diakonia. In einem solchen Prozeß der Solidarität mit den Armen und Schwachen im Horizont der Reich-Gottes-Botschaft geschieht im Vollzug der Aufbau der Gemeinde, insofern sich Christen in ihren Gemeinden gemeinsam um die Armutsgruppen kümmern, gleichzeitig ihren eigenen Kreis für diese öffnen und so in der direkten Kommunika-

---

[18] Seibert, Diakonie, 35.

tion mit Leidenden die inhaltlichen Maßstäbe für ihre Gemeinschaft im ganzen entdecken. Dies ist nicht einfach, vor allem aus tiefen- und sozialpsychologischer Perspektive, weil dann innerhalb der Gemeinde und von den einzelnen Christen das angeschlagene, das durch unglückliche Umstände, durch physische und psychische Krankheit, durch Einsamkeit usw. eingeschränkte Leben in ihrer Mitte selbst aufgenommen und angenommen und nicht mehr, wie es weitläufig der Fall ist, verdrängt und ausgegrenzt wird. Innerhalb der Lebensgefährtenschaft mit den Schwachen und Kleinen, den Beschädigten und Armen wird so immer auch die eigene Angst vor solchen Zuständen hell wach. Am signifikanten Schwachsein der Beschädigten entzündet sich dann in Ehrlichkeit die Einsicht in die eigene, zwar weniger augenscheinliche, aber dennoch reale Schwäche in verschiedener Hinsicht. Genau dies ist die Bedingung der Möglichkeit, daß die dunklen Seiten des Lebens, die auch zu seiner »Wertigkeit« gehören[19], aufgearbeitet, angenommen und in christlichem Gottvertrauen bewältigt oder ausgehalten werden.

Die kirchliche Diakonie ist nach alledem eine Manifestation der grundsätzlichen Jesusintention, durch die Diakonie hindurch Reich Gottes zu verkünden. Aber nicht nur das: Christus ist es selbst, der uns in den Notleidenden und Benachteiligten begegnet und beansprucht. Der unendliche Wert des benachteiligten menschlichen Lebens bekommt hier neben seiner eschatologischen Verankerung im Handeln Jesu auch die christologische Vertiefung: »Gemeindliche Diakonie versteht sich sowohl als Nachvollzug der Diakonie Jesu als auch als Dienst an Jesus Christus, dem Auferstandenen, im Mitmenschen.«[20] Kirche ist so vollends die Nachfolgegemeinschaft Jesu und das Heilssakrament des Auferstandenen, in beiden Fällen im Handlungsbereich der Diakonie und durch sie hindurch.[21] So existiert die

---

[19] Vgl. zu solchem positiven Verhalten der eigenen Schwäche und der eigenen Leidoffenheit gegenüber: H. E. Richter, Der Gotteskomplex. Die Geburt und die Krise des Glaubens an die Allmacht des Menschen, Reinbek 1979, hier 228–272. Zum Verhältnis von Leidverdrängung und Solidaritätsverweigerung bzw. ideologischer Menschenetikettierung aus sozialpsychologischer Sicht vgl. ebd. 127–154.

[20] Seibert, Diakonie, 42.

[21] Dies gilt auch für die neutestamentliche Gemeindeverkündigung, also für die Redaktionsstufe der Evangelien; auch für die frühen Gemeinden gehört Diakonie und Verkündigung zusammen: »Offensichtlich muß ,etwas Diakonisches' geschehen, damit Gemeinde überhaupt werden kann. Gemeinde konstituiert sich also nicht nur als diakonische, sondern zunächst einmal durch Diakonie!« (Seibert, Diakonie, 43)

Kirche als fortlebender »Leib Christi« durch die Geschichte weiter, indem sie die »Realpräsenz« Christi nicht nur sakramental, sondern auch diakonal realisiert. Deshalb ist es falsch, die Diakonie in der bedenklichen Aufteilung von Heils- und Weltdienst der Kirche dem Weltdienst (also nach »außen« hin) zuzuschlagen. Die Diakonie und damit alle, die in ihr tätig sind, gehören zum innersten Bereich der Kirche, dorthin also, wo die Verkündigung des Heils selbst auf dem Spiel steht. Die Caritas (als Inhalt wie auch als Organisation) gehört ins Zentrum der Verkündigung und der Kirchenbildung. In christologischer Rekonstruktion: Sofern die Kirche mit dem fortlebenden Christus zu tun hat[22], hat sie Anteil an seinem Wesen, und dieses Wesen Jesu Christi ist auf dem Konzil von Chalzedon (im Jahr 451) bestimmt durch den Glaubenssatz: Jesus Christus ist wahrer Mensch und wahrer Gott[23]. Bezüglich dieses christologischen Tatbestandes im Bereich der Kirche kann allerdings nur analog die Rede sein, weil in Christus die vollkommene Menschheit und die vollkommene Gottheit, die wahre Menschlichkeit und der intensivste Gottesbezug ebenso vollkommen in einer Person existieren, während der Kirche solche Vollkommenheit als der Gemeinschaft der auf Gott angewiesenen sündigen Menschen gründlich abgeht: »Eine Kirche, die sich unreflektiert oder selbstbewußt als fortlebender Christus (Leib Christi) versteht, schwebt immer in Gefahr, sich selbst soteriologische Kompetenz anzumaßen und, anstatt sich ihres ständigen Angewiesenseins auf Gottes rechtfertigendes Wort bewußt zu bleiben, sich als Heilsmittlerin zu gebärden.«[24] Nichtsdestoweniger ist ihr jene christologische »Identität« geschenkt, in der die Gläubigen mit Christus leben und sich dafür öffnen, daß Christus in ihnen lebt, im Sinn des christologischen Axioms, »daß die je größere Nähe zu Gott eine je größere Freisetzung

---

[22] Dies wurde besonders ausdrücklich in der theologischen Denkfigur der Kirche als geheimnisvoller Leib Christi in der Enzyklika Pius XII. »Mystici corporis« (1943), vgl. auch 1 Kor 12,12.

[23] Vgl. R. Schulte, Christliche Diakonie – das menschenfreundliche und glaubwürdige Evangelium, in: J. Wiener/H. Erharter (Hrsg.), Diakonie der Gemeinde. Caritas in einer erneuerten Pastoral, Wien 1978, 31–50, hier 34 ff, 40–49 (wo sich prägnante Ausführungen zur »christologisch-soteriologischen Grundlegung« der Diakonie finden).

[24] H. Merklein, Entstehung und Gestalt des paulinischen Leib-Christi-Gedankens, in: M. Böhnke/H. Heinz (Hrsg.), Im Gespräch mit dem dreieinen Gott (FS W. Breuning), Düsseldorf 1985, 115–140, hier 139.

des Menschen bedeutet«[25]. Geschieht das bei Christus in unüberbietbarer Vollkommenheit, so geschieht dies bei den Christen und Kirchen in Begrenzungen, Anfechtungen und ständigen Umkehrversuchen: im Weitersagen und -feiern der Botschaft Jesu von Gott und im Weitertun der Praxis Jesu für die Menschen.

Beide »Naturen« existieren in Einheit und Unterschiedenheit. Genauerhin gilt hier der Grundsatz der Perichorese, der gegenseitigen Durchdringung von menschlicher und göttlicher Natur in Christus: Was vom Menschen Jesus gesagt werden kann, kann im Aussagentausch auch von seiner Gottheit behauptet werden, und umgekehrt. Göttliches kann vom Menschen, und Menschliches kann vom Göttlichen ausgesagt werden. Denn die beiden Naturen sind in Christus ineinander, unvermischt und ungetrennt. Z. B. kann man sagen: Gott ist am Kreuz gestorben; oder auch: Maria ist die Mutter Gottes (indem sie die Mutter Jesu ist). Entsprechend gilt: Wenn Jesus sozial handelt, realisiert er das Reich Gottes. Wenn Jesus vom Reich Gottes spricht, handelt er menschendienlich.[26]

Analog gilt dies nun für den Selbstvollzug der Kirche in Tat- und Wortverkündigung. Beide »Naturen«, die zwischenmenschliche jesuanische Diakonie und die Verkündigung des Reiches Gottes (der expliziten Gottesbeziehung und des wiederkommenden Christus), der Kirche sind »ineinander«. Solches unvermischtes Ineinander und Füreinander von Gottes Wort und diakonaler Menschentat in der Kirche, von Martyria und Diakonia, von Glaube und Liebe ist ein theologisches Prinzip, das seiner Entdeckung und Einlösung in der Praxis harrt.

Von daher wird jeder (faktisch ohnehin unmögliche und überfordernde) Vollständigkeitskomplex (daß überall alles explizit vorhanden sein sollte) auch theologisch unnötig, sofern einzelne Menschen und einzelne kirchliche Initiativen und Sozialformen ihre eigenen Schwerpunkte und »Einseitigkeiten« haben und haben dürfen, wenn dadurch der jeweils andere Bereich nicht

---

[25] W. Kasper, Jesus der Christus, Mainz 1974, 298.

[26] Vgl. A. Grillmeier, Jesus der Christus im Glauben der Kirche, Bd. I. Von der Apostolischen Zeit bis zum Konzil von Chalzedon (451), Freiburg 1979, 753–764; zur »Perichorese«, also zum Aussagentausch zwischen göttlichem und menschlichem Bereich (communicatio idiomatum) vgl. 167, 201, 246, 722 ff. Vgl. auch P. Knauer, Der Glaube kommt vom Hören. Ökumenische Fundamentaltheologie, Bamberg 5/1986, 105–121.

grundsätzlich ausgegrenzt und marginalisiert, sondern soweit wie möglich im eigenen Bereich eingelassen und »nach außen« kontaktiert wird. Denn wo jesuanische Diakonie gelebt wird, wird (im analog-kirchlichen Aussagentausch) praktisch auch Gottes Wort weitergegeben. Was bei Jesus Christus eine vollkommene Einheit in »Personalunion« war und ist, dem entspricht in der unvollkommenen Kirche die zusammengesetzte Einheit begrenzter Charismen und unterschiedlicher Sozialformen mit je eigenen Schwerpunkten. Anders formuliert: Kirche hat in unterschiedlichen Situationen und Aufgaben, in unterschiedlichen Christen und ihren Initiativen auch unterschiedlichen »Bereichscharakter«[27]: Im Umgang mit den Schwachen legt sie sich (in den diakonischen Menschen) als Diakonie in die Wirklichkeit aus, im Umgang mit der denkerischen Bewältigung des Evangeliums legt sie sich (in den Theolog[inn]en) als Theologie aus, im Umgang mit Menschen auf der Suche nach explizitem Sinn und nach der Botschaft von Gott legt sie sich (in den Verkündigern) als Predigt aus, im Umgang mit Menschen in der Gemeinschaft legt sie sich (in solidarischen Gemeindemitgliedern) als Gemeinde aus usw. Die Praxis der Kirche ist in allen Bereichen gleich wichtig, gleich notwendig und gleichwertig.[28] Da fehlt nicht zuerst etwas, da ist etwas da, nämlich *Kirche* in ihrer für die jeweilige Situation und Wirklichkeit genuin not-wendigen Form.

c) Prinzipielle Option

Die Diakonie stellt prinzipiell in jedem Fall die entscheidende Option dar, von der her alle weiteren Prioritäten zu organisieren sind. Dies gilt in programmatischer Weise, weil es leidende Menschen im Lebens- und Erfahrungsbereich einer Gemeinde sowie im Hörbereich aus der Ferne immer gibt (vgl. Mt 26,11). Es handelt sich also nicht nur um eine »situative Prävalenz« der Diakonie »unter bestimmten Bedingungen der Gemeindewirklichkeit«[29], weil Christ und Gemeinde prinzipiell und immer

---

[27] Vgl. zur Entwicklung und zum Verstehen dieser Begrifflichkeit E. Klinger, Theologie im Horizont der Politik, in: S. Castillo u.a. (Hrsg.), Herausforderung. Die Dritte Welt und die Christen Europas, Regensburg 1980, 47–63, bes. Anm. 5, a.a.O. 60; und R. Bucher, Der Christ als Mensch in der Öffentlichkeit. Zum Kulturbegriff Hermann Schells, Würzburg 1983, 53–65.

[28] Vgl. Seibert, Diakonie, 32 und 174.

[29] Vgl. K. Lehmann, Nochmals: Caritas und Pastoral, in: Caritas 88 (1987/1) 3–12, hier 10.

schon im voraus »der Nächste« zu Notleidenden, die sie zu suchen und zu entdecken haben, sind (vgl. Lk 10,36). Nicht der Hilfsbedürftige hat sich erst als der »Nächste« aufdringlich zu machen und zu beweisen, sondern er ist von denen wahrzunehmen, die sich grundsätzlich in ihrer Existenz dafür entschieden haben, leidenden Menschen gegenüber die Nächsten zu sein. Man kann dann nicht mehr für irgend etwas, durchaus nichts Schlechtes, alle Energie investieren, wenn daneben Aids-Betroffene den sozialen Tod sterben und deswegen nicht selten suizidgefährdet sind.[30] Die diakonale Dimension der Pastoral ist nicht beliebig, sondern notwendig. Die Diakonie ist damit nicht ins Belieben der Entscheidungsträger gestellt, sondern von der real existierenden Not bestimmt.

Wo freilich nicht die prinzipielle, sondern nur situative Prävalenz der Diakonie vertreten wird, verkommt leicht die Fähigkeit, Not und Unterdrückung auch dort wahrzunehmen, wo sie sich nicht selber melden bzw. wo sie durch Beschwichtigungsstrategien am Aufschreien verhindert werden. Nur die grundsätzliche Prävalenz der Diakonie rettet auch die unbestechliche Wächteraufgabe der Notwahrnehmung im Horizont der ebenso prinzipiellen Voraussetzung, daß die Leidenden selbst die Kompetenz haben, ihre Situation zu definieren und die Klage zu führen. In der Anerkennung dieses Prinzips unterscheiden sich die Brisanz des Evangelisierungskonzepts und die Praxis bzw. Theologie der Befreiung von allen anderen Theologiekonzepten. Nur wer von vornherein in Theologie und Spiritualität den Vorrang der Leidenden akzeptiert, wird überhaupt erst eine situative Prävalenz konkret wahrnehmen können, und er wird sich auch hüten, die Wahrnehmung von Not und die Besprechung helfenden Handelns (allein) seinem eigenen Gutdünken oder dem Gutdünken anderer (sofern sie nicht selbst Betroffene sind bzw. mit ihnen zu tun haben) zu überlassen.

Fragt man danach, was denn vor der nur situativen Prävalenz der Diakonie eine permanente »systematische« Prävalenz haben soll, drängen sich als Antwort selbstverständlich die Verkündigung des Evangeliums und der Gottesdienst auf. Betrachtet man freilich Jesus Christus, wie ihn die Evangelien erzählen, dann

---

[30] Vgl. O. Fuchs, Umgang mit Aids in christlicher Gemeinde, in: T. Kruse/H. Wagner (Hrsg.), AIDS. Anstöße für Unterricht und Gemeindearbeit, München 1988, 100–129.

muß man wohl wahrnehmen, daß sich seine Rede vom Reich Gottes und von Gott im Zusammenhang mit Begegnungen ereignet, in denen er schon heilend gehandelt hat bzw. in denen er um der Armen und Verachteten willen das streitbare Wort ergreift. Der Rekurs auf diesen Ursprung müßte demnach akzeptieren, daß die Rede von Gott prinzipiell ohne die Praxis der Diakonie nicht die Rede von Gott ist und daß die Praxis der Diakonie immer der Ort ist, wo von Gott die Rede sein kann und darf. Letzteres ist sehr wichtig, weil man nicht erst explizit vom Evangelium betroffen sein muß, um auch in seinem Interesse Not entdecken zu können.[31] Ansonsten würde man die nicht explizit kirchlichen bzw. christlich motivierten Notwahrnehmungen, Hilfeleistungen und Solidarisierungen als »beliebige Sozialarbeit« und damit als etwas diskriminieren, was nicht mit Gott zu *tun* hätte. Es ist richtig: Durch die Betroffenheit des Evangeliums lernen viele Christen um so größere Sensibilität für die Wahrnehmung des Leidens. Umgekehrt sind viele Menschen unmittelbar von der Not der Menschen in ihrer Liebe und Barmherzigkeit in ähnlicher Weise betroffen, wie dies von Jesus erzählt wird. Sie realisieren die Praxis seines Evangeliums in der Welt, auch wenn dabei vom Evangelium nicht die Rede ist.[32]

Jahrhundertelang wurde nicht selten von einer Mehrheit der Exponenten der Kirche das Evangelium gelesen, ohne daß es die erwähnte Betroffenheit erzeugte. Vieles spricht dafür, daß erst die Wahrnehmung von Not die lebensweltliche Verstehensvoraussetzung dafür bereitstellt, das Evangelium so zu lesen, daß es darin um die reale Hoffnung geht: Es hat vom Reich Gottes her einen Sinn, Not und Unterdrückung zu bekämpfen, weil es gerade dadurch in der Lebensgestaltung der Menschen ansatzhaft real wird und weil eben diese Realität allein in das kommende Reich Gottes hinein Zukunft hat. Demnach hat der Satz seine Richtigkeit: Wer sich von der Not der Menschen treffen läßt, wird das Evangelium nie anders als mit den Augen der Barmherzigkeit und Gerechtigkeit lesen und den entsprechenden Glauben entdecken.

---

[31] Gegen Lehmann, Caritas, 11; auch in entsprechender Korrektur zu P. M. Zulehner, Das Gottesgerücht, Düsseldorf 1987, 65.

[32] Vgl. R. Zerfaß, Der Beitrag des Caritasverbandes zur Diakonie der Gemeinde, in: Caritas 88 (1987/1) 12–27, hier 20.

2. Christliche Diakonie und kirchlicher Glaube

2.1 Diakonie im Überblick

a) Was ist Diakonie?

Ein erster Definitionsversuch sei vorangestellt: Die Diakonie erfüllt sich in einem gegenseitig helfenden und befreienden Umgang miteinander, insbesondere aber mit bedürftigen, notleidenden und benachteiligten Menschen, aus der Quelle der den Menschen von Gott gegebenen unbedingten Solidarität, unerschöpflichen Versöhnung und hoffnungschenkenden Verheißung heraus. Im einzelnen unterscheide ich vier »Doppelorte« diakonischer Praxis in der Kirche: die praktologische und axiologische sowie die anthropologische und theologische Doppelstruktur:
Bei diesen Elementen handelt es sich um vier für die Diakonie charakteristische Doppelstrukturen zwischen jeweils spannungsreichen Polaritäten, die freilich zusammengehören und sich gegenseitig bedingen. Dabei wird sich zeigen, daß die Diakonie kein einseitiges Unternehmen ist, sondern wechselseitige Begegnungsprozesse meint, die ineinander vernetzt sind und deshalb als »Doppelstrukturen« bezeichnet werden können. Im gängigen theologischen und praktischen Bewußtsein wurde und wird oft der jeweilige andere Pol einer Doppelstruktur kaum oder zu wenig bedacht.

– Von den Betroffenen her das Notwendige tun

Bei der *praktologischen* Doppelstruktur der Diakonie geht es um die Logik des Verhältnisses von beanspruchender Situation und eigener Energie, des Verhältnisses von Betroffenen und Zielbestimmung im Handeln. Dahinter steht die Ökonomie der Diakonie, insofern keiner und auch keine Gruppe alles an Not bewältigen können und insofern man sich von den Betroffenen selbst sagen lassen muß, was an konkretem helfenden und politischen Handeln unbedingt notwendig ist. Im Kraftfeld von eigenen

Möglichkeiten und den Anforderungen anderer sind dann ganz bestimmte Entscheidungen nötig.

Bei der Konzentration von vielen möglichen Taten auf eine ganz bestimmte, die man dann selber auch tatsächlich verfolgt, ist der Begriff der *Option* einschlägig geworden (vgl. Kap. 3.3). Auch der Optionsbegriff ist kein purer Leistungsbegriff, weil er prinzipiell auf den Charismen, den spezifischen *Gegebenheiten* der Personen aufbaut und diese mit ganz bestimmten situativen Notwendigkeiten in Verbindung bringt.

Wer sich in einem Arbeitskreis für und mit Asylsuchenden engagiert, wird anderen überlassen müssen, sich um eine gezielte Obdachlosenhilfe zu kümmern. Keiner kann alles tun, aber jeder kann etwas in die Hand nehmen. Diese Einsicht schützt vor Selbst- und Fremdüberforderung auch und gerade im Bereich der Diakonie und weiß sich getragen vom Glauben an das Reich Gottes, dessen endgültige Herstellung der Ankunft Christi selbst überlassen ist.

Zur Konzentration vieler Worte auf eine ganz bestimmte konkrete Tat, wie sie von Christen jeweils zu entscheiden ist, gehört deshalb auch die Konzentration vieler Worte irgendwelcher Zeitgenossen auf die Worte der Betroffenen. Von den ungerecht Behandelten her ist immer erst zu erfahren, was in einer konkreten Situation Ungerechtigkeit ist und was Gerechtigkeit wäre. Mit den Leidenden (und nicht getrennt von ihnen oder gar gegen sie) ist die soziale Wirklichkeit zu definieren. Dies erfordert entsprechende unmittelbare Begegnungen ebenso wie den Verzicht auf die Definitionsmacht derer, die über die Köpfe der Betroffenen hinweg das Sagen haben, aber bezüglich dessen, was tatsächlich notwendig ist, nichts zu sagen haben. Bei dieser praktologischen Doppelstruktur der christlichen Diakonie hinsichtlich der Ressourcenkonzentration bei den Helfern und der Notwendigkeitskonzentration von den Betroffenen her handelt es sich weniger um polare Aspekte als um die zwei Seiten einer Medaille. Denn die Optionsbestimmung kann immer nur in der Begegnung mit den Betroffenen erfolgen. Eine Spannung schwingt freilich darin mit, daß es zu viele reale Nöte und Ungerechtigkeiten mit zu vielen Opfern gibt, als daß die Optionsbestimmungen und -handlungen der helfenden und befreienden Menschen wohl jemals dafür ausreichen könnten, geschweige daß nicht-abschaffbares Leid (wie Krankheit und Tod) zu beseitigen wäre.

– Barmherzigkeit und Gerechtigkeit

Bei der *axiologischen* Doppelstruktur handelt es sich um die Logik der Werte und Wertorientierungen, welche für die Diakonie ausschlaggebend sind. Dabei geht es vornehmlich um das Spannungsfeld zwischen Barmherzigkeit und Gerechtigkeit. Barmherzigkeit meint das unmittelbare, aus dem Mitleid herauskommende Hilfehandeln, um die Menschen von Schmerz und Not zu befreien (vgl. Lk 7,13). Zur Barmherzigkeit gehören aber auch die Institutionen, welche die Hilfeleistung professionell in die Hand nehmen und insgesamt auf Therapie aus sind. Die meisten Einrichtungen und Initiativen der Wohlfahrtsverbände gehören hierher. Aber auch an viele soziale Arbeitskreise und Initiativgruppen ist zu denken, die unmittelbar vor Ort (nicht zuletzt in den Pfarreien) z.b. gegen die Diskriminierung und gegen die Not ortsansässiger Asylsuchender und Ausländer kämpfen.

Im Bewußtsein vieler Christen (was wohl nicht zuletzt auf entsprechende religiöse Unterweisung zurückgeht) ist diese helfende Diakonie mit der Diakonie schlechthin identisch. Dabei wird freilich die Frage nach den Ursachen der verschiedenen Unterdrückungen und Notzuweisungen übersehen. Damit Armut und Leid aber nicht als Naturzustände akzeptiert, sondern, soweit dies der Fall ist, in ihrer von den Menschen selbst produzierten Realität aufgedeckt werden, ist der andere Pol der diakonischen Wertigkeit die Gerechtigkeit. Hier geht es um die politische oder auch strukturelle Diakonie. Wer die strukturellen Ursachen von Benachteiligung und Leid im eigenen Land wie in der Welt aufdeckt und anklagt, kommt zu politischen Optionen, die innerkirchlich nicht selten mit Argwohn betrachtet werden. Umgekehrt darf freilich auch die Barmherzigkeit, die unmittelbare Hilfe für die gegenwärtig Leidenden, nicht dadurch beeinträchtigt werden, daß man sie zugunsten des ausschließlich strukturellen Kampfes vernachlässigt. Ein solcher Kampf wäre in sich zynisch, weil er auf den Leibern derer ausgetragen wird, für die er zu kämpfen beansprucht. In der neuen Herrschaft würden es die Betroffenen dann auch nicht besser haben als in der alten.

– Wer hilft, empfängt

Ein weiteres Grundelement der Diakonie liegt in seiner *anthropologischen* Doppelstruktur, die sich auf die Logik der zwischenmenschlichen Begegnungen bezieht. Hiermit ist folgendes gemeint: Helfen ist keine Einbahnstraße. Wer hilft, der empfängt auch: eine Infragestellung, eine Bereicherung, eine Intensivierung, manchmal sogar eine Umkehr seines Lebens. Gerade die christliche Opferideologie der Selbstlosigkeit war nicht unschuldig daran, daß der Aspekt des Empfangens in der Hilfe immer wieder weggedacht und weggefühlt wurde. Nicht nur der, dem geholfen wird, sondern auch der, der hilft, darf etwas von der Begegnung »haben«. Geschieht dies, dann merkt auch z.B. der behinderte Mensch, daß er als voll- und selbstwertiger Mensch ernst genommen wird, weil ihn der Helfer auch für sich und seine Existenz für wichtig erachtet (und ihn nicht nur insofern wichtig nimmt, als er auf seine Hilfsbedürftigkeit eingeht). Gerade viele, die mit Aids-kranken Menschen zu tun haben, erzählen und bestehen darauf, daß ihre Wegbegleitungen alle Beteiligten in tiefer Weise beeindruckt haben und für sie selbst und ihr weiteres Leben unendlich wichtig waren und sind. Sie erleben, daß die Kraft, in solcher Wegbegleitung durchzuhalten, nicht nur von ihnen zu investieren ist, sondern auch und vor allem von den Betroffenen selbst herkommt. Nur ein fehlgeleitetes Helfersyndrom geht davon aus, der Helfer müsse sich ständig verausgaben, ohne daß ihm auch gerade in seiner helfenden Beziehung wie auch hinsichtlich seiner ganzen Existenz selbst geholfen wird.

Aus dieser Perspektive steht keine neue Moralisierung zur Diakonie an, sondern die Ermutigung, auch und gerade in solchen Begegnungen ausschlaggebende Botschaften für menschlicheres Leben zu erwarten und anzunehmen. Dieser Aspekt, daß die helfende und befreiende Begegnung mit notleidenden und bedrängten Menschen für alle Beteiligten das Leben buchstäblich notwendiger und unbeliebiger macht, wird oft nicht deutlich und ausgiebig genug gesehen. Dies hängt wohl auch damit zusammen, daß die direkten Begegnungen mit hilfs- und befreiungsbedürftigen Menschen aus den Alltagsbeziehungen herausoperiert wurden: durch die (nur *subsidiär* unerläßliche) Delegation des direkten Umgangs mit ihnen an entsprechende Institutionen und Verbände. Weitergehenden Entmischungstendenzen zwischen Gesunden und Kranken, Einheimischen und Fremden, Unbehinderten und Behinderten usw. muß von daher mit Nachdruck entgegengesteuert werden. Ansonsten verflüchtigen sich noch vollständig die Erfahrungswerte und wertvollen Erfahrungen, in denen Menschen ihre natürliche Kompetenz zur gegenseitigen Hilfe erleben und ausbauen (und diese nicht ganz und gar an professionelle Helfer abgeben). Wo sich die Schwachen und Starken in Gemeinde und Gesellschaft direkt begegnen und zusammen leben, besteht die Chance auf eine wieder anwachsende Humanisierung und Solidarisierung der Gesellschaft und nicht zuletzt der Kirche.[1] »So kann das also aussehen, wenn wir uns nicht mehr aufspalten in Oben und Unten, in Starke und Schwache, in Gebende und Nehmende; wenn stattdessen klar ist: jeder ist auf Hilfe angewiesen, und jeder kann mittun.«[2]

– Gottes Heilsdienst am Menschen und seine Beanspruchung der Menschen zum gegenseitigen Heil

In der Benennung der *theologischen* Doppelstruktur christlicher Diakonie wird oft übersehen, daß die Diakonie nicht zuerst ein Leistungsbegriff, sondern ein Gnadenbegriff ist. In der Beziehungslogik zwischen Gott und Mensch gibt es nämlich keinen Imperativ ohne den Indikativ: So übergibt der Gott, der Israel aus Ägypten herausgeführt und damit in seine bleibende befreiende Wegbegleitung eingeführt hat, diesem Volk seine Gebote. So ruft Jesus die Menschen auf, nicht mehr zu sündigen, nachdem er sie geheilt und ihnen die Vergebung der Sünden zugesprochen hat. Das sind nur einige Hinweise darauf, daß Gott die Menschen (als Sünder!) zuerst liebt und ihnen auf dieser Basis geschenkter Solidarität und nie aufhörender Versöhnung die Ermöglichung dessen schenkt, was die Nachfolge Jesu beansprucht. Gott fordert nicht, was er nicht längst gegeben hat. Die wichtigste Diakonie hat er immer bereits getan.
Insbesondere in den Sakramenten kommt diese unbedingte Liebe Gottes auf die Menschen zu: als eine in entsprechenden Symbolhandlungen erfahrbare Vergewisserung seines unverbrüchli-

---

[1] Vgl. U. Bach, Kraft in leeren Händen, Freiburg i. B. 1983.
[2] Bach, ebd. 121. Diese reziproke Gleichheit im diakonischen Verhältnis darf indessen nicht dazu führen, die fundamentalen Ungleichheiten zwischen arm und reich, krank und gesund, behindert und unbehindert mental oder spirituell zu überspielen: vgl. zu diesem Einwand Daiber, Identität (Anm. 5), 201 ff. Es geht vielmehr darum, *in* konkreten Asymmetrien von Geben und Empfangen »dennoch« eine gleichstufige interpersonale Beziehungskultur gegenseitiger Würde und Achtung aufzubauen, unter anderem eben auch dadurch, daß der Gebende das vielleicht Wenige, das er empfängt, für sich um so wichtiger nimmt (vgl. Mk 12,41–44).

chen Heilsdienstes am Menschen. Gerade deswegen hat auch die Wortverkündigung, die in der Liturgie der Sakramente eingebettet ist, die besondere Aufgabe, von dem zu sprechen, was Gott uns gegenüber getan hat, tun und tun wird, und daß uns von einem solchen Vertrauen in Gott her auch die Möglichkeit geschenkt wird, mit der Angst umzugehen, die immer mit dem zwischenmenschlichen Imperativ zur Diakonie verbunden ist.[3] Diese fruchtbare und energievermittelnde Spannung zwischen der von Gott gegebenen und von ihm geforderten Diakonie gilt es nach beiden Seiten hin aufrecht zu erhalten! Umgekehrt kann erst von den Erfahrungswerten gelebter gegenseitiger Diakonie (einschließlich ihrer Begrenzungen, Sündenanfälligkeit und Hilflosigkeit) ermessen werden, was die Liebe Gottes den Menschen gegenüber ist: in ihrer immer wieder neu nötigen Vergebung und Versöhnung zum Neuanfang. Die Nachfolge des »Imperativs« wird dann zum Ausdruck dafür, daß die Gläubigen die Liebe Gottes für ihr eigenes Leben konkret ernst nehmen (und sie nicht etwa in einem von der zwischenmenschlichen Praxis abgehobenen Spiritualismus nur zur luxuriösen geistigen Auferbauung ihrer selbst ausbeuten).

So rede ich hier nicht dem Ausfall des ethischen Imperativs das Wort, sondern eher seiner Verschärfung und Unausweichbarkeit, freilich nicht auf der Basis eines unbedingten Gesetzes, sondern auf der Basis einer unbedingten Gnade. Gnade freilich, die nicht tätig wird, ist Einbildung (Ernst Käsemann)!

b) Diakonische Dimensionen im Überblick

Die beschriebenen Doppelstrukturen lassen sich in folgendem Strukturgitter einander zuordnen. In einem solchen Überblick haben wir die Dimensionen christlicher Diakonie relativ überschaubar vor uns, was freilich nicht verhindert, sondern dazu anregt, die Beschreibung der im Schema angedeuteten Vorgänge komplexer zu sehen und differenzierter auszuführen.

c) Beschreibung

In der vertikalen Linie steht die *Handlungsebene* zur Debatte, wobei die erste Doppelspalte die praktische Verwirklichung (in

---

[3] Zur indikativischen Rede von Gott vgl. O. Fuchs, Von Gott predigen, Gütersloh 1984.

Subjekte / Handeln	Praktologische Doppelstruktur		Axiologische Doppelstruktur	
	Option der Tat	Option der Beziehung	Barmherzigkeit	Gerechtigkeit
Anthropologische Doppelstruktur — Geben	a Handlungsentscheidung zwischen Möglichkeit und Notwendigkeit	c Handlungsbestimmung von der Kompetenz der Betroffenen her	1 Menschen helfen aus Barmherzigkeit	3 Menschen befreien zur Gerechtigkeit
Anthropologische Doppelstruktur — Empfangen	b Konkretion eigener Unbeliebigkeit im Benötigtwerden	d Konkretion solidarisierender Gemeinschafts-Erfahrungen	2 Helfende Menschen empfangen Lebenshilfe	4 Befreiende Menschen empfangen Befreiung
Theologische Doppelstruktur — Imperativ	A Jesus Christus ruft in die Nachfolge der notwendigen Tat	C Jesus Christus ruft in die Nachfolge der solidarischen Gemeinschaft	I Gottes Anspruch (zwischen)menschlicher Barmherzigkeit	III Gottes Anspruch (zwischen)menschlicher Gerechtigkeit
Theologische Doppelstruktur — Indikativ	B Jesus Christus konzentriert sein heilendes Handeln auf Orte des Unheils – empfängt Anerkennung	D Jesus Christus nimmt die Wirklichkeit aus der Perspektive der Betroffenen wahr – empfängt Solidarität	II Gottes Zuspruch helfender Barmherzigkeit	IV Gottes Zuspruch befreiender Gerechtigkeit
Eschatologischer Indikativ	Christus wird das Reich Gottes bringen und die Sünder retten	Christus wird von den Betroffenen her richten und die Opfer retten	Gottes Heilsverheißung unbedingter Barmherzigkeit	Gottes Heilsverheißung unendlicher Gerechtigkeit

Wort und Tat) dessen meint, was in der zweiten Doppelspalte wertorientiert eingesehen und motivationsbezogen besprochen, argumentativ entworfen und konzeptionell legitimiert wird: Wenn diakonische Menschen beanspruchen, die Werte der Gerechtigkeit und der Barmherzigkeit zu verwirklichen (1 bis 4), müssen sie sich faktisch auf die Menschen zubewegen, die im Leid sind und denen Gerechtigkeit fehlt. Zugleich werden sie von ihren eigenen begrenzten Möglichkeiten her das Notwendige tun und entsprechende Entscheidungen (Optionen) für ihr persönliches Diakonieengagement zu treffen haben (a bis d). Umgekehrt expliziert eine solche Praxis zwischen eigener Tatoption und entsprechender Betroffenen-Beziehung (wobei sich letztere reflexiv auch auf die eigene Person beziehen kann, soweit sie sich selbst in Leidenssituationen befindet) genau das, was man tatsächlich unter Barmherzigkeit und Gerechtigkeit versteht und verfolgt. Im Paradigma semiotischer Zeichen- und Kommunikationstheorie handelt es sich dabei um die pragmatische (a bis d) und um die semantische (1 bis 4) Seite der Diakonie, also um ihre Tatsächlichkeit auf der einen und um ihre Bedeutung auf der anderen Seite.

Auf der horizontalen Linie werden die *Subjekte* der christlichen Diakonie genannt: die Menschen sowie der biblische Gott und darin Jesus Christus. Von beiden Subjektkreisen her ist die gleiche zweipolige »Syntax« oder interaktive Grammatik auszusagen: Ihre diakonischen Begegnungen sind nicht einwegig, sondern mobilisieren Geben und Empfangen bzw. indikativischen Zuspruch und imperativen Anspruch. Auch in der theologischen Doppelspalte mag man mit einigem guten Willen das oben beschriebene Verhältnis von Pragmatik und Semantik akzeptieren, insofern das Jesusgeschehen (A bis D) die faktische geschichtliche Manifestation dessen darstellt, was Gott zuspricht und beansprucht (I bis IV). Jesus praktiziert unüberbietbar die Geschichtsbedeutsamkeit Gottes, indem er dessen ausgesprochenen Willen, diese Wertsetzungen seiner Barmherzigkeit und Gerechtigkeit, lebt. Immer war und ist Gott auf Menschen angewiesen, die in ihrem Glauben an ihn und durch ihre eigene Offenheit seiner Liebe gegenüber (durch Sünde, Scheitern und nötige Umkehr hindurch) seinen Willen zum Heil der Menschen zu verwirklichen suchen (a bis d). Im Menschen Jesus nimmt er diese Angewiesenheit in aller Eindeutigkeit selbst in die Hand und auf die eigenen Schultern. Zugleich ist in der theologisch-axiologischen Doppelstruktur (I bis IV) der motivationale und legitimierende Horizont angesprochen, in dem Jesus über sein eigenes Leben und seine Praxis nachdenkt und in dem er es bespricht (auch mit Gott selbst, womit klar wird, daß die bedeutsame Rede von Gott im realen interpersonalen Gottesbezug wurzelt).

In vertikaler Leserichtung bietet Jesus gleichzeitig die erfüllende Manifestation dessen, was in der anthropologischen Doppelstruktur die dort in allgemeinen Begriffen repräsentierte zwischenmenschliche Diakonie ausmacht (a bis d). So erscheint er wahrlich als der Mensch, der mit dem Zuspruch und Anspruch Gottes (I bis IV) so zu tun hat, daß er zwischenmenschliche Hilfe und Befreiung gibt und (wenigstens teilweise) in entsprechenden Begegnungs- und Gemeinschaftserfahrungen wieder von denen empfängt, denen er heilend begegnet ist bzw. mit denen er in Hochschätzung gemeinschaftlich umgeht (etwa im salbenden Liebesdienst einer Frau, vgl. Mt 26,7, im Zuspruch der eigenen Autorität aus dem Mund der »Besessenen« sowie durch die Nachfolge mancher von ihm geheilten bzw. von seiner Diakonie faszinierten Menschen). So erfährt Jesus nicht nur von Gott, seinem Vater, sondern auch von den Menschen, hier freilich in begrenzter und brüchiger Weise, Hochschätzung, den Zuspruch seiner eigenen buchstäblichen Notwendigkeit und Unersetzbarkeit.[4] Als solche praktische »Füllung« von a bis b realisiert Jesus gleichzeitig nicht nur den Willen Gottes (I bis IV), sondern auch die zwischenmenschlichen Humanwerte der gegenseitigen Gerechtigkeit und Barmherzigkeit (1 bis 4).

Spätestens an dieser Stelle muß auffallen, daß ausgerechnet die anthropologisch-pragmatischen Viererquadrate (a bis d) mit Begriffen gefüllt sind, die in nur allgemeiner Form Konkretionen formulieren, aber Konkretes dann doch nicht (das ja wohl subjekteinmalig und situativ sein müßte) beim Namen nennen. Im Grunde handelt es sich hier um leere, besser offene Felder, die

---

[4] Der Philosoph L. Kolakowski hat in seinem Buch »Die Gegenwärtigkeit des Mythos« (München 1973) nachdrücklich darauf hingewiesen, daß im Menschen eine tiefe Angst davor liegt, in seiner eigenen Existenz nur als zufällig und beliebig vorhanden zu sein (vgl. ebd. 9, 25 und 164). Auch H. Blumenberg spricht hier vom »tiefsten Konflikt« des Menschen, der in der Feststellung »seines Mangels an Notwendigkeit« liegt (in: Arbeit am Mythos, Frankfurt a. M. 1979, 298).

von realen Personen mit bestimmten Namen in Begegnungen mit bestimmten Betroffenen zu »füllen« sind. Konkrete Menschen werden sich hier mit ihrem eigenen Namen einzutragen haben. Die Jesusgeschichte gibt dafür ein Beispiel. Er liefert die praktische Definition nicht nur der Barmherzigkeit und Gerechtigkeit Gottes in der Geschichte, sondern auch des barmherzigen und gerechten Menschen.

Die Einsicht, daß in Jesus (A bis C) die beiden anthropologischen Quadrate (a bis d und 1 bis 4) in ihrer Manifestation enthalten sind und so (alle drei) über- und ineinander liegend vorgestellt werden können, erfährt noch eine weitere Steigerung, wenn man zur Jesulogie die Christologie hinzunimmt. Denn als der auferstandene Christus, der in Gott als die zweite göttliche Person existiert, darf seine Diakoniegeschichte auch in Identifikation mit Gott (I bis IV) und damit soteriologisch, besser soteriopraktisch gelesen werden: Durch die Menschheitsgeschichte hindurch konzentriert er sein heilendes Handeln auf die Orte des Unheils, solidarisiert er sich mit den Betroffenen und nimmt die Wirklichkeit aus deren Perspektive wahr (vgl. Mt 25,35ff und Röm 8,26). Zugleich beansprucht er, was er derart gibt: die praktische Anerkennung seiner Nachfolge und die darin erfahrbare Notwendigkeit eigener Existenz (wie sie der Auferstandene selbst verbürgt). Das christologisch gelesene jesuanische Quadrat A bis C beinhaltet von daher tatsächlich auch die Präzisierung des Zuspruchs und Anspruchs Gottes (I bis IV). Die Felder A bis C erweisen sich derart als generative Keimzelle diakonischer Menschen- und Gottesbeziehung. Der trinitarische Gedankengang legt sich nahe: Die zweite göttliche Person wird in Jesus diakonischer Mensch und realisiert so den Willen des Vaters. Zugleich ist die dritte göttliche Person im Geist des Auferstandenen (und des Vaters) darauf aus, sich in der Geschichte der Menschen als diakonische Wertorientierung (1 bis 4) in diakonischen Menschen (a bis d) zu ermöglichen und zu verwirklichen.

Ein wichtiger Gedanke steht noch aus: die soteriopraktische (heilschaffende) *Eschatologie,* in der Christus die unendliche Anerkennung der diakonalen Notwendigkeit dadurch schenken wird, daß er die zwischenmenschliche Soteriopraxie (= Diakonie) zwischen »Doch-schon« und »Noch-nicht« des Reiches Gottes durch *seine* endgültig rettende Soteriopraxie an den

Opfern und Sündern ein für allemal in der Vollendung des Reiches Gottes »erfüllt«. Eben dieses lebenschaffende Handeln an den Toten realisiert die Heilsverheißung Gottes: seine unbedingte Barmherzigkeit und unendliche Gerechtigkeit (vgl. die entsprechende Veranschaulichung dieses Tatbestandes an der »Basis« des Strukturschemas). So gibt es von der unendlichen Liebe Gottes her einen eschatologischen Überschuß an Diakonie in der Verheißung der Rettung Gottes über den Tod hinaus (besonders gefeiert und geglaubt in der Verkündigung und Liturgie) gegenüber der immer wieder eintretenden geschichtlichen Erfahrung des Defizits an Diakonie zwischen den Menschen: insofern barmherzige, gerechte und befreiende Menschen immer mehr geben, als sie von Menschen empfangen (können). Nicht daß diakonische Menschen nichts empfingen. Helfen ist bereits zwischenmenschlich kein einseitiges Unternehmen. Nur kann man ein gewisses Gefälle erfahrungsgemäß wohl nicht ableugnen, insofern die Nachfolge Jesu in Gesellschaft und nicht zuletzt auch in der Kirche selten das »einbringt«, was man aufbringt. Das Kreuz Jesu selbst ist ein Ausdruck dafür, wie sich andererseits die Auferweckung gegen jeden Sinnlosigkeitsverdacht eines solchen Lebens, auch und gerade wenn es an den opfermachenden »Tätern« scheitert, mit der Botschaft aufbäumt: Vor dem lebendigen und lebendig machenden Gott ist die Diakonie nie umsonst, sondern sie hat ins Reich Gottes hinein ewige Zukunft. Gottes eschatologischer Verheißungszuspruch steht wohlfeil bereit, in die zwischenmenschliche Defizitlücke der Diakonie »einzuspringen« und sie in der christlichen Hoffnung (nicht selten wider alle Hoffnung, vgl. Röm 8,24 ff) mehr als »wettzumachen«.
So hilflos diese Überlegungen klingen, so unentbehrlich scheint mir doch die darin versuchte konzeptionelle Einsicht für die Erfahrungsvorbilder vieler (nicht nur heilig gesprochener) heiliger Männer und Frauen, denen, aus dem entsprechenden Gottvertrauen heraus, umwerfend und faszinierend viel an Diakonie möglich war und ist. Nicht daß nicht auch Menschen außerhalb des expliziten christlichen Glaubens so leben könnten. Sie tun dies objektiv allerdings nicht außerhalb des Geistes Gottes, der weht, wo er will. Für uns Christen jedenfalls bleibt entscheidend, daß wir (endlich) lernen, Gottes explizit zugesagte Gegebenheit und Verheißung für die zwischenmenschliche Befreiung

auszuschöpfen, und damit gründlich darauf verzichten, diesen Gott seiner selbst zu entfremden und ihn als Verhinderung der Diakonie zu mißbrauchen. Weil die Diakonie Gottes so notwendig für die Diakonie der Menschen ist, deshalb ist auch die Gottesbeziehung (in Gebet und Gottesdienst) so entscheidend für Christ und Kirche. Wenn Gott um des Menschen willen Mensch geworden ist, dann darf man seine Diakonie auch zugunsten der menschlichen Diakonie hemmungslos ausschöpfen.

Auch die Sünder werden, durch das Gericht und durch Läuterung hindurch, gerettet werden.[5] Denn ein diakonisches Leben kann im anthropologischen Bereich nicht perfektionistisch verstanden werden. Dazu ist man ein Leben lang unterwegs. Ein ständiger Umkehrweg ist das, mit Sündenanfälligkeit und Scheitern und mit der ständigen Bedürftigkeit, sich Gottes Versöhnung und Hoffnung zusprechen zu lassen. Dies ist so, weil die Diakonie in Wirklichkeit oft gerade deswegen so kostbar ist, weil sie viel Mut und Demut kostet. Rein perfektionistisch können Christen in dieser Hinsicht auch nicht in dem Sinn sein, daß sie meinten, sie könnten selbst das Reich Gottes schaffen. Solche Einsicht und die damit verbundene Hoffnung, daß Christus selbst es bringen wird, bewahrt vor Resignation und Gewalttätigkeit und konzentriert sich dennoch auf die Not-Wendigkeiten, in denen sich Möglichkeiten auftun, unnötiges Leid abzuschaffen und nicht abschaffbares Leid miteinander auszuhalten.

Auch Jesus konnte nicht alle heilen und befreien, auch er scheitert an dem oben beschriebenen »Defizit« zwischenmenschlicher Diakonie. Subjekt des »perfekten« Reiches Gottes ist allein Gott selbst, wie er in Christi Geist letztlich auch das ermöglichende Subjekt jeder zwischenmenschlichen Diakonie im diesseitigen »Äon« bleibt.

Die unterste horizontale Spalte des eschatologischen Indikativs Gottes offenbart so, warum die theologische Doppelstruktur nicht eine im Grunde unnütze Verdoppelung der anthropologi-

---

[5] Vgl. O. Fuchs, Die Entgrenzung zum Fremden als Bedingung christlichen Glaubens und Handelns, in: ders. (Hrsg.), Die Fremden, Düsseldorf 1988, 240–301, hier 269–294; vgl. zur eschatologischen Differenz auch K.-F. Daiber, Diakonie und kirchliche Identität. Studien zur diakonischen Praxis der Volkskirche, Hannover 1988, 106: In der diesbezüglichen »symbolischen Vorwegnahme der Zukunft« liegt eine Spiritualität bereit, die nicht nur ein Privileg der Pfarreien ist, sondern in eigenen Formen auch die Diakonatsräume kennzeichnen (dürfte); vgl. Kap. 5.1.

schen Dimensionen mit Hilfe eines religiösen Sprachspiels darstellt (dann sollte man sich vielleicht doch damit begnügen, die
anthropologischen Notwendigkeiten unter Verzicht mythologi-
scher Umwege gleich direkt beim Namen zu nennen), sondern
buchstäblich notwendig ist: als von Gott her gegebene und inter-
subjektiv mit ihm zu gestaltende Sinnerschließung des oft
scheinbar Sinnlosen, als Anerkennung des wenig Anerkannten,
als Rettung des zuwenig Geretteten, als unverbrüchliche Treue
gegenüber den mit Treulosigkeit Geschlagenen. Diese Energie-
quelle macht sich einholbar in dem Glauben an Gottes in Jesus
Christus ratifizierte solidarische Wegbegleitung in unserer Geschichte sowie in der Hoffnung auf seine eschatologische Verheißung (vgl. Kap. 6.1).

2.2 Nächstenliebe in Glaubensgrenzen

a) Diakonie in der frühen Kirche

»Die Kirche ist nur Kirche, wenn sie für andere da ist.« Dietrich
Bonhoeffers Aussage klingt resolut und provokativ, insbesondere wenn man ihre Negation mitdenkt: Die Kirche ist gar keine
Kirche, wenn sie nicht für andere da ist, wenn sie also, so wäre
zu ergänzen, nur für sich da ist, als nur nach innen kultivierte
Gemeinschaft der Gläubigen mit entsprechenden weltanschaulichen Vergewisserungen und institutionellen Strukturen. Dagegen meint ein »Dasein für andere« ganz entschieden (auch) die
wirklich »anderen«, also auch die, die nicht zur Kirche (im Sinn
der institutionellen und konfessorischen Glaubensgemeinschaft)
gehören: insbesondere die aus der Perspektive kirchlich appro-
bierter Glaubens- und Moralvorstellungen Ungläubigen, die
Sünder, die Außenseiter und die Fremden. Die Kirche ist dafür
da, für diese anderen und deshalb *mit* ihnen da zu sein: für den
Aufbau ihrer Lebensmöglichkeiten und -qualität in direkten helfenden und befreienden Begegnungen und Gemeinschaften sowie in menschenwürdigen gesellschaftlichen Strukturen und gerechten wirtschaftlichen Verhältnissen.
Diese hier allgemein formulierte Aufgabe entzündet sich konkret vornehmlich an den realen Orten, wo die anderen leiden,
wo sie in Armut und Not, in Verachtung und Unterdrückung, in
Ungerechtigkeit und Lebensbedrohung leben. Solche »Zündstel-

len« sind nicht beliebige, sondern notwendige Orte, an denen sich die (Diakonie der) Kirche verausgabt. Kirche ist also nur Kirche, wenn sie Hilfsbedürftigen hilft und Helfern helfen hilft und wenn sie Unterdrückte befreit und Befreiern befreien hilft, gleichgültig, um welche »anderen« es sich dabei handelt. In solcher Praxis vollzieht sich die Kirche authentisch durch Diakonie.

Vielleicht klingt diese These für wohlwollende Ohren noch zu eingängig, als daß ihre kirchenkritische Brisanz ohne weiteres zum Vorschein käme und ins Bewußtsein gelangen könnte. Denn hier handelt es sich tatsächlich um nichts weniger als um die Identitätsfrage der Kirche schlechthin, indem die Diakonie zum ausschlaggebenden Kriterium wird, um in der kirchlichen Praxis wirksam unterscheiden zu können zwischen (institutioneller) Selbstbehauptung und Solidarität, zwischen Glaube und Ideologie, zwischen Liebe und Herrschaft, zwischen Befreiung und Bemächtigung, zwischen Baal und Jahwe, letztlich zwischen Gottlosigkeit und Gottvertrauen sowie zwischen antichristlichem Verhalten und der Nachfolge Christi. Den getroffenen Nerv kirchlichen Selbstvollzugs spürt man insbesondere, wenn man die durch die ganze Kirchengeschichte laufende Ambivalenz der Institutions- und Glaubensapologie im kritischen Horizont unbedingter (also durch keine Bedingungen gebremster) Diakonie betrachtet.

Die Überlegungen lassen sich an einem markanten Beispiel verdeutlichen, das zugleich ein permanentes Problem der Kirchengeschichte und Gemeindebildung darstellt: Ich meine das innerneutestamentliche Bedeutungsgefälle von der universalen Nächstenliebe zur auf die Mitchristen konzentrierten Bruderliebe.[6] In seinem Kommentar zum Hebräerbrief apostrophiert H. Braun die entsprechende Spannung zwischen Mt 25 und Hebr 13: »Das Urchristentum macht hier eine Entwicklung durch. Synoptiker: die Liebe zum Nächsten und zum Feind; Paulus: hinzu kommt die Bruderliebe; letztere wird in den Deuteropaulinen, den Katholischen Briefen (außer Jak 2,8) und im Corpus Johanneum zentral. In dies Endstadium reiht Hebr sich ein; wohl auch 10,24. Hebr 13 handelt nicht mehr vom Verhalten gegen

---

[6] Vgl. dazu K. H. Schelkle, Art. Bruder, in: RAC3 II, 631–640, hier 636–640.

Nicht-Christen.«[7] Dagegen:»In Mt 25,40 steht Jesus hinter jedem Gast.«[8] Das Beherbergen des (bedürftigen bzw. gefährdeten) Fremden besitzt demnach in Mt 25 eine andere Radikalität und Reichweite als in Hebr 13.[9] Die Konzentration auf die Glaubensbrüder hat sicher mit der Bedrängungssituation der aus- bzw. angesprochenen Gemeinde sowie mit ihrem sozialen Minoritätsstatus zu tun und zeichnet deshalb für den Schutz und das Überleben einer bedrängten Minderheit verantwortlich.[10] In diesem Tatbestand zeigt sich deutlich, daß die Zeit, in der die neutestamentlichen Schriften entstehen und kanonisiert werden, selbst eine Zeit der Kirche ist: einschließlich ihrer jeweiligen unterschiedlichen Erfahrungen und Grenzen.[11] Wenn wir hier kurz innehalten und auf die gegenwärtige Situation von Christen und Kirche hierzulande reflektieren, dann kann von einem derartigen Bedrängungszustand nicht die Rede sein, weshalb man ein solches Entlastungsargument nicht für sich verbuchen kann. Für Christ und Kirche in der Gegenwart kann eine diesbezügliche Reduktion der universalen Nächstenliebe auf den mitchristlichen (oder nur mitkatholischen) Bereich buchstäblich nicht als not-wendig erachtet werden. Prinzipieller formuliert: Ohne Not darf der universale Anspruch der Nächstenliebe nicht beschnitten werden. Allerdings bereitet diese Überlegung selbst wieder einen Kompromiß vor, der die eigene Gefährdung als Grenze der Liebe legitimiert: Auf der intensivsten Radikalitätsstufe des Lebens und Todes Jesu in seiner exemplarischen Proexistenz für die Sünder, Leidenden, Benachteiligten und Außenseiter verflüchtigt sich auch dieser Kompromiß. Das Risiko der Selbstgefährdung ist bei ihm ein integraler

[7] H. Braun, An die Hebräer, Tübingen 1984, 449.
[8] Braun, ebd. 451.
[9] Zum gemeindebezogenen Begriff der Gastfreundschaft in 1 Petr 4,9 vgl. E. Schweizer, Der erste Petrusbrief, Zürich 3/1972, 88 ff, sowie K. H. Schelkle, Die Petrusbriefe/Der Judasbrief, Freiburg 1961, 118 ff. Zum universalen Bedeutungsgehalt von Mt 25, 35–40 vgl. W. Grundmann, Das Evangelium nach Matthäus, Berlin 2/1971, 525 ff; J. Schmid, Das Evangelium nach Matthäus, Göttingen 1973, 312 ff; zur Diskussion des Problems vgl. H. Geist, Menschensohn und Gemeinde, Würzburg 1986, 208–215; auch P. Hoffmann, Tradition und Situation, in: K. Kertelge (Hrsg.), Ethik im Neuen Testament, Freiburg 1984, 50–118, hier 93 (einschließlich Anm. 117).
[10] Zum Verhältnis von Gastfreundschaft (den Mitchristen gegenüber) und Bedrängungszeiten vgl. Braun, Hebräerbrief, 450; Schelkle, Petrusbrief, 119.
[11] Zum gegenseitigen Verbindungs- und Bedingungsverhältnis von Tradition und Schrift mit Kirche und Verkündigung vgl. die Offenbarungskonstitution des II. Vatikanums Nr. 8 und 9 sowie Nr. 19 und 20.

Bestandteil seines helfenden und befreienden Umgangs mit den Betroffenen. Das Risiko beruht dabei besonders auf der jeweils um der Liebe willen unerläßlichen Überschreitung von institutionellen Barrieren (z. B. der religiösen Institution des Sabbats, vgl. Mt 12,9–14), von ideologischen Grenzen nach innen und außen (z. B. der Glaubensgrenze zwischen Israel und Samaria, vgl. Lk 10,25–37[12]) und der Stigmatisierten- bzw. Randgruppengrenzen innerhalb des eigenen Landes (z. B. bezüglich der verachteten Dirnen und Zöllner, vgl. Mt 21,31). Die Geschichte der Begegnung Jesu mit der kanaanäischen Frau (Mt 15,21–28) erzählt in Jesu Verhalten selbst den (Lern-)Prozeß der Entschränkung hinein: Auch die »Ungläubige« wird zur Adressatin seines heilenden und helfenden Handelns. Auf derartige Grenzüberschreitungen reagieren die jeweiligen Herrschenden immer empfindlich, weil sie von eben solchen Grenzen profitieren.

Schließlich markiert das Gebot der Feindesliebe die äußerste Entschränkung der Nächstenliebe noch einmal auf die zu, von denen die Gefährdung selbst (real oder projiziert) ausgeht.[13] Gegenüber den clan- oder gruppenfixierten Beschränkungen der Nächstenliebe (z. B. auf den Glaubensbruder) operieren die diesbezüglich radikaleren neutestamentlichen Texte demnach mit einer doppelten Entschränkung: einmal mit der Entschränkung der Liebe gegenüber allen, die sich in der Situation des Leidens und der Benachteiligung befinden; zum anderen durch die Entschränkung der Liebe gegenüber den Feinden, was selbst die Gefahr eigener Benachteiligung und Not nicht zur Grenze der Liebe werden läßt.

Vielleicht darf ich die Brisanz der universalen Nächstenliebe zunächst so formulieren: Wenn schon in der Not und Gefährdung die Eingrenzung des Nächsten auf die Glaubensgeschwister zwar verständlich, aber nicht von den radikaleren Ansprüchen des Evangeliums zu legitimieren ist, dann erst recht und ganz und gar nicht ohne Not und Gefährdung. Wenn ich Not und Gefährdung im strikten Sinn vital und ernsthaft verstehe, kön-

---

[12] Vgl. dazu A. Sand, Fremde und Feinde in der Verkündigung Jesu, in: Bibel und Kirche 42 (1987) 2, 60–65, hier 60 ff.

[13] Vgl. Lk 6, 27–36: Zur Entschränkung der Nächstenliebe durch die Feindesliebe vgl. besonders Hoffmann, Tradition, 84; J. Becker, Feindesliebe – Nächstenliebe – Bruderliebe, in: Zeitschrift für evangelische Ethik 25 (1981) 1,5–18; zur Entgrenzung der Nächstenliebe durch die diakonale Liebe vgl. Schmid, Matthäus, 354–355.

nen wir Christen gegenwärtig und hierzulande wohl kaum auf dieses Argument zurückgreifen. Es sei denn, man definiert die Not und Gefährdung bereits auf dem Niveau, wenn Asylbewerber nicht arbeiten (dürfen!) und von unseren Steuergeldern leben (müssen!). Oder man stilisiert und stimuliert die Ansteckungsgefahr bei HIV-infizierten und aidskranken Menschen derart in die Höhe, daß man die Betroffenen entsprechend aus- und einsperren kann. Obgleich die »Gefahren« im normalen Umgang mit HIV-Infizierten absolut unvergleichbar geringer sind als die Gefahr eines Unfalltodes, wenn man ein Auto besteigt oder überhaupt den Fuß vor die Tür setzt! Solche »Hypochondrien« bezüglich Geldbeutel und Sicherheit haben selbstverständlich nichts mit realer Bedrängnis zu tun, sondern stumpfen gerade gegenüber denjenigen ab, welche sich tatsächlich in realer Not befinden.

b) Die Korruption der Macht

J. Gnilka spricht in seinem Kommentar zum Epheserbrief im Anschluß an Eph 2,1–22: »Die Vergangenheit ist bedeutungslos geworden, weil die neugewonnene Einheit alles beherrscht.«[14] Die Einheit des alten Tempels (des Judentums) wird zugunsten einer neuen Einheit der Juden und Heiden außer Kraft gesetzt. »Das sind die ‚beiden Bereiche', die Christus ‚zu einem' Bereich gemacht hat.«[15] Diese neue Einheit entgrenzt in radikaler Weise die alte, indem sie prinzipiell alle Menschen für fähig erachtet, Christen zu werden, und alle, die an Christus glauben, in sich aufnimmt. Mit dem Blick auf die weitere Entwicklung klingt Gnilkas Formulierung folgenschwer: daß die neue Einheit »alles beherrscht«. Denn nunmehr stellt sich die weitergehende Frage: In welchem Verhältnis steht die Einheit der Kirche zu all den Menschen, die – ob Juden oder Heiden – nicht Christen werden? Im Bereich der Glaubensvergewisserung werden die

[14] J. Gnilka, Der Epheserbrief, Freiburg 1971, 160, vgl. ebd. 145; vgl. dazu auch J. Ernst, Die Briefe an die Philipper, an Philemon, an die Kolosser, an die Epheser, Regensburg 1974, 310–325; F. Mußner, Der Brief an die Epheser, Gütersloh/Würzburg 1982, 68–97.

[15] Mußner, Epheser, 75; zur Neudefinition der Einheit der Christen sowie zu ihrer Abgrenzung gegenüber den Nichtchristen vgl. besonders C. Colpe, Die Ausbildung des Heidenbegriffs von Israel zur Apologetik und das Zweideutigwerden des Christentums, in: R. Faber/R. Schlesier (Hrsg.), Die Restauration der Götter, Würzburg 1986, 61–87; N. Brox, Art. Häresie, in: RAC XIII, 248–297.

Christen nicht umhin können, sich gegen andere abzugrenzen. Dies steht noch in guter Tradition zu den inhaltlichen Auseinandersetzungen (Streitgesprächen) Jesu mit seinen Gegnern. Aber realisieren Kirche und Christen auch die grenzüberschreitende Diakonie Jesu, wenn die sogenannten Abständigen und Ungläubigen ihrerseits Leidende und Benachteiligte sind? Gilt dann auch ihnen die helfende Gastfreundschaft?

Verständlicherweise muß man sich nicht mit den »Irrlehrern« in der gemeinsamen Tischgenossenschaft zusammenfinden[16], sofern diese selbst weder in Not noch benachteiligt sind. Solange keine Notwendigkeit vorliegt, erscheint eine diesbezügliche Distanz und Koexistenz energiesparender und bekömmlicher als die kräfteverzehrende Turbulenz krampfhafter Nähe in inhaltlich unlösbaren Konflikten. Wenn sich freilich dagegen im Leiden von Andersgläubigen die Bedingung der Notwendigkeit buchstäblich einstellt, dann gewinnt der Außenstehende und »Apostat« eine neue Qualität, die ihn wieder in das Zentrum der Gemeinde zurückbringt, die nicht nur um des Glaubens an Christus willen zusammengehört und sich gegen andere Meinungen abgrenzt, sondern sich gerade in diesem Glauben um des diakonischen Vorbildes Jesu Christi willen an Notleidende verausgabt und sich eben darin auch an die (in Glauben und Lebensweise) wirklich »anderen« solidarisch entgrenzt. Bekanntlich hat es allerdings die universale Diakonie sozialpsychologisch und institutionssoziologisch immer schwer, die Positiv-Negativ-Grenzen zwischen innen und außen zu überschreiten.

Zu suchen ist folglich ein Handeln, welches die durchaus zuzugestehende und nötige Selbstbehauptung des Christentums von ihrer Gefahr subordinierender Bemächtigung bzw. der Anpassung an herrschende Verhältnisse zu befreien verspricht. Will man aus dem »Fliegenglas« des ideologischen und institutionellen Kampfes um Selbsterhaltung und Herrschaft herauskommen, dann durch die »Öffnung« des diakonalen Selbstvollzugs von Christen und Kirche gerade um des gemeinsamen Glaubens an Jesus Christus willen. Nur die Entgrenzung der Diakonie rettet die christliche Selbstbehauptung vor falschen Grenzen (gegenüber Notleidenden) bzw. vor verfälschenden Entgrenzungen (z. B. Koalitionen mit den »Mächten und Gewalten«, die sich

---

[16] Vgl. dazu E. Neuhäusler, Art. Gastfreundschaft, in: LThK2 IV, 527.

auf Kosten anderer behaupten). Die hier verfolgte Problematik in der konzeptionellen wie realisierten Verhältnisbestimmung von abgrenzender Glaubensvergewisserung und entgrenzender Diakonie läßt sich für die frühe Kirche auf folgendes Resultat bringen:

Kaum zu überschätzen ist die in ihrer Innovationskraft geradezu revolutionäre Leistung der christlichen Kirche, in den eigenen Sozialbereichen die bisher kaum angetasteten und zum Teil mit Strafandrohung hochbefrachteten Grenzen religiöser, ethischer, politischer und soziokultureller Art auf der Basis einer neuen religiösen Einheit zu überschreiten (vgl. Gal 3,28). Die neue gemeinsame Basis bildeten inhaltlich die Botschaft Jesu Christi und beziehungsmäßig der gemeinsame Christusbezug, die Gemeinschaft mit dem auferstandenen Herrn. Indem sich freilich die neue entschränkende Gemeinschaft selbst wieder realisiert und konstituiert (insbesondere in Bedrängnissituationen des Minoritätsstatus innerhalb einer Majorität, welche die alten Grenzen hochhält und die christliche Minorität selbst ausgrenzt), provoziert und produziert sie unvermeidlich neue Grenzlinien zwischen nunmehr christlichen Gemeinden und nichtchristlicher Umgebung. Die Ausbildung des Heiden- und Häresiebegriffs ist dafür signifikant.[17]

Obgleich es bereits in neutestamentlichen Schriften kritische Gegenbewegungen gibt (in der Feindesliebe bzw. universalen Diakonie), läßt sich eine Verengung des Universalcharakters der Nächstenliebe auf die gemeindliche »Bruderliebe« feststellen. Die Diakonie ereignet sich vorzüglich in den Grenzen der neuen Gemeinschaften. Dagegen ist selbstverständlich nichts zu sagen, wenn in und zwischen christlichen Gemeinden aneinander diakonal gehandelt wird. Nur verliert sich dabei leicht die Sichtweise, daß außerhalb der Gemeinde nicht nur Menschen sind, die den erlösenden Glauben, sondern auch Hilfe in der Not und Befreiung von Unterdrückung nötig haben. Diese letztere Dimension des in den Evangelien erzählten Jesus von Nazaret gerät in den Hintergrund. In den Vordergrund dagegen schieben sich um so mehr die weltanschaulich-apologetischen und institutionellen Grenzziehungen zwischen Christen und Heiden bzw. Juden.

---

[17] Vgl. Colpe, Heidenbegriff, 69–87.

Kann man für diese Entwicklung in den ersten drei Jahrhunderten die Bedrängungs- und zeitweilige Verfolgungssituation der christlichen Gemeinden »entschuldigend«[18] geltend machen, so kann davon nach der Konstantinischen Wende nicht mehr die Rede sein. Denn gerade in Verbindung mit dem zunehmenden Einfluß auf dem Weg zu einer mit staatlichen Herrschaftsanteilen ausgestatteten Majorität verschärfen sich nämlich die Grenzen zwischen Christen und Heiden auf dem Hintergrund der veränderten Machtverhältnisse, mit der Konsequenz, daß die Nichtchristen ihren Dissidentenstatus immer mehr als Diffamierung, Benachteiligung und Beschädigung erfahren.[19] Daß ein solches Verhalten den »Ungläubigen« gegenüber der universalen Diakonie ins Gesicht schlägt sowie der Glaubensvermittlung ihre zugehörige kommunikative Basis nimmt und durch eine ungehörige, weil unchristliche (mehr oder weniger erzwungene) Indoktrination und rekrutierende Integration austauscht, verschwindet aus dem spirituellen, theologischen und ekklesiologischen Bewußtsein von Christ und Kirche. Der entsprechenden Entwicklung bis zu den vielen »Glaubenskriegen«, Pogromen und »christlichen« Kolonialisierungen in der Geschichte der Kirche steht von da an nicht mehr viel im Weg.

Dabei steht die menschenverachtende totalitäre Ideologie hintergründig Pate: Wer nicht glaubt, ist es weniger (als die Mitgläubigen) oder nicht wert, menschlich behandelt zu werden. Deshalb kann man sich mit seinem Leiden leichter abfinden als mit den Noterfahrungen von Christen. Ja, sein Leiden darf womöglich durch Schmerz und Unterdrückung noch vergrößert werden, weil er es im Grunde nicht anders »verdient« oder damit er endlich zum rechten Glauben kommt. Etwas trivial formuliert: Zum eigenen Glück des »In-den-Himmel-Kommens« darf man wohl auch zwingen. Der Ungläubige kann solchem Leiden ohne weiteres aus dem Weg gehen, wenn er sich endlich

---

[18] Selbstverständlich geht es mir hier nicht um die Kategorie der Schuldzuweisung, sondern um den Versuch einer strukturanalytischen Beschreibung von Tendenzen, die durchaus verständlich sind: Denn prinzipiell ist ja nicht zu vergessen, daß es ausgesprochen schwierig und gegenläufig ist, eigene Grenzen zu transzendieren, die eigenen Ressourcen an Fremde zu verausgaben, die damit verbundenen Konflikte und Innovationen zu riskieren. Hierin sind Christ und Kirche im Horizont der christlichen Botschaft und des Reiches Gottes in der Tat zu einer zur sonstigen Umwelt alternativen Praxis aufgerufen.

[19] Vgl. Colpe, Heidenbegriff, 72 ff, 74 ff, 76 ff, 78 ff, 82 ff.

die Wahrheit sagen läßt und selbst die Grenze in die Kirche hinein überschreitet. Die in ihrer Universalität und Unbedingtheit radikal diakonische Liebe des christlichen Gottes, der die Menschen als Sünder bedingungslos liebt und ihr Heil will, bereits bevor sie sich verändern (vgl. Röm 5,8 und 1 Joh 4,10), wird dadurch verdunkelt, daß die diakonische Liebe der Christen mit der Bedingung verknüpft wird, sich erst einmal in den institutionellen und weltanschaulichen Schoß der Kirche hineinzubegeben.

c) Selbstbehauptung der Kirche

Nur wo das vorbehaltlose helfende und befreiende Handeln allen Leidenden und Unterdrückten gegenüber die immer wieder sich verfestigenden clanhaften exklusiven Grenzen (gemeinsamer Weltanschauungen und Institutionen) durchbricht, finden Christ und Kirche zu ihrer authentischen Selbstbehauptung zurück. Will letztere christlich sein, muß sie den Begriff der Kenosis, der Selbstentäußerung in Richtung auf die Diakonie, als integralen Bestandteil ihrer selbst enthalten. Wenn schon in christologischer Analogie bei Kirche und Christ von der Kenosis die Rede sein darf oder soll, dann erstreckt sich die not-wendige »Selbstentäußerung« auch auf die institutionellen und ideologischen Dimensionen: Die Grenzen des Glaubens dürfen niemals die Diakonie an diejenigen verhindern, die (angeblich bzw. real) außerhalb dieses Glaubens stehen und leben. Besser: Es handelt sich dann gar nicht mehr um den christlichen Glauben. Weil nämlich die vorbehaltlose Nächstenliebe bis hin zur Feindesliebe (also einschließlich der Diakonie an den ideologischen Gegnern) ein Moment und Ferment des Gesamtbegriffs christlichen Glaubens darstellt, können die Grenzen des Glaubens immer nur mit den Entgrenzungen der Diakonie deckungsgleich sein. Wo die Diakonie eingeschränkt wird, wird auch der christliche Glaube um seine Entschränkungen gebracht.

Übrigens hat H. Geist für Mt 25,40 überzeugend herausgearbeitet: daß auch und gerade bei Matthäus die Gemeinde daraufhin angesprochen ist, *ihre* »geringsten Brüder« wahrzunehmen, *weil* es prinzipiell gilt, daß in *jedem* notleidenden Menschen eine Schwester bzw. ein Bruder des Menschensohnes zu sehen sind.[20]

[20] Vgl. Geist, Menschensohn, 213.

Die Noterfahrung und Gefährdung der Adressaten des Matthäustextes dispensieren also nicht den universalen Anspruch der Nächstenliebe, sondern wenden letzteren auf sich selbst an. Dadurch entgeht Matthäus der Gefahr, in die Ausschließlichkeit »christlicher« (auf Mitchristen bezogener) Nächstenliebe zu geraten. Vielmehr darf selbst in dieser Bedingungssituation die Gemeinde zum Lernort für die universale Nächstenliebe werden, wo also Christen im Horizont ihres Glaubens und in ihren Sozialformen besprechen, leben und untereinander tun, was sie an christlicher Nächstenliebe allen Menschen zuteil werden lassen (vgl. Kap. 6.2).

Die größte historische Schande des Christentums liegt wohl darin, daß es sich die Universalisierung des Begriffs der Menschenwürde auf alle Menschen und Rassen in Neuzeit und Moderne »von außen« hat kritisch entlarvend sagen lassen müssen, obgleich sich das Konzept der Menschenwürde nicht zuletzt seinem eigenen Traditionsgut verdankt und deshalb von der Kirche selbst hätte verfolgt und eingeklagt werden müssen, wäre sie in ihrem realexistierenden Vollzug die Hüterin ihrer eigenen Inhalte gewesen (abgesehen von vielen, meist innerkirchlich bekämpften Ausnahmen: Ich denke hier z. B. an Friedrich von Spee SJ). So ist aus der Geschichte des Christentums aufs Ganze gesehen das *aktive* pathologische Betreiben der paradoxen Kommunikation von hehren Worten in Verbindung mit niederträchtigen Taten (an Nichtgläubigen bzw. Dissidenten in den eigenen Reihen) bzw. mit unterlassenen Solidarisierungen mit entsprechenden Notleidenden nicht wegzudenken.

Das »aktive« Betreiben ist zu unterstreichen, damit dessen Unterschied zu der Spannung und Diskrepanz zwischen Wort und Tat hervorgehoben wird, welche in der Hilflosigkeit, Existenzangst, Sündenanfälligkeit und Schwäche sowie in den Zwangssituationen und entfremdenden Begrenzungen von Mensch und Gemeinden begründet liegen, obgleich man sich um die Bewahrheitung des eigenen Glaubens in der diakonalen Praxis allen Menschen gegenüber *bemüht*. Bei der aktiv betriebenen Differenz zwischen Wort und Tat dagegen dient der weltanschaulich und clanhaft reproduzierte »Glaube« in verstärkender Legitimation der besagten Abgrenzung und Lieblosigkeit. Genau auf diese Weise tun es Kirche und Glaube der Welt gleich, wo sich allenthalben die Selbstbehauptung auf der Basis der funktionierenden Freund-Feind-Bilder nach innen und außen konstituiert und entsprechend inhumanes Handeln vorbereitet und gebiert. Die buchstäbliche »Evangelizität« von Christ und Kirche bestünde dagegen darin, in der Entgrenzung der Diakonie jedermann/-frau gegenüber die Grenzen des eigenen Glaubens zu buchstabieren. Der verfolgte Jude und der KZ-inhaftierte Kommunist, der aidskranke Homosexuelle und der diffamierte »Asylant«: Sie alle gehören aufgrund ihres Hilfsanspruchs und ihrer Befreiungsbedürfnisse in die Solidarisierungs- und Sozialräume christlicher Gemeinde und Caritas. Das verhindert die Mentalität, erst dann mit der Hilfsbereitschaft ernst zu machen, wenn bestimmte moralische, ideologische oder institutionelle Bedingungen erfüllt sind.

Es liegt auf der Hand, daß man sich mit solchen Entgrenzungen häufig »Feinde« macht. Dafür gibt es nicht zuletzt Beispiele aus der jüngeren Kirchengeschichte in unserem Land: Die Christen, die sich im Nationalsozialismus nicht nur für die Glaubensgenossen (z. B. konvertierte Juden bzw. katholische Psychiatriepatienten), sondern von Anfang an auch für die verfolgten, mißhandelten und tödlich bedrohten Kommunisten, Homosexuellen, Zigeuner und Juden eingesetzt haben, haben um dieser umfassenderen Nächstenliebe willen sowohl manches Unverständnis und manche Entsolidarisierung in den eigenen Kirchen wie auch Freiheit, Leib und Leben von seiten des Staatsapparates riskiert.

Die Entkoppelung des Glaubens an Jesus *Christus* von der Diakonie des besonders in den synoptischen Evangelien verkündigten *Jesus* Christus bringt die Glaubensvermittlung um ihre christologische Einheit sowie Christ und Kirche um ihr spezifisch christliches Humanum. Christ und Kirche befinden sich dagegen immer dann auf dem Boden ihres eigenen Glaubens, wenn sie sich für die Nöte der nächsten und der fernsten Menschen interessieren, wenn sie sich entsprechend solidarisieren und politisch einsetzen und wenn sie nicht erst dann mit ihrer Hilfsbereitschaft ernst machen, wenn bestimmte moralische oder ideologische Bedingungen erfüllt sind. So gilt: Die Selbstentäußerung der Diakonie ist ein integraler Bestandteil der Selbstbehauptung in der Martyria; und die Selbstbehauptung der Martyria ereignet sich vorzüglich in der diakonischen Selbstentäußerung.

2.3 Befreiendes Dogma

a) Christliche Praxis und konzeptionelle Theologie

Die praktische Theologie hat sich in den letzten beiden Jahr-
zehnten insbesondere dadurch die normativen Grundlagen der
jüdisch-christlichen Tradition in ihre Besprechung gegenwärtiger Praxis eingeholt, daß sie sich zunehmend an der Bibel, vor
allem am Neuen Testament und an den Evangelien orientierte.
Dies liegt nahe, weil man hier Vorlagen besitzt, die in sich selbst
die Dramatik des Lebens beinhalten (nämlich in den erzählten
Figuren und Handlungen der Geschichten), die mit den Abläu-
fen gegenwärtigen Lebens leichter in Korrespondenz gesetzt
werden können als abstrakt formulierte Obersätze einer »Dogmatik«, die gern an die praktische Theologie die Aufgabe delegiert, die praktische »Anwendung« ihrer generell gültigen Aussagen auf die Realität zu deduzieren. Diesen Weg hat die neuere
praktische Theologie mit Recht ausgeschlagen, weil der Abstand
zwischen den abstrakt-generell formulierten »überzeitlichen«
Gültigkeiten und der konkreten Existenz des Menschen in seiner Zeit und seinem Handeln meist so groß ist, daß dazwischen
nur noch die Beliebigkeit Platz hat.[21] Von daher haben sich
praktische Theologie und Exegese zuweilen recht intensiv aufeinander zubewegt, wobei die erstere auch über die historisch-
kritische Methode hinaus eigenständige Vermittlungsprozesse
zwischen Bibel und Leben gesucht und konzipiert hat.
Diese Entwicklung ging parallel mit der bereits sprichwörtlichen
historischen Spannung zwischen Exegese und Dogmatik und ihren jeweiligen Methoden. Nicht zuletzt war ja die historisch-kri-
tische Exegese in der katholischen Theologie die emanzipative
Kraft schlechthin gegenüber einer rationalistischen Bevormun-
dung neoscholastischer Lehr- und Leerformeln. Was einmal zutreffende Einschätzung war, kann allerdings im Lauf der Zeit
zum Zerrbild werden. Exegese und praktische Theologie geraten
bei allen berechtigten Abgrenzungen leicht in die Versuchung,

---

[21] Vgl. dazu O. Fuchs, Biblische Geschichten und Christliches Handeln, in: Katho-
lisches Bibelwerk e.V. (Hrsg.), Dynamik im Wort, Stuttgart 1983, 361–383; zur Anbindung praktisch-theologischer Überlegungen an die Vorgegebenheit der biblischen
»Praxis« vgl. G. Biemer/P. Siller, Grundfragen der praktischen Theologie, Mainz
1971, 133–188; vgl. auch die besondere Art und Weise, wie R. Zerfaß in seinen Auf-
sätzen die konstitutive Gegebenheit biblischer Geschichten für die Praxis der Gegenwart ernst nimmt: Menschliche Seelsorge, Freiburg 1985.

von »der« systematischen Theologie für den eigenen Bereich nicht mehr viel, am besten überhaupt nichts mehr zu erwarten, was natürlich dann leicht zu rechtfertigen ist, wenn man sich die systematische Theologie weitgehend im Image ihrer ohne Zweifel erschreckenden Deformationen gegenüberstellt. Seit längerer Zeit freilich gibt es eine Entwicklung, in der die systematische Theologie, insbesondere die fundamentale Theologie, die Praxis und das Handeln der Menschen in den Kern ihrer Konzeption inhaltlich und methodisch aufnimmt[22] und so den komplexen Dialog zwischen theologischen Prinzipien und erfahrungs- und sozialbezogener Praxis und damit auch mit der Geschichtlichkeit des Glaubens und seinen historischen Gegebenheiten riskiert.

Dieser Ansatz trägt die enorme Innovation des letzten Konzils weiter, die »Zeichen der Zeit« und damit die Erfahrungen der Menschen in »dogmatischen Konstitutionen« zu besprechen.[23] Hier eröffnet sich in der systematischen Theologie ein Angebot der Begegnung, das die praktische Theologie nicht ausschlagen darf, übrigens auch nicht die Exegese, der es noch zu wenig gelungen ist, den konzeptionellen Ort ihrer Frage nach der Entstehungsgeschichte der Schrift(en), ihres methodischen Instrumentariums sowie ihrer Ergebnisse in Theologie und Kirche zu bestimmen. Damit meine ich nicht eine Theologisierung ihrer Ergebnisse, sondern den systematisch-theologischen Rahmen und darin die prinzipielle theologische Reichweite und zugleich Begrenzung ihrer Methoden und Ergebnisse für das Gesamt der Theologie und für die Praxis der Kirche.[24]

Nicht zuletzt in der Nachfolge des Konzils wäre eine neue Annäherung von Dogma und Pastoral zu wünschen, die mit einer

---

[22] Vgl. dazu die Beiträge in O. Fuchs (Hrsg.), Theologie und Handeln, Düsseldorf 1984, sowie in H.-U. v. Brachel/N. Mette (Hrsg.), Kommunikation und Solidarität, Münster 1985 (mit den einschlägigen Literaturhinweisen insbesondere auf H. Peukert, K. Füssel, N. Mette, E. Arens und E. Klinger). Zum Verhältnis von »Exegese und Dogmatik« vgl. den gleichnamigen Sammelband von H. Vorgrimler (Hrsg.), Mainz 1962.

[23] Vgl. dazu E. Klinger, Der Glaube an den Menschen – eine dogmatische Aufgabe, in: Theologie und Glaube 78 (1985), 229–238, bes. die zutreffenden und scharfsichtig-kritischen Bemerkungen des Autors zur gegenwärtigen Auseinandersetzung um die »Theologie der Befreiung«, 237, Anm. 25.

[24] Vgl. dazu O. Fuchs, Die mythisch-symbolische Dimension religiöser Geschichten, in: K. Kertelge (Hrsg.), Metaphorik und Mythos im Neuen Testament, Freiburg 1990, 11–77.

neuen Annäherung von Dogma und Exegese (der Wissenschaft von der »Praxis« der Bibel) Hand in Hand geht. Wenn historische und praktische Wissenschaften dagegen die gesamte systematische Theologie als etwas konterkarieren, was mit ihnen selbst nichts zu tun hat, bestätigen sie auf gegenabhängige Weise nochmals den unqualifizierten Anspruch einer schlechten systematischen Theologie, die sich weigert, sich mit ihren überzeitlichen Wahrheiten in die Niederungen der Geschichte und der Praxis zu begeben. Erst mit beiden Zugängen zur theologisch-kritischen Praxistheorie steht letztere auf ihren beiden Füßen (wobei sich Spiel- und Standbein im Einzelfall durchaus abwechseln mögen): mit der systematisch-konzeptionellen Arbeit auf der einen und der biblisch-geschichtlichen Rückbesinnung auf der anderen Seite.

Gegenwärtige Praxis kann und muß mit der diesbezüglichen Praxis Jesu verglichen werden, aber auch mit prinzipiellen theologischen Konzepten, die sich um die systematisch-theologische Bewältigung eben dieser Praxis bemühen und sie für die Existenzweise im Leben der Christen denkerisch und argumentativ einholen. Sicher trifft zu: Gerade die kirchengeschichtlichen Aufbrüche von unten haben sich insbesondere am Beispiel Jesu und seiner konkreten Geschichten entzündet, wie auch prinzipiell alle konzeptionelle Theologie hierin ihren Bezugspunkt hat. Nur darf diese Dimension unseres Glaubens (nämlich die Dimension der exemplarischen Gültigkeiten und des immer wieder notwendig singulär Beispielhaften von Einzelgeschichten und Einzelpersonen bzw. Gruppen) nicht verhindern[25], daß im Bereich der systematischen Theologie prinzipielle Gültigkeiten christlicher Existenz gedacht und formuliert werden. Die kon-

[25] Man darf die Gefahr eines Biblizismus und Fundamentalismus in dieser Hinsicht nicht gering achten, worin die Nachahmung autoritätshörig und zwanghaft realisiert wird. Jesu Lehre (im weiteren Sinn) macht seine insgesamte Praxis von Reden (vor allem in den Erzählungen seiner Geschichten) und Taten aus: Die Gesamtheit dieser »Lehre« kann und muß in ihrer Inhaltlichkeit auch konzeptionell rekonstruiert werden, damit eine Einzelgeschichte nicht abgelöst von dieser konzeptionellen Perspektive (etwa der zu rekonstruierenden Reich-Gottes-Theologie) ihr inhaltlich nicht mehr legitimiertes Eigendasein führen kann. Erst dann wird die Einzelgeschichte tatsächlich zum »Modell«, das in Verbindlichkeit zugleich Freiheit schenkt, indem es nicht auf rigide Nachahmung festlegt, sondern vom inhaltlichen Geist her neue Geschichten entdecken und verwirklichen läßt. Die geschichtslos »überzeitliche« Nachäffung der »Besessenenheilungen« im Exorzismus hat nichts von der heilenden Begegnung Jesu mit psychisch kranken Menschen verstanden: vgl. Fuchs, Aspekte (Kap. 1, Anm. 16), 90 und 95.

krete Nachahmung Jesu im Leben des Christen befreit die kirchliche Lehre und die Theologie vor der Verflüchtigung in die Abstraktion bzw. vor der Ideologisierung; und: Theologische Perspektiven befreien die Nachahmung biblischer Geschichten und Gestalten vor rigidem Biblizismus. Beide Dimensionen sind für die Praxis von Christ und Kirche und nicht zuletzt für die praktische Theologie unerläßlich.

b) Diakoniefreundliche Reflexion des Glaubens

Die Theologie der Befreiung macht uns hier einiges vor: Gerade sie, die sich an der unmittelbaren Erfahrung menschlicher Not entzündet und sich von daher an der Praxis Jesu in Wort und Tat orientiert, bemüht sich auch und darin insbesondere im Evangelisationsbegriff um den Austausch mit entsprechenden lehramtlichen Dokumenten und Herkünften und damit um ihre »arteigene« systematisch-theologische Konzeption. Dies für den Bereich der Diakonie hierzulande einzuholen, ist auch mein Anliegen, nicht zuletzt mit der Absicht, diesbezüglich kontroversen Ansichten und Tendenzen die exklusive Berufung auf die Lehre der Kirche streitig zu machen (vgl. Kap. 3).
Ich möchte deshalb den Stellenwert der Diakonia (als Dimension von Kirche) bzw. der Caritas (als Institution[en] und als konkrete Tätigkeitsfelder der Diakonie) mit dem Anliegen aufgreifen, daß diese Problematik hierzulande strukturell die gleiche ist wie der Streit um die »Theologie der Befreiung« dort- (in Lateinamerika) und hierzulande. Beide Auseinandersetzungen gehören inhaltlich zusammen und sollten auch miteinander verknüpft werden. Die Frage nach dem theologischen Ort der Benachteiligten und Stigmatisierten sowie des nötigen helfenden und befreienden Handelns an und mit diesen in der hiesigen Kirche entspricht der Frage nach dem theologischen und ekklesiologischen Ort der Armen und Unterdrückten sowie des helfenden und befreienden Handelns an und mit diesen in der Kirche Lateinamerikas. Die lehramtlichen und systematisch-theologischen Grundlagen des kirchlichen Engagements für die Armen und Benachteiligten fand insbesondere die lateinamerikanische Bischofskonferenz von Puebla im Konzept der Evangelisation. Mir liegt in diesem Zusammenhang am Herzen (natürlich mehr anfanghaft anstoßend als bereits in allem ausgeführt und gereift), das theologische Konzept mit der Frage nach der theo-

logischen und ekklesiologischen Dimension der Diakonie in unserem Land zu verbinden und entsprechende Konsequenzen für Theorie und Praxis der Diakonie zu benennen.

Mit dem Begriff des theologischen Konzepts steht die Frage nach dem Bewußtsein und dessen Verhältnis zur Praxis bzw. zur Gesamtexistenz des Menschen an, zutreffender ausgedrückt (denn diese Formulierung suggeriert viel zu sehr ein »Gegenüber« von Bewußtsein und Praxis) nach der Funktion des Bewußtseins in der Praxis, denn auch das Bewußtsein ist ein Bestandteil der Praxis. Wenn ich derart nach dem Ort des Bewußtseins in der Gesamtexistenz des Menschen frage, weise ich von vornherein dichotome Verhältnisbestimmungen ab, wie sie z. B. idealistische Bewußtseinskonzepte und materialistische Orthodoxien bestimmen. Die Theologie neigt gern idealistischen Denkmodellen zu, indem sie ihre Prinzipien und Lehren in der Kategorie des Idealen, der Theoria, des »Geistigen« ansiedelt. Das II. Vatikanum setzt hier andere Maßstäbe, indem es die Praxis von Christ und Kirche mit der Lehre in Verbindung bringt. Wir haben weitgehend noch gar nicht recht begriffen, welche Konsequenzen eine solche Reintegration von Denken und Handeln im Dogma der Kirche für die Theologie (als Geistes- *und* Handlungswissenschaft) und für den Traditionsbezug wie auch für die Existenzform der Kirche bedeutet. »Konzept« meint in unserem Zusammenhang deshalb eine systematisch-theologische Bemühung um den Begriff, um in solcher Bemühung *als* (nicht zuletzt biographisch bedingtes und begrenztes) Handeln im Bereich des Verstandes *in* der Praxis nach-, mit- und vorzudenken.

Der Praxisbegriff definiert sich demnach von den Kapazitäten der Subjekte, die sie gestalten: Beim Menschen sind dies vor allem die Kräfte des Verstandes, des Willens und der Gefühle, die sich subjektintern im Denken, Wünschen und Fühlen und subjektextern im kommunikativen Handeln von Sprechen bzw. Hören, Geben bzw. Empfangen und Tun bzw. Erleiden äußern.[26]
»Handeln« bzw. »Praxis« (als mehr statischer Bereichsbegriff für das dynamischere Handeln) müssen demnach als Gesamtbegriffe menschlicher Existenz gelten: Sie schließen auch das

---

[26] Insbesondere die Sprechakttheorie nach J. L. Austin und J. R. Searle hat nachdrücklich den Handlungscharakter des Sprechens herausgearbeitet: vgl. J. R. Searle, Sprechakte. Ein philosophischer Essay, Frankfurt a. M. 1971.

Sprechen sowie alles darin formulierte Denken, Wünschen und Fühlen ein. Auch die immer wieder mit Recht monierte Kluft zwischen Theorie und Praxis, Glauben und Handeln, kann man nicht als Argument für deren prinzipielle oder kategoriale Spaltung gelten lassen. Es gibt ja nicht nur eine mögliche Antinomie zwischen Theorie und Praxis, zwischen Reden und Tun, sondern auch einen Widerspruch zwischen Denken und Denken, zwischen Reden und Reden, wie es auch gleichzeitig und vor allem nachzeitig widersprüchliche Gefühle gibt. So kann man sich in einer Rede ebenso inhaltlich widersprechen wie in aufeinanderfolgenden Taten. So vollbringt in Bert Brechts »Der gute Mensch von Sezuan« die eine Person Shen Te und Shui Ta gute und schlechte Taten: Hier geht es nicht um einen Widerspruch zwischen Theorie und Praxis, sondern zwischen Handeln und Handeln. Die Widerspruchsfähigkeit ist also kein notwendiger Beleg für zwei verschiedene Kategorien, als welche Theorie und Praxis angenommen werden, sondern ist durchaus auch ein Merkmal innerhalb einer Kategorie. Diese eine übergreifende Kategorie ist für uns die Existenz bzw. die Praxis (als Vollzug der Existenz), innerhalb derer es verschiedenartige Widersprüche gibt, die aber nicht auf kategoriale, metaphysische, ontische oder prinzipielle Dichotomien hinauslaufen. Eine Theorie außerhalb der Praxis gibt es demnach nicht. Man kann sich nur in der Praxis zu ihr auch reflexiv verhalten.

Was nun in der Praxis von Christen und Kirchen nicht selten auseinanderfällt, sind die Orthodoxie und Orthopraxie, beide jedoch als Praxis von Christ und Kirche verstanden. Man kann wohl schlecht den rechten Glauben nur als »Theorie« bezeichnen, allenfalls im Sinn der »Anschauung« und perspektivischen Entdeckung der Wirklichkeit, was ihn dann um so mehr als Gesamtbegriff für die Existenz des Menschen konstituiert. Zudem ist der Glaube selbst eine kommunikative Praxis des Vertrauens zwischen Mensch und dem im jüdisch-christlichen Traditionsgut erzählten Gott. Wenn sich Petrus in Mk 8,29 zu Jesus als dem Messias bekennt, dann ist sein Glaube keine Theorie, sondern Bestandteil einer konkreten Begegnung. Wenn Jesus freilich die Nachfolge des Kreuzes als ein diesem Bekenntnis angemessenes Verhalten einklagt, dann reißt er darin die petrinische Differenz zwischen der Praxis des Redens und der Praxis des Tuns auf (vgl. Mk 8,32–35).

Aber auch für das Verhältnis von systematisch-konzeptioneller Theologie zur Praxis von Christ und Kirche dürfte die dualisierende Theorie-Praxis-Unterscheidung kaum zutreffend sein. Weder die Lehre der Kirche noch die systematische Theologie, weder Dogma noch Dogmatik sind in den Konzepten, die die Anliegen und Methoden des II. Vatikanums weitertragen, einfachhin mit »Theorie« gleichzusetzen. Wenn die Dokumente von Puebla über Evangelisation sprechen, ist von der neuen Praxis von Christ und Kirche die Rede, freilich insofern in einer theologisch qualifizierten Weise, als nach den theologischen Prinzipien der christlichen bzw. kirchlichen Praxis gefragt wird und umgekehrt danach, welche theologischen Prinzipien eine entsprechende Praxis durch ihre Existenz realisiert und transparent macht.[27]

c) Bekömmliche Glaubenspraxis

In diesem Zusammenhang ist die Unterscheidung zwischen prinzipiellen theologischen Tatbeständen und Idealen bzw. Normen wichtig. Wenn wir uns im Horizont systematischer Aussagen auf den Sprechakt zubewegen, der normative Konsequenzen hat, aber sich nicht in Normativität erschöpft, weil er konstitutive Gegebenheiten menschlicher und zwischenmenschlicher Existenz prinzipiell ausdrückt, die nicht produzierbar, sondern vorhanden und zu entdecken sind, suchen wir einen theologisch qualifizierten Begriff, der in der gegebenen Wirklichkeit eben das identifiziert, was sowohl für diese Realität in ihrem guten Vorhandensein wie auch für ihre bessere Potentialität (die dann als Normativität das Handeln der Menschen erreicht) konstitutiv ist. Eine solche mit dem theologischen Begriff gegebene Perspektive wäre dann fundamental-theologisch in dem Sinn, als sie von der geschichtlichen Seinsgegebenheit menschlichen Lebens ausgeht und zugleich wieder auf sie mit entsprechenden

---

[27] Vgl. Die Kirche Lateinamerikas (hrsg. vom Sekretariat der Deutschen Bischofskonferenz) 2/Bonn 1984 (Stimmen der Weltkirche 8), 135–355: »Wir wollen die Grundwahrheit der Evangelisierung verkünden: Christus, unsere Hoffnung, ist mitten unter uns. Ausgesandt vom Vater, belebt er mit seinem Geist die Kirche und bietet dem Menschen von heute sein Wort und sein Leben an, um ihn zu seiner umfassenden Befreiung hinzuführen.« (177) »Die Evangelisierung muß tief in das Herz der Menschen und der Völker eindringen. Deswegen strebt ihre dynamische Kraft nach der Umkehr des einzelnen und dem gesellschaftlichen Wandel.« (213). Vgl. dazu auch M. Böhm, Gottes Reich und Gesellschaftsveränderung, Münster 1988.

Handlungsansprüchen zugeht, also auch in dem Sinn, als sie zugleich praktisch-theologisch dimensioniert wäre. Das theologische Konzept der Evangelisierung befindet sich auf diesem Niveau, indem es im Indikativ formuliert (z. B.: Die Charismen sind der Reichtum der Kirche), was die indikative Möglichkeit und imperative Handlungsverantwortung (sie sind dies weitgehend erst, wenn sie sich entfalten und gegenseitig ergänzen und kritisieren dürfen) der Kirche zugleich ist (vgl. Mt 13,14–25). Solche Aussagen beschreiben die Tiefenwirklichkeiten von sozialen Gegebenheiten aus der Perspektive des Glaubens und reklamieren eben das Handeln, das diese Gegebenheiten als Wirklichkeiten zuläßt und aktiv entfaltet. Theologische »Tat-Sachen« formulieren bereits als indikativische Gegebenheit, was im Handeln der Menschen zur gegenseitigen Erfahrbarkeit gelangen will.

Nach E. Klinger sind Dogmen »Existenzbegriffe«[28], insofern sie in der Praxis der Christen (d.h. in ihrem Handeln als Hören und Reden, als Empfangen und Tun) Wirklichkeit sind. Dogmen formulieren demnach die Inhalte christlicher Lebenspraxis, und sie sind nur Dogmen, wenn sie solche Existenzbegriffe sind.[29] »Man hat folglich das Verhältnis der Pastoral zum Dogma nicht vom Theorie-Praxis-Gegensatz her zu bestimmen, wie das häufig geschieht; denn beide sind eine Tatsache der Existenz: die Lehre, sofern sie Praxis entwirft, und die Praxis, sofern sie Lehre vollzieht und damit ihre Wirklichkeit ist.«[30] Dieser prinzipielle Tatbestand ist zugleich ein Tatbestand der Praxis Jesu: »Für Markus hat ‚Lehre' den umfassenden Bedeutungsgehalt von Praxis«.[31] Jesus tritt zwar in der Rolle des Leh-

---

[28] E. Klinger, Der Glaube des Konzils. Ein dogmatischer Fortschritt, in: ders./K. Wittstadt (Hrsg.), Glaube im Prozeß. Christsein nach dem II. Vatikanum, Freiburg 1984, 615–626, hier 617.

[29] Ich will nicht übersehen, daß dieser Dogmenbegriff recht ungewöhnlich ist. Die existentielle Bedeutung von biblischen Geschichten konnte man bislang eher nachvollziehen und auch in der praktischen Theologie text- und kommunikationsmethodisch untersuchen bzw. projektieren. In der existentiellen Bedeutung von Dogmen befinden wir uns dagegen noch sehr auf Neuland. M. Wörther hat in einer für diesen Dogmenbegriff wichtigen Arbeit bei G. K. Chesterton die »Begriffe des Glaubens als Entdeckungskategorien« erforscht und einsichtig gemacht: G. K. Chesterton – Das unterhaltsame Dogma, Frankfurt/M. 1984.

[30] Klinger, Glaube, 618 Anm. 9.

[31] D. Dormeyer, Jesus, der Lehrer. Das Verhältnis von Verkündigung und Diakonie bei Jesus von Nazareth, in: Jahrbuch des Deutschen Caritasverbandes Caritas '86, Freiburg 1985, 9–22, hier 12.

rers auf, aber er sprengt diese Konvention auch, indem er eine *neue* Einheit von Glauben und Handeln darstellt. Diese Einheit ist neu in der Art und Weise, wie und mit welcher Radikalität der Lehrer sein solidarisches Handeln gestaltet, die entsprechenden Konsequenzen riskiert und »Auswege« der Gewalt ablehnt.

Zwar liegt auch den pharisäischen Lehrern die Einheit von Lehre und Leben am Herzen, aber mit durchaus anderen Transformationsprozessen zwischen Lehre und Leben, nämlich im »deduktionistischen« bzw. subordinierenden Verhältnis von Gesetz und Gehorsam, dergestalt, daß sie nicht nur nicht Jesu neues Tun (als Übertretung des Gesetzes), sondern noch weniger seine diesbezügliche neue Gesetzesinterpretation (als Erfüllung des Gesetzes) akzeptieren können. Der Tod Jesu ist insofern »das Ergebnis der gesamten Praxis Jesu«[32], als diese Praxis die gegnerischen Ansichten über das Verhältnis von Lehre und Leben in Frage gestellt und zerbröselt hat. Signifikant dafür ist der Sabbatstreit (vgl. Mk 2,23–28 und 3,1–6). Bei Jesus gibt es nämlich eine ganz andere gegenseitige Durchdringung von Lehre und Leben, von Reich Gottes und Handeln, insofern die Lehre »induktiv« im konkreten Handeln als Heil und Befreiung transparent und dieses Handeln in der Lehre als Reich-Gottes-Gegenwart interpretiert wird (vgl. Lk 11,20). Wenn das Reich Gottes als Heil für die Menschen *behauptet* wird, dann kann es nicht anders manifest werden denn in der *realen* Heilung des Menschen. *Dieses* Prinzip der gegenseitigen Durchdringung von Lehre und Leben (von Dogma und Pastoral!) setzt alle nicht-heilenden entfremdenden Gesetze außer Kraft, selbst wenn sie als Gottesgebote kolportiert werden. Bei Jesus wird die Lehre niemals zur heillosen Ideologie, weil sie sich nie von dieser sie bewahrheitenden Praxis ablöst. Geschähe das, dann würde sie zum willfährigen Instrument dafür werden, irgendeine untergeschobene Praxis von Reden und Tun (etwa in Richtung auf Unterwerfungen und Bemächtigungen) mit »Gott« zu legitimieren. Weil dies bei Jesus nicht geschieht, deshalb begegnet in ihm in der Tat die ganzheitliche Menschenexistenz im Horizont der Gottesherrschaft schlechthin.

Für uns Christen gilt deshalb: Wo sich Gottesdienst mit Men-

---

[32] Dormeyer, Jesus, 14.

schenverachtung paart, muß das als schmerzender und aufklaffender Riß zwischen Lehre und Leben, zwischen Liturgie und Koinonia immer wieder erfahrbar gemacht werden, damit wir uns nie deren Einheit oder Identität einbilden können, obgleich sie nicht vorhanden ist: etwa auch wenn die Orthodoxie autistisch um sich rotiert und das geschichtlich-soziale Handeln nicht verbessert. Was bei Jesus »identisch« ist, ist bei uns eine buchstäblich not-wendige Identitätssuche im Sinn des Spannungszustandes zwischen Glauben und Leben, Bekenntnis und Tat. Der Weg also, der beide Momente unablässig und nie abgeschlossen miteinander verbindet, ist die konkrete Umkehr als integraler Bestandteil des Glaubens.

Um solche Kontaktaufnahme zwischen Glauben und Leben geht es der Theologie des II. Vatikanischen Konzils. Mir geht es im Folgenden um die theologische Durchdringung der Diakoniefrage im Horizont eben dieser Theologie und des sie konzentrierenden Evangelisierungsbegriffs. Letzterer rettet konzeptionell, was Jesus narrativ zeigt (vgl. Kap. 1.3).

3. Die Wende des II. Vatikanischen Konzils

3.1 Christlicher Glaube in heilender Erfahrung

a) Zugutekommende Kirche

Ich möchte mit einigen Texten beginnen, die als Präambel dienen können. Der erste Text ist von Papst Johannes XXIII., der diese Worte wenige Tage vor seinem Tod gesprochen hat, Worte, die ich auch im Zusammenhang mit unserem Thema als Vermächtnis verstehe:»In Gegenwart meiner Mitarbeiter kommt es mir spontan in den Sinn, den Akt des Glaubens zu erneuern. So ziemt es sich für uns Priester, denn zum Wohl der ganzen Welt haben wir es mit den höchsten Dingen zu tun, und deshalb müssen wir uns vom Willen Gottes leiten lassen. Mehr denn je, bestimmt mehr als in den letzten Jahrhunderten, sind wir heute darauf ausgerichtet, dem Menschen als solchem zu dienen, nicht bloß den Katholiken, darauf, in erster Linie und überhaupt die Rechte der menschlichen Person und nicht nur diejenigen der katholischen Kirche zu verteidigen. Die heutige Situation, die Herausforderung der letzten 50 Jahre und ein tieferes Glaubensverständnis haben uns mit neuen Realitäten konfrontiert, wie ich es in meiner Rede zur Konzilseröffnung sagte. Nicht das Evangelium ist es, das sich verändert; nein, wir sind es, die gerade anfangen, es besser zu verstehen. Wer ein recht langes Leben gehabt hat, wer sich am Anfang dieses Jahrhunderts den neuen Aufgaben einer sozialen Tätigkeit gegenüber sah, die den ganzen Menschen beansprucht, wer wie ich zwanzig Jahre im Orient und acht in Frankreich verbracht hat und auf diese Weise verschiedene Kulturen vergleichen konnte, der weiß, daß der Augenblick gekommen ist, die Zeichen der Zeit zu erkennen, die von ihnen gebotenen Möglichkeiten zu ergreifen und in die Zukunft zu blicken.«[1] Folgende Inhalte des Textes möchte ich un-

---

[1] Dieser Text findet sich mit der Herkunftsangabe auf der Titelseite von: Orientierung 52 (1988) 10, 109.

terstreichen, indem ich sie in entsprechender Zusammenstellung nochmals wiederhole: Der Akt des Glaubens, seine Erneuerung und der Umgang mit den höchsten Dingen haben das Wohl der ganzen Welt zum Ziel. Deshalb sind wir heute darauf ausgerichtet, dem Menschen als solchem zu dienen, nicht bloß den Katholiken, darauf, in erster Linie und überall die Rechte der menschlichen Person und nicht nur diejenigen der katholischen Kirche zu verteidigen. Diese Bemerkungen bringen nach meiner Einschätzung die Grundintention des II. Vatikanums höchst konzentriert zum Ausdruck.

So geht es nicht nur darum, Menschen für die Kirche zu gewinnen, sondern es geht auch um die Frage: Was macht die Kirche denn mit den Menschen, die sie für sich selbst gewonnen hat? Will sie sie hineinholen in eine exkulturierte Kirche, die nur das Heil der eigenen Institution betreibt; oder will die Kirche die Menschen zur Humanisierung ihrer Lebensbereiche befähigen, weil sie von einer Kirche getragen werden, die sich selbst für eine menschlichere Welt unter den Menschen und damit für das Reich Gottes entäußert (bei aller und mit aller Gebrochenheit und Partialität dieser Versuche von Christ und Kirche, dem Reich Gottes hienieden möglichst viel Realität zu verschaffen)? Von daher ist das Wissen von der Frohen Botschaft nicht als privilegierte Besserwisserei oder als Herrschaftswissen weiterzugeben, sondern als ein Wissen in unserem Glauben, das nicht nur uns, sondern möglichst vielen Menschen und Kulturen zugute kommt. So geht es hier nicht zuerst um die Frage der Kompetenzanhäufung für die möglichst wirksame Durchsetzung von Strategien, es geht vielmehr darum, wofür die Kompetenzen eingesetzt werden.

Man kann z. B. die biblischen Texte noch so wissens- und methodenkompetent lesen und lehren und dann doch auf dem kritischen Hintergrund der Evangelisierung gründlich mißverstehen, wenn man sie nicht prinzipiell und praktisch aus der Perspektive der Barmherzigkeit und wenigstens ersehnten Gerechtigkeit liest. Wer nicht von solcher praktischen Hermeneutik zugunsten der Menschen und vor allem der Leidenden her auf biblische Texte zugeht, wird sie nur allzu leicht funktionalisieren für das, was er selbst (auch zugunsten einer durchaus starken Kirche) durchsetzen will. Mein Anliegen ist also, auf die Basis unserer Identität durchzustoßen und danach zu fragen, wozu wir als Kirche und Christen in dieser Welt da und berufen sind.

Mit der Theologie des II. Vatikanums wird eine nicht mehr zu hintergehende theologische Basis gegeben, von vielem abzurüsten, was sich auf Dauer für uns und andere destruktiv auswirkt, und darauf zu schauen, was uns möglich und was vom Evangelium her nötig ist, das aber dann auch wirklich in Angriff zu nehmen und zu tun. Nichts darf in die Richtung des Noch-Mehr-Tuns und der progressiven Überforderung verstanden werden, was dann mit Recht die Reaktion heraufbeschwört: Das alles müssen wir also auch noch tun! Wahrscheinlich geht es vielmehr darum, manches, was bisher an Aktivitäten läuft, nicht mehr zu tun und die Energie an den vom Evangelium und von den Betroffenen her notwendigeren Stellen einzusetzen. Weniger ist womöglich zu tun, aber das dann mit viel mehr Zivilcourage und Mut zum Positionsbezug und zur Solidarisierung mit denen, die Barmherzigkeit und Gerechtigkeit brauchen.

Das II. Vatikanum stellt die authentische Einheit von Glauben und Leben, Dogma und Pastoral, von Lehre und Praxis ins Zentrum seiner Aussagen. Eben hierin liegt im Grunde der eigentliche dogmatische Fortschritt dieses Konzils, ohne den auch das Apostolische Sendschreiben Evangelii nuntiandi nicht zutreffend verstanden werden kann.[2] In der zur Zeit aktuellen Verkleinerungsstrategie des Zweiten Vatikanums wird immer wieder gesagt: Das Konzil hat doch auf der semantischen Ebene, also im Bereich des Wortes, kein neues Dogma verkündet, weshalb es dann auch nicht so verbindlich sei. Eine solche Schlußfolgerung ist nicht zutreffend. Denn der für alle kirchlichen Dogmen durchaus ausschlaggebende dogmatische Fortschritt des II. Vatikanums (sofern man in die Tiefendimension der Texte hineinsteigt und nicht an ihrer Oberfläche bleibt, die in ihren kompromißnötigen Ausformulierungen für ganz unterschiedliche Positionen zitier- und verwendbar sind) liegt darin, daß prinzipiell nach der Erfahrungs- und Praxisdimension der kirchlichen Lehre und damit aller Dogmen überhaupt gefragt wird. Wir haben viele Lehrinhalte, für die entsprechende Zustimmung eingefordert wird; zugleich gibt es ein enormes Defizit darin, welchen Existenzgehalt diese Inhalte für die Erfahrung und Gestaltung

---

[2] Vgl. Klinger, Glaube (Kap. 2, Anm. 28), 616 ff.

menschlichen Lebens und der Kirche bereithalten und entfalten könnten. Dahinter steht die unausgesprochene Vorstellung, daß die Schätze unseres Glaubens bislang viel zu wenig für die kommunikative Praxis der Menschen und für die Gestaltung ihrer Strukturen gehoben wurden.

b) Praktische Bedeutung der Lehre

Diese Grundintention beginnt mit äußerster Konsequenz bereits in der Liturgiekonstitution: In ihr wird nicht nur (wieder!) erneut behauptet und eingeschärft, was die Sakramentenlehre bezüglich der heiligen Messe lehrt und was letztere im Kontext apologetischer und/oder katechetischer Einschärfungen in der Lehre der Kirche darstellt, sondern es geht um die durchgängige Frage: Wie muß denn die heilige Messe faktisch gestaltet sein, damit die Gläubigen in ihr eben das erfahren können, was die Kirche in der Lehre von ihr behauptet. Die Frage nach der Erfahrung verändert die bisherige Praxis, denn die Erfahrbarkeit ist ein Bestandteil der »Zeichen der Zeit«, welche selbst theologische Qualität haben. Deswegen der Ausbau des Wortgottesdienstes, die Betonung der Einfachheit der Symbole und vor allem die Einführung der Muttersprache. Diese Grundintention der Frage danach, wie das, was in der Lehre der Kirche längst »gesichert« ist, endlich seinen praktischen Bedeutungsgehalt für die Menschen entfaltet, durchzieht alle Texte des Vatikanums, vor allem natürlich Lumen gentium und Gaudium et spes. Den letzteren Text beherrscht die Frage: Wenn es richtig ist, was die Kirche in der Lehre von sich selbst behauptet, nämlich daß sie zum Heil der Welt da ist und mindestens im analogen Sinn als »sacramentum mundi« aufgefaßt werden darf, wie muß sie dann in sich selbst gestaltet und für diese Welt erfahrbar sein, wie muß sie mit der Welt umgehen, damit sie tatsächlich als das erfahren werden kann, was sie von sich selbst sagt: nämlich als Heil und Befreiung für die Welt im Horizont der biblischen Gottesbotschaft. In Lumen gentium geht es um die gleiche Frage »nach innen«: Wie muß sich die Kirche in sich selbst aufbauen, damit ihre eigenen Mitglieder ihre kirchliche Existenz als erlösende Bereicherung ihres Lebens erfahren? Deshalb die elementar wichtige Voranstellung des Volkes Gottes vor der Hierarchie und das grundlegende Wichtignehmen der Charismen aller (vgl. Lumen gentium 12).

Selbst die auf das eigene Herzstück, nämlich die auf die Offenbarung bezogene Konstitution verbindet die Offenbarung Gottes in dieser Welt strikt mit der Erfahrung der biblischen Autoren. Ohne deren Berufungen in ihren charakteristischen Eigenschaften wie auch Einseitigkeiten sowie in ganz bestimmten geschichtlichen Situationen ist gerade die allgemeingültige Offenbarung nicht zu haben.[3] Hier verbinden sich Offenbarungsbegriff und Ekklesiologie: Der Glaubensinhalt und die praktisch erfahrenen Berufungen der Menschen gehören in Offenbarung und Kirche zusammen. Offenbarung und Lehrinhalte können nie ohne Beeinflussung von den Menschen durch sie (wie durch ein Rohr) hindurch die geschichtliche Wirklichkeit erreichen, sondern nur in ihrer untrennbaren Verbindung mit menschlichen Erfahrungen und Biographien sowie mit deren bis zum Widersprüchlichen gehenden Vielfalt untereinander.

Hier also liegt das Spannende, gerade Revolutionäre des II. Vatikanums: nämlich daß in dogmatischen Konstitutionen die Frage nach der Praxis gestellt wird. Demnach kann die Pastoraltheologie spätestens seit dem Konzil aus strikt theologischen Gründen nicht mehr als eine Anwendungswissenschaft der Dogmatik oder der Fundamentaltheologie verstanden werden. Die Praxis gehört vielmehr zur Lehre der Kirche selbst dazu. Die Frage nach der Praxis von Kirche und Christen ist nicht eine Anwendung des Dogmas, sondern dessen integraler Bestandteil. Hier also liegt der dogmatische Fortschritt des II. Vatikanums! Und hier legt es tatsächlich den Finger auf eine wunde Stelle unseres Kirche- und Christseins überhaupt, nämlich auf das, was die Pädagogik »paradoxe Kommunikation« nennt, die sich z. B. in der Verbindung von hehren Worten mit zum Teil ausgesprochen niederträchtigen Taten zeigt. Für viele entscheidet sich nämlich das Echtheitskriterium des kirchlichen Selbstvollzugs an der Frage: Wie sieht denn die Praxis der Kirche in ihr selbst und ihr Umgang mit der Umwelt im Zusammenhang ihrer Rede vom erlösenden und liebenden Gott aus? Wo nämlich eine inhaltliche Verbindung dieser Rede von Gott mit der ihn beanspruchenden Praxis zerrissen ist, zeigt sich die Kirche wenig attraktiv als ein mit sich selbst identisches und authentisches soziales Angebot der Frohen Botschaft.

[3] Vgl. Konzilskonstitution über die göttliche Offenbarung, Nr.11.

Doch kommen wir zu einer weiteren Grundintention des II. Vatikanums, ohne die der Evangelisierungsbegriff nicht verstanden werden kann und die auch wesentlich mit der eben ausgeführten Grundintention zusammenhängt: Wenn nämlich die Frage nach der menschlichen Praxis und Erfahrbarkeit ein integraler Bestandteil des Dogmas selber ist, dann wird jetzt die Frage nach den einzelnen Gläubigen und ihrer Bedeutung für die Kirche unendlich wichtig. Deswegen kümmert sich Gaudium et spes in langen Passagen um die Berufung der Christen.

Das also sind die beiden Basisorientierungen der Konzilstexte: nämlich die Einheit von Glaube und Leben auf der Basis der Wichtigkeit und Mündigkeit aller Getauften und Gefirmten.[4] Letzteres (und hier kann ich mich nur mit Andeutungen begnügen) geschieht vornehmlich durch die Entmonopolisierung des Berufungsbegriffes, der bislang vornehmlich den Klerikern und Ordensmitgliedern reserviert war, jetzt aber auf das ganze Volk Gottes ausgelegt wird. Diese inhaltliche Doppelstruktur der Grundintentionen des Konzils stelle ich hier deswegen so heraus, weil die Aussagekontur in ihrer für alle Texte generativen Kraft meistens nicht angemessen gewürdigt wird. Ich denke, hierin liegt überhaupt das größte »Wunder« des II. Vatikanums, daß im Zentrum der Macht einer Institution die eigene Entmächtigung dadurch betrieben wird, daß die Kompetenz zur Kirchenbildung auf die Mitverantwortung und Mitbeteiligung aller Beteiligten verteilt wird.

Mit einer solchen berufungstheologischen »Fundamentaldemokratisierung« der Kirche legt das Konzil den Finger wiederum auf eine Wunde, die auch bezüglich unseres Themas von ausschlaggebender Bedeutung ist: Es gibt nämlich nicht wenige kirchenverletzte Menschen gerade deswegen, weil innerkirchlich die Wichtigkeit des einzelnen für den Aufbau kirchlicher Sozialformen wie auch die Mündigkeit des einzelnen für den Glauben der Kirche (insbesondere bei Meinungsunterschieden und im Konfliktfall) zu wenig akzeptiert und gefördert werden. Ich erinnere demgegenüber an den schönen Satz in Evangelii nuntiandi, daß die unterschiedlichen Berufungen der Gläubigen »den Reichtum und die Schönheit der Evangelisierung (also der Kirche, O. F.) ausmachen« (Nr.66).

---

[4] Vgl. J. Zerndl, Theologie der Firmung in der Vorbereitung und in den Akten des Zweiten Vatikanischen Konzils, Paderborn 1986.

Was die praxis- und subjektbezogene Theologie des II. Vatikanums meint, möchte ich am Beispiel des Firmsakraments kurz verdeutlichen. Dieses Beispiel hat den Vorteil, daß sich hier beide Dimensionen gegenseitig auslegen und benötigen. Denn die Erfahrungs- und Praxisebene der Lehre vom Firmsakrament ist zugleich damit identisch, die Wichtigkeit der Charismen für die Gestaltung der Kirche ernst zu nehmen. Das Sakrament der Firmung wird in der Regel im Zusammenhang eines herausragenden liturgischen Szenariums gespendet. Mit großer Nachdrücklichkeit wird bereits in der Vorbereitung als auch in der Spendung des Sakraments den jungen Menschen gesagt, daß sie hiermit den Geist Gottes haben und daß sie doch glauben sollten, daß sie tatsächlich Träger des Geistes sind. Das Problem ist freilich, daß manche Spender und nicht wenige Hauptamtliche selbst zwar an die Firmung glauben (was die Lehre vom Sakrament der Firmung besagt), aber mit der damit unbeliebig zu verbindenden Praxis dann doch massive Schwierigkeiten haben: Wenn es tatsächlich darum geht, den gefirmten jungen Menschen etwas zu glauben und mit ihnen gemäß des positiven Vorurteils, das die Firmung ihnen zudenkt, umzugehen. Von den Menschen ist also etwas zu erwarten, wichtige Inhalte womöglich, die für den Aufbau der Gemeinde bereichernd und unentbehrlich sind.

»An die Firmung« zu glauben, ist das eine, etwas anderes ist es, den damit verbundenen Lebenswert und Existenzgehalt tatsächlich in die Kommunikation der Kirche einzuführen und auf dieser Basis der Wichtigkeit aller Charismen die Sozialformen der Kirche zu gestalten.

c) Unbeliebigkeit der Praxis

So gehört es zur wichtigsten Nachfolgearbeit des II. Vatikanums, uns nicht nur dazu zu ermutigen, die Lehren der Kirche anzunehmen und zu glauben, sondern vor allem, immer danach zu fragen: Was ist denn eigentlich der Erfahrungs-, der Praxis- und Pastoralgehalt einer bestimmten Lehre? Am Beispiel der Firmung wird ziemlich deutlich, daß wir in unserer Kirche bezüglich des Praxiswertes der Lehrinhalte sehr viel nachzuholen haben. Große Glaubensaufforderungen verbinden sich allzu oft gerade bei denen, die dazu auffordern, nicht mit der damit eindeutig zu verwirklichenden Praxis. Sollte womöglich die Hauptamtlichen in der Kirche der Vorwurf Jesu treffen, daß man ihre Lehre wohl selbst praktisch ernst nehmen solle, aber auf ihre eigene Praxis nicht schauen dürfe (vgl. Mt 23,3 und Lk 11,46)? Natürlich gilt dieser Anspruch für alle Christen. Ich bin überzeugt: Je mehr wir Christen uns um die Praxis dessen bemühen, was wir glauben, desto weniger müssen wir uns um den Bestand der Kirche sorgen, und desto weniger werden wir mit Beifall von der falschen Seite zu rechnen haben (von Richtungen also, die meinen, sie könnten die christliche Weltanschauung für eine Praxis in Anspruch nehmen, die der Evangelisierung zuwiderläuft).

Die Theologie des Konzils steuert einer innerkirchlichen Mentalität entgegen, in der die Frage nach der Praxis ein gutes Stück beliebiger und egalitärer behandelt wird als die Frage nach der Eindeutigkeit des Glaubens im Bekenntnisbereich. Wenn beispielsweise ein Religionslehrer zugegebene und öffentlich werdende Schwierigkeiten mit dem Auferstehungsdogma hat, werden ihm Schwierigkeiten bezüglich seiner Einstellung nicht leicht zu ersparen sein. Wenn er aber jahrelang in einer niederträchtigen Weise menschenverachtend und nur seine eigenen Probleme projizierend mit seinen Schülern umgeht, hat er in der Regel diesbezüglich keine Probleme. Bezeichnenderweise ist auch der Häresiebegriff viel mehr auf der Ebene des Glaubenskonsenses angesiedelt, als daß er die mit dem Glauben zu verbindende unbeliebte Praxis tangierte. (Um nicht mißverstanden zu werden: Ich will hier nicht den Häresiebegriff auch noch auf der Ebene der Praxis einführen, sondern an diesem Beispiel nur die Reduktion des Glaubensbegriffes signifikant werden lassen.)

Christologisch gesprochen: Kirche vergegenwärtigt den »fortlebenden Christus« nicht nur in Glauben und Sakrament, sondern auch und nur dann in seiner christologischen Gesamtheit und Integrität, wenn sie in real erlebbarer Diakonie zugleich den »fortliebenden Christus« verkörpert. Von daher hat es seine begrenzte Berechtigung, wenn W. Visser't Hooft auf der Vollversammlung des Ökumenischen Rates in Uppsala 1968 den Begriff der Häresie auch auf dem Niveau des Handelns einklagt: »Es muß uns klarwerden, daß die Kirchenglieder, die in der Praxis ihre Verantwortung für die Bedürftigen irgendwo in der Welt leugnen, ebenso der Häresie schuldig sind wie die, welche die eine oder die andere Glaubenswahrheit verwerfen.«[5] Verkündigungs- und Handlungsreligion, Orthodoxie und Orthopraxie, Gottesglaube und Nächstenliebe sind gleichsam die beiden »Naturen«, die in der »Personalunion« von Kirche »perichoretisch« (unvermischt und ungetrennt) zusammengehören. P. Philippi beklagt demgegenüber den »heimlichen Monophysitismus«, der immer wieder in der Kirchengeschichte und Theologie durchgebrochen ist und mehr am »göttlichen ‚Mehrwert'« denn »am ganzen Menschentum des Gottgleichen« interessiert war, sowie die »heimliche doketische Tendenz«, die Christi Menschheit »rein« und abstrakt verhandelt und viel zuwenig als »Knechtsgestalt« wahrgenommen habe: »wer hier eine reine Menschheit von der Knechtsgestalt wegdestillieren möchte, weist auf ... monophysitisch-doketische Soteriologie«; sie ist »das Gegenteil der diaconia ...«[6]. Von daher hat sich eine »Ekklesiologie sozialer Strukturverantwortung« nicht (ausreichend) entwickeln können. Die Folge war, daß sich die kirchliche Pfarrgemeinde im Verbund ihrer territorialen Verfassung verbal(-istisch) und kultisch realisiert hat, ohne die Sozialstruktur ihres Territoriums (im Sinn ihrer Botschaft) besonders zu tangieren, geschweige denn wesentlich zu verändern.

Dies ist eine der historischen Ursachen dafür, daß die Sozialgestalten im kirchlichen Umfeld, die nicht in gleicher Weise wie die traditionellen Pfarreien durch Wort und Sakrament verkündigen, sondern sich besonders um soziale Aufgaben bemühen, bislang keine angemessene kirchliche Anerkennung erhalten: »Für die Dimension einer im Gemeindeverband oder in einer christlichen Sondergemeinschaft ausgeübten sozialen Verantwortung, vielleicht auch in einem Verein ... in einer Bruder-

---

[5] Vgl. H. Dietzfelbinger, Diakonie als Dimension der Kirche, in: H.-H. Ulrich (Hrsg.), Diakonie in den Spannungsfeldern der Gegenwart. Herausforderung und Antwort, Stuttgart 1978, 112–118, hier 115. Dietzfelbinger setzt sich mit dieser Aussage kritisch auseinander: Seine Kritik teile ich, wo es darum geht, daß menschliches Tun nicht dem Gotteskomplex eigener Leistung verfällt, sondern innerhalb der Eschatologie des Reiches Gottes einbezogen bleibt, wie auch hinsichtlich eines Gottesglaubens, der die Umkehr ein Leben lang riskieren und durchhalten läßt, weil darin auf Gott als den vertraut wird, der un-bedingt liebt und Versöhnung schenkt. Allerdings bleibt ein nicht leicht zu entkräftendes Restargument: Gerade wenn der theologische Horizont der Diakonie ernst genommen wird, dann etabliert dies um so mehr die mögliche Häresie im Bereich des Handelns; vgl. die im gleichen Zusammenhang engagierte Bemerkung bei Zauner, Diakonie (Kap. 1, Anm. 8), 151.

[6] Philippi, Diakonik (Kap. 1, Anm. 8), 183; die vorangegangenen Zitatteile finden sich 181/182.

schaft, war bei dieser theoretischen Konstruktion in der Ekklesiologie kein Platz.«[7] Mit der Theologie des II. Vatikanums dürften die Grundlagen einer Ekklesiologie gelegt sein, in deren Horizont solche Initiativen, Gemeinschaften und Institutionen der Diakonie als authentische Repräsentanz von Kirche begriffen werden können, insofern sie an ihrem Ort und von den Gegebenheiten und Nöten der Situation her das Evangelium im Bereich sozialer Tatsachen auslegen[8].

3.2 Kirche als Evangelisierung

a) Ganzheitliche Verkündigung

Vom Konzil nun zum Dokument Evangelii nuntiandi, das Paul VI. Ende des Jahres 1975 veröffentlicht hat.[9] In diesem Dokument wird die hier skizzierte Quintessenz des II. Vatikanums aufgenommen, präzisiert und mit dem Begriff der Evangelisierung als dem dafür zuständigen »Terminus technicus« verbunden. Der Begriff der Evangelisierung begegnet zwar bereits in den Konzilstexten, dort freilich in unterschiedlichen Zusammenhängen und jedenfalls noch nicht in dieser geprägten Terminologie. Deshalb trifft nicht zu, wie oft in defensiver Manier entgegengehalten wird, daß der Evangelisierungsbegriff ein Import aus der Theologie der Befreiung und aus Südamerika sei. Vielmehr ist die Evangelisierung ein lehramtlicher Begriff, der den ausschlaggebenden dogmatischen Fortschritt des II. Vatikanums rekonstruiert und nicht nur nicht ohne die Erfahrungen der Kirchen in Afrika und Südamerika, sondern auch nicht ohne die vorkonziliare europäische Theologiegeschichte zu denken ist. Der lehramtliche Begriff der Evangelisierung konzentriert also die Erkenntnisse des Konzils bezüglich der Verkündigung des Evangeliums in Lehre und Pastoral auf der Grundlage der Kirche als Volk Gottes. Eben darin besteht der authentische Selbstvollzug der Kirche.

[7] Philippi, Diagnose, 183 (Zitat vorher 181).
[8] Zum Begriff des »Bereichscharakters« von Kirche in verschiedenen sozialen Tatsachen bzw. Konzentrationen und zur Herkunft des Begriffes vgl. Klinger, Politik (Kap. 1, Anm. 27), 48–52 (bes. 60, Anm. 5).
[9] Apostolisches Schreiben von Paul VI. »Evangelii nuntiandi« vom 8.12.1975 (deutsch: Trier 1976).

Die Südamerikanische Bischofskonferenz von Puebla hat dieses Papier mit besonderer Zustimmung auch von Papst Johannes Paul II.[10] zum Basisdokument ihrer Beratungen und Ergebnisse gemacht, während es hierzulande zunächst relativ unbeachtet blieb. Nach »Evangelii nuntiandi« muß man die Inhalte der Verkündigung des Evangeliums ganzheitlich begreifen: Evangelisierung ereignet sich nicht nur verbal oder sakramental, sondern auch aktional im persönlichen und politischen Raum von Christ und Gemeinde. Nichts kann vom evangelisierenden Wirken der Kirche ausgenommen sein. »Evangelisieren besagt für die Kirche, die Frohbotschaft in alle Bereiche der Menschheit zu tragen und sie durch deren Einfluß von innen her umzuwandeln und die Menschheit selbst zu erneuern: ... so wäre es wohl am richtigsten zu sagen: die Kirche evangelisiert, wenn sie sich bemüht, durch die göttliche Kraft der Botschaft, die sie verkündet, zugleich das persönliche und kollektive Bewußtsein der Menschen, die Tätigkeit, in der sie sich engagieren, ihr konkretes Leben und jeweiliges Milieu umzuwandeln.« (Nr.18) »Die Evangelisierung muß das Leben erreichen ...« (Nr.47). Die ganze Welt gehört zum Geltungsbereich der Evangelisierung, insbesondere hinsichtlich des »rechten Aufbaus der menschlichen Gemeinschaft« und der »Rettung der menschlichen Person«[11]. Genau darin liegt die Identität der Kirche: »Evangelisieren ist in der Tat die Gnade und die eigene Berufung der Kirche, ihre tiefste Identität« (Nr.14).

In dieser Feststellung wird die Identität der Kirche mittels eines inhaltlichen Vorgangs definiert, und damit werden nicht mehr (wenigstens nicht primär) die hierarchisch-strukturelle Dimension und Präsenz als schlechthinniges Wahrheitskriterium der Authentizität der Kirche reklamiert. Hier wird mit einem kriteriologischen Prozeß angegeben, was und wo die Kirche ist, was nicht anders verstanden werden kann, als daß die Hierarchie

---

[10] Vgl. Johannes Paul II., Predigten und Ansprachen (Dominikanische Republik/Mexiko 1979), hrsg. vom Sekretariat der Deutschen Bischofskonferenz, Bonn 1979 (Verlautbarungen des Apostolischen Stuhls Nr.5), 49: »Weil er (Paul VI.) die Augen auf der Bühne dieser Welt geschlossen hat ..., wird dieses Dokument nun zu einem geistlichen Testament, das die Konferenz mit Liebe und Sorgfalt zu erforschen haben wird, um seine verpflichtende Kraft von einem anderen Bezugspunkt her aufzuzeigen und zu sehen, wie man es in die Praxis umsetzen kann. Die ganze Kirche ist euch dankbar für das Beispiel, das ihr gebt ...«

[11] So bereits im Konzilsdokument Gaudium et Spes, 43 und 3; vgl. auch 45.

diesem Kriterium unterworfen und an ihm zu messen ist. Aber nicht nur für die Hierarchie, sondern für die ganze Kirche gilt deshalb:»Die Kirche, Trägerin der Evangelisierung, beginnt damit, sich selbst zu evangelisieren ... Das Zweite Vatikanische Konzil hat daran erinnert, und auch die Synode von 1974 hat dieses Thema von der Kirche, die sich durch eine beständige Bekehrung und Erneuerung selbst evangelisiert, um die Welt glaubwürdig zu evangelisieren, mit Nachdruck aufgegriffen.« (Nr.15)

b) Orientierung an Christus

Die Kirche findet ihre Identität darin, Zeichen und Realität des Heils und der Befreiung für die Welt zu sein. Denn es gibt ein »Ineinander des irdischen und himmlischen Gemeinwesens«[12].

Der Grund dafür ist christologischer Art: Denn »Gottes Wort, durch das alles geschaffen ist, ist selbst Fleisch geworden, um in vollkommener Menschheit alle zu retten und das All zusammenzufassen«[13]. E. Klinger präzisiert dementsprechend: »In der Evangelisation ... ist die Grundformel des Christentums, die Formel des Konzils von Chalcedon, das inconfuse – indivise (DS 302), zu einem Prinzip der Lösung des Problems der Politik geworden. Diese pastorale Weiterführung der Christologie in die Soziologie hinein ist meines Erachtens richtungweisend und bei uns in Deutschland leider noch unbekannt.«[14] Das Evangelium und der Mensch in seinen sozialen und weltbezogenen Zusammenhängen gehören unvermischt und ungetrennt zusammen. Die Evangelisierung ist damit Dienst am Menschen und an der Welt und darin (also nie getrennt davon) die Verkündigung des Heils, und: Die Verkündigung des Heils transzendiert in ihrer Gottesbeziehung und in der Verheißung des Reiches Gottes

---

[12] Gaudium et Spes, 40. Zum Stichwort »Perichorese« vgl. in diesem Zusammenhang O. Fuchs, Wir haben viel zu lernen, in: Equipo Pastoral de Bambamarca (Hrsg.), Vamos Caminando: Machen wir uns auf den Weg! Glaube, Gefangenschaft und Befreiung in den peruanischen Anden, Freiburg (Schweiz), Münster 1983, 413–430, hier 416.

[13] Gaudium et Spes, 45, vgl. Evangelii nuntiandi, 7 und 23.

[14] E. Klinger, Politik und Theologie. Eine deutsche Stellungnahme zu Puebla, in: Theologie und Glaube 71 (1981) 2, 184–207, hier 185; zum Begriff der Inkarnation im Zusammenhang mit der Missionstheologie vgl. W. Bühlmann, Die Entwicklung der Evangelisation seit dem II. Vatikanum, in: L. Bertsch/F. Schlösser (Hrsg.), Evangelisation in der Dritten Welt. Anstöße für Europa, Freiburg 1981, 11–29, hier 14.

den realen Dienst am Menschen und an der Welt (ist mit diesem
Dienst also nicht einfachhin vermischt) in doppelter Richtung:
als Erlösung vom überdimensionalen Leistungsdruck, selbst
Reich Gottes schaffen zu müssen (was meist zu Resignation
oder zu Gewalttätigkeit führt), sowie als Erlösung von der Hoff-
nungslosigkeit im Scheitern und gleichzeitig als Dynamik, unter
Orientierung an Jesus (also in seiner Nachfolge) nie mit dem
Dienst und der Befreiung aufzuhören, also die geglaubte Tran-
szendenz in der eigenen Umkehrbereitschaft, im Erneuerungs-
handeln und im Überstieg des Bisherigen ansatzhaft Tat werden
zu lassen.[15]
Die kirchliche Gemeinschaft bzw. Gemeinde begibt sich demnach immer dann in die Heilsverkündigung als Täterin des Welt-
dienstes und in den Weltdienst als Verkündigerin des Heils,
wenn sie der Raum ist, wo Menschen an das Evangelium glauben, sich in diesem Glauben gegenseitig stärken und ihre Hoffnung feiern, und wo Menschen sich gegenseitig helfen und dazu
provozieren, die Orte auszumachen (und sie nicht zu verdrängen
und zu verschweigen) und wahrzunehmen, wo der entsprechende Dienst konkret notwendig ist und wo die Christen dann entsprechend ihrer Hoffnung die angemessenen Handlungsprozesse der Diakonie und der Befreiung realisieren. Die Umkehr- und
Bekehrungsvorgänge der Evangelisierung werden nicht nur besprochen, sondern auch behandelt. In akkurater Auslegung christologischer Zusammenhänge auf die Realität haben sie inkarnatorischen Charakter, insofern durch diese Evangelisierungsprozesse das Wort im »fortlebenden Christusleib der Kirche«
Fleisch wird.[16] So werden dogmatische Wahrheiten nicht nur in

---

[15] Vgl. dazu Johannes Paul II., Ansprachen, 64: »Die Kirche verspürt die Pflicht, die
Befreiung von Millionen von Menschen anzukündigen, die Pflicht zu helfen, daß
sich diese Befreiung festigt (EN 30), aber sie verspürt auch die entsprechende Pflicht,
die Befreiung in ihrem vollständigen und tiefen Sinn zu verkünden, wie Jesus sie an-
gekündigt und verwirklicht hat (EN 31). ‚Befreiung von allem, was den Menschen
niederdrückt, vor allem aber Befreiung von der Sünde und vom Bösen, in der Freude, Gott zu erkennen und von ihm erkannt zu werden' (EN 9)«.

[16] Im Stichwort der Evangelisation verbinden sich beide Bilder bzw. Konzeptionen von
Kirche, nämlich die christologische (als Leib Christi) und die charismentheologische
von der Kirche als dem gesamten Volk Gottes: Im Evangelisationsprozeß, dessen
Subjekte alle Christen (ungetrennt von ihren Sozialbeziehungen und -verhältnissen!)
sind, realisiert sich zugleich der inkarnatorische Charakter der Kirche überhaupt, insofern darin das Wort Christi auch in den sozialen Tatsachen der Gegenwärtigen
befreiende Gestalt annimmt; vgl. dazu auch A. E. Hierold, Der caritative Dienst der
Kirche, in: J. Listl u. a. (Hrsg.), Handbuch des Katholischen Kirchenrechts, Regens-

der Rede konstativ und argumentativ behauptet, sondern als Prinzipien menschlicher Existenz und Kommunikation erfahren. So bewahrheitet sich die Erlösungsbotschaft des christologischen Dogmas von Chalcedon als Befreiung.[17] Dann besitzt die Theologie »Sein in diesem Leben«, indem sie als Praxis des befreienden Dienstes an Mensch und Welt »im alltäglichen Leben die Horizonte der Erlösung freilegt«.[18]

Wenn die Identität von Kirche in diesem Sinn als Prozeß der Evangelisierung beschreibbar ist, dann kann Verkündigung nicht (mehr) auf die »bevollmächtigte« Verkündigung der Priester in Wort und Sakrament reduziert werden, so unerläßlich diese bleibt (freilich im kommunikativen Austausch mit allen Christen und ihren Charismen). Wenn das »Unten« der sozialen Tatsachen selbst der Ort der Anwesenheit des »Oben« (des Evangeliums des Gottessohnes) ist[19], dann hat das auch Konsequenzen für eine Neubestimmung der verantwortlichen Subjekte, die diese Evangelisierung tragen: Die Kirche kann es nicht hinnehmen, »daß ihre Sendung nur auf den Bereich des Religiösen beschränkt wird, indem sie sich für die zeitlichen Probleme des Menschen nicht interessiert« (Evangelii nuntiandi 34). So »wird (man) nicht nachdrücklich genug darauf hinweisen können, daß sich Evangelisierung nicht in der Verkündigung und der Erklärung einer Lehre erschöpft. Denn die Evangelisierung muß das Leben erreichen, das natürliche Leben, dem sie vom Horizont des Evangeliums her, der sich in ihr eröffnet, einen neuen Sinn verleiht, und dann das übernatürliche Leben, welches nicht die Verneinung, sondern die Läuterung und Erhöhung des natürlichen Lebens ist« (Nr.47). Deshalb gilt: »Die ganze Kirche ist daher zur Evangelisierung aufgerufen, und daher finden sich in ihrem Innern verschiedene Aufgaben, die im Dienst der Glaubensverkündigung zu erfüllen sind« (Nr.66).

burg 1983, 847–856, hier 849: »Die caritativen Werke gehören zu Sendung und Leben der Kirche wie ihre Verkündigung und ihr sakramentales Leben«, vgl. auch Anm. 15.

[17] Vgl. Klinger, Politik, 192: »In ihnen (sc. in Aussagen von Puebla) ist die Wahrheit über den Menschen der Schlüssel zur Wahrheit über Christus und Gott. Sie ist selber Prinzip der Theologie.«

[18] Klinger, Theologie, 53.

[19] Vgl. Klinger, Politik, 194–199.

c) *Kompetenz der »Basis«*

Damit werden entscheidende Aussagen des Konzils in den präziseren Kontext des Evangelisierungsbegriffes eingefügt. Zu denken ist hier besonders an die Aufnahme der Charismentheologie in die Konzeption der Kirche als heiligem Volk Gottes[20] sowie an die nunmehr christologische Bestimmung und gleichzeitige Integration von Heils- und Weltdienst, die in den Konzilsdokumenten relativ unvermittelt nebeneinander als Dienste der Laien vorkommen.[21] Die Evangelisierung ist demnach gemeinsame Aufgabe der Laien und Priester. Nur die ganze Gemeinde kann die Basis dieser Verkündigung sein, insofern sie dann sowohl für den Gemeindeaufbau selbst wie auch für die gesellschaftliche Umgebung soziale Relevanz hat.[22] Diejenigen, die jene »neue Weise des Lebens, des Zusammenlebens, die das Evangelium eröffnet«, verwirklichen wollen, bilden eine Gemeinschaft, »die selbst Zeichen der Umwandlung, ein Zeichen des neuen Lebens ist: die Kirche, das sichtbare Sakrament des Heils« (Evangelii nuntiandi, 23). Deshalb können sich »aus dem Bedürfnis heraus, das Leben der Kirche noch intensiver zu leben, oder aus dem Wunsch oder dem Suchen nach einer persönlichen Atmosphäre, die die großen Gemeinden nur schwer bieten können«, kirchliche Basisgemeinschaften bilden, in denen das eigene Leben und das Zusammenleben in Kirche und Gesellschaft vom Evangelium her untereinander und im Gebet auf Gott zu besprochen werden (Evangelii nuntiandi, 58).
Alle Gläubigen sind mit ihren spezifischen Charismen für die Prozesse der Evangelisierung prinzipiell theologisch wie auch in

---

[20] Vgl. das Konzilsdokument Lumen Gentium, Abschnitt 12, wo davon die Rede ist, daß auch die schlichteren und unscheinbaren Gnadengaben angenommen werden sollen, »da sie den Nöten der Kirche angepaßt und nützlich sind«.

[21] Vgl. z. B. Lumen Gentium, 12, wo das gesamte Gottesvolk am prophetischen Amt Christi teil hat, sowie Nr. 33, wo das Apostolat der Laien »Teilnahme an der Heilssendung der Kirche selbst ... ist«: In relativer Unvermitteltheit zu Nr.31, wo den Laien der »Weltcharakter in besonderer Weise eigen« ist. Die Laien haben also geistliche und weltliche Gaben und Aufgaben! Vgl. zu dieser Spannung auch Bühlmann, Entwicklung, 13.

[22] Vgl. Hierold, Grundlegung (Kap. 1, Anm. 6), 40–50: »Diese Pflicht und dieses Recht (sc. zu den Werken der Liebe an den Armen) sind nicht etwas, das der Kirche von außen zukäme oder von irgend jemandem zugestanden werden müßte; sie fließen aus dem Wesen der Kirche als Volk Gottes, Leib Christi, Communio und als Kirche der Armen. Die Kirche ist ihrem Wesen nach Caritas ... und hat nicht bloß einen caritativen Auftrag« (49).

der Selbsterfahrung der Gemeinde mündiger und notwendiger Subjekte unverzichtbar: Die Gläubigen brauchen sich gegenseitig, um die Wirklichkeit von ihren Erfahrungsbereichen her adäquat wahrzunehmen, miteinander zu kommunizieren und analytisch zu durchschauen; sie brauchen sich gegenseitig, um sich die Offenbarung in Schrift und Tradition als Quelle ihrer Hoffnung, ihrer Solidarität und ihrer Praxisveränderung zu besprechen und in solcher Erinnerung ihre eigenen Charismen für die Auslegung der biblischen und theologischen Quellen zur Geltung kommen zu lassen; und die Gläubigen brauchen sich gegenseitig, um schließlich gemeinsam von der Umkehr zu reden, sie in den einzelnen Schritten zu konzipieren, entsprechendes Handeln zu organisieren und so im Bereich ihrer Situation für sich und andere zum erfahrbaren Ort von Menschenfreundlichkeit und Heil zu werden. Für diese drei Schritte der Evangelisierung (die natürlich auch wieder im Zu- und Ineinander vorkommen) von Sehen, Urteilen und Handeln[23] im Horizont des gemeinsam erinnerten und durch die Umkehr realisierten Evangeliums kann nur eine Ekklesiologie tauglich sein, in der die Charismen aller (gerade auch in ihren Einseitigkeiten und darin ihren spezifischen Fähigkeiten) gefragt sind und in der Einheit und Ergänzung miteinander Kirche gestalten.

Zwei Begabungen werden innerhalb des »Sehens« der Diakonia besonders rege miteinander zu tun haben: nämlich die barmherzigkeitsgeleitete Wahrnehmung und die gerechtigkeitsorientierte Analyse: damit die individuelle Hilfeleistung nicht zur stabilisierenden Therapie am System wird und damit umgekehrt die Strukturkritik die Leidenden nicht aus dem Blick verliert und mit ihnen lieblos umgeht. Christliche Diakonie dürfte nie in den Verdacht kommen, durch ihre Enthaltsamkeit auf dem Feld der politischen Diakonie gerade die strukturellen Bedingungen zu verewigen, deren Folgen sie in den Betroffenen caritativ »therapiert«. In diesem Zusammenhang müßte natürlich genauer über die spezifischen Handlungsprozesse der Diakonia zwischen Hil-

---

[23] Vgl. Klinger, Politik, 185. In der neueren Arbeiterseelsorge, wie sie besonders durch J. Cardijn entwickelt und realisiert wurde, gehören die Schritte Sehen – Urteilen – Handeln längst zum Prozeß einer Pastoral, die Christus bei den Arbeitern erwartet und letztere in ihren Entfremdungen und Nöten als Subjekte kirchlicher Präsenz begreift; vgl. dazu das »Handbuch der Arbeiterpastoral«, hrsg. von H. Ludwig und F. Segbers, Mainz 1984, besonders 10–17, 24, 79–87, 107, 123 ff, 167 ff.

fehandeln und gesellschafts- bzw. wirtschaftspolitischer Kritik in ihrer gegenseitigen Verhältnisbestimmung und Unterstützung reflektiert werden. Auf soziale Tatsachen sich beziehende Optionen sind in diesem Sinn individuell und strukturell zu definieren.[24] Recht vorläufig könnte man folgende drei Schritte der Diakonie sehen: 1. Die Wahrnehmung von menschlicher Not und die Analyse ihrer individuellen und strukturellen Herkünfte, 2. Befreiendes Hilfehandeln für die Leidenden und zugleich die entsprechende sozialpolitische Parteinahme und 3. Ein dauerhaftes Handeln, das die individuelle und strukturelle Situation der Leidenden mit zäher Geduld und mit entsprechender sozialer wie auch politischer Kompetenz verbessert.

Konkret dürfte in den hochkomplexen Vorgängen industrialisierter und computerisierter Gesellschaften die Entscheidung für eine Option nicht leicht sein. Man wird sie wohl nicht immer (etwa für das ganze Bundesgebiet) generell formulieren können, sondern oft nur im konkreten Kontakt mit ganz bestimmten Noterfahrungen vor Ort (mit Arbeitslosen, wo deren Zahl besonders ansteigt, mit Jugendlichen, wo sie durch Rauschmittel besonders gefährdet sind usw.). Erst von solchen partiell erkannten sozialen Problemen her können dann auch überregionale Optionen besprochen werden. Vor Ort und im Detail sind wahrscheinlich die Widersprüche aufzudecken, die durch eine globale Sicht der Gesellschaft leicht verzerrt oder gar zugedeckt werden. Umgekehrt müssen natürlich auch strukturelle Analysen der überregionalen Zusammenhänge lokal begrenzter Noterfahrungen angestellt werden.[25]

3.3 Von den vielen Worten zur entscheidenden Tat

a) Zielentschiedenheit

Wie kommt eigentlich das große Arsenal von Worten (im Bereich der Lehre der Kirche wie auch in den Texten der jüdisch-christlichen Tradition) in die Bereiche der Tat hinein? Für das, was in der jeweiligen Situation das entscheidende Handeln ist

[24] Vgl. Steinkamp, Wahrnehmung (Kap. 1, Anm. 8), 178 ff.
[25] Zum Verhältnis von Diakonie und Gesellschaft vgl. S. Meurer (Hrsg.), Diakonie und gesellschaftliche Veränderung, Wuppertal 1973; O. Meyer, »Politische« und »gesellschaftliche« Diakonie in der neueren theologischen Diskussion, Göttingen 1974.

und wofür wir die nötige Kompetenz und Energie haben, gibt es selbstverständlich viel zuviele Inhalte, als daß wir sie im Lauf unseres Lebens verwirklichen könnten und müßten. Wir sind schon allein durch unsere Körperlichkeit und die dadurch aufgenötigte Präsenzbegrenzung, aber auch durch die Begrenzung der Lebenszeit und durch unsere spezifischen Möglichkeiten und Unmöglichkeiten eingeschränkt. Die Anerkennung dieser Begrenzung gehört, wollen wir nicht Götter spielen, zu unserem Menschsein wesentlich dazu. So kann man sich das Verhältnis der Worte zu den Taten beim einzelnen Menschen, aber auch in einer Gruppe von Christen, in der Gemeinde und in Ordensgemeinschaften nicht anders vorstellen als etwa im Bild eines Trichters, durch den mit der nach unten gehenden Verjüngung nur ein dosierter Teil der vielen Worte in die situative Konkretion ihrer praktischen Verwirklichung gelangen kann. Wenn es zu einem Kontakt von Wort und Tat in unserem Leben kommt, sind wir dazu gezwungen, das in begrenzten Handlungen und an begrenzten Stellen zu machen. Im Leben der Christen, Gemeinden und Orden geht es bei diesem Prozeß darum, eigene Prioritäten zu setzen (weil man nicht alles tun kann), dann aber mit Konsequenz die entsprechenden Handlungsprojekte zu verfolgen.

Solche Entscheidungsfindungen persönlicher und kollektiver Art werden im Evangelisierungskonzept mit dem Begriff der Option benannt. Der Optionsbegriff ist folglich kein überdimensionaler und überfordernder Leistungsbegriff, sondern nimmt die Gegebenheit und Begrenztheit der Charismen ernst, wie er gleichzeitig auf bestimmte Herausforderungen der persönlichen und geschichtlichen Situation antwortet und sich zugleich darauf konzentriert. Der Blick auf Jesus zeigt, daß er sich in seinen Optionen vornehmlich von der Situation der bedrängten, benachteiligten und leidenden Menschen hat bestimmen lassen. Die Noterfahrungen der Betroffenen haben ohne Zweifel ein herausragendes Vorrecht, die Charismen der Christen zu provozieren und mit ihnen in Verbindung gebracht zu werden. So benennt eine Option in menschenwürdiger Weise den Indikativ der persönlichen und gemeinschaftlichen Möglichkeiten ebenso wie den Imperativ der situativen und geschichtlichen Herausforderungen. Notwendige Verausgabungen in der Praxis und notwendige Begrenzung dieses Engagements brauchen sich gegenseitig, damit wenigstens an einem Punkt und dort ganzheitlich der Tropfen auf den heißen Stein fällt, das Wort zur Tat wird. Insofern benennt der Optionsbegriff auch die eschatologische Spannung *und* Entlastung (von überichhaften Totalansprüchen) des »Doch-schon« und »Noch-nicht«.

Die neue Konjunktur der »Ganzheitlichkeit« verliert dadurch ihr totalitäres Gehabe, daß sie sich an begrenzten Orten unserer Existenz entfaltet, wodurch sich in solcher Begrenzung die nicht zu diskreditierende Ganzheitlichkeit menschlichen Lebens ereignet. Der Optionsbegriff ist damit ein kritischer Begriff gegenüber jeder Überfliegerpastoral, die alles Mögliche tun und verfolgen will, aber womöglich dabei das gerade von der Evangelisierung her in einer bestimmten Situation (insbesondere von Noterfahrungen) Entscheidende nicht in Angriff nimmt. Diese Einsicht entlastet uns von dem immer wieder durchbrechenden Druck nach Quantität, der in unserem Kopf, in unseren Herzen und in unserem Bauch steckt, und ersetzt ihn durch die Qualität in begrenzter Quantität. Mehr werden Christen in diesem Äon nicht tun können, wenn sie wirklich daran glauben, daß das vollständige Reich Gottes erst durch Jesus Christus selbst in unsere Geschichte hereinbricht. Unsere quantitativen Überich-Vorstellungen haben dagegen mit der Evangelisierung nichts zu tun. Ich glaube, dies ist eine durch und durch erlösende und entlastende Botschaft gerade für alle Verantwortlichen in der Kirche.

Dem Begriff der Option wird leicht vorgeworfen, daß er die »Fülle« und »Universalität« der Offenbarung ungebührlich verenge, indem er die »freie« bzw. »neutrale« Rezeption des Evangeliums durch eine Vorentscheidung einschränke. Die »Option für die Armen« sei deshalb ein Pauperismus, weil die Reichen dabei nicht mehr als die Adressaten der Offenbarung vorkämen. Dagegen stünde, daß Jesus für alle gestorben ist und alle erlöst hat. Letzteres ist natürlich richtig, schließt aber nicht ein, daß jeder die Bibel lesen und rezipieren kann, wie er will. Gerade wenn das Evangelium für alle (und zwar nicht verallgemeinernd, sondern konkret) gilt, dann müssen ihre unterschiedlichen Situationen integrativ in den Offenbarungsprozeß mit eingehen und darin vereindeutigt sein, damit sie tatsächlich gemeint sein können. Arme und Reiche werden sich in den biblischen Texten als die identifizieren dürfen bzw. müssen, als welche sie dort vor-

kommen (z. B. als die angesprochenen Armen in der ersten Se-
ligpreisung[26] bzw. als die Reichen in der Geschichte vom reichen Jüngling[27]). Der Option für die Armen entspricht daher
genau die »Option für die Reichen«[28], daß letztere dann das
Evangelium annehmen, wenn sie Jesus in seiner Umkehrbot-
schaft zugunsten der Armen nachfolgen und sich so von ihrer
Angst um Haben und Macht (also von ihrer seelischen »Armut«) erlösen lassen.[29]
Optionen sind aus dieser Perspektive Entdeckungen gegenwärtiger Situationen und Personen in Geschichten und Figuren der
Bibel, um die darin erzählten und favorisierten Beziehungsver-
hältnisse zwischen Mensch und Gott bzw. zwischen den Menschen für eine konkret-profilierte und dann oft auch innovative
Vergegenwärtigung der Botschaft zu aktivieren. Damit sind die
Optionen zur Rezeption biblischer Vorgaben (aber auch von
Dogmen) weder unbeschränkt noch beliebig. Schließlich geht es
bei der Optionsbestimmung um eine Zielentschiedenheit, die andere Praxisfelder der Kirche nicht außer Kraft setzt, sondern
sich auch in diesen verwirklicht und von daher ihre Kraft bekommt (besonders beim Gottesdienst im Gebet für die Notleidenden und um die Kraft, ihnen helfen und die Risiken der
Solidarisierung tragen zu können).

b) Umkehrbereitschaft

Die allen angemessenen Optionen zugrunde liegende Basisop-
tion als Bedingung der Möglichkeit für das Ernstnehmen der
Offenbarung sind schließlich das Nicht-verstockt-Sein oder die
Umkehrbereitschaft, sich mit Gott versöhnen zu lassen und von
daher mit den Menschen versöhnend umzugehen.[30] Nicht von

[26] Die Adressaten der Bergpredigt (die Armen, die Verfolgten, die Friedenstäter usw.)
signalisieren bereits innerbiblisch spezifische Optionen, insofern reale Adressaten in
ihren situativen Kontexten analytisch erfaßt und in einer besonderen Beziehung zur
Frohen Botschaft angesprochen werden.

[27] Vgl. dazu die Rede von D. Soelle vor der 6. Vollversammlung des Ökumenischen Rates der Kirchen 1983 in Vancouver, Leben in seiner Fülle, teilweise veröffentlicht in:
Imprimatur Nr. 6 (Oktober 1983) 232–236.

[28] Vgl. Fuchs, Viel zu lernen, 417–426; Knauer, Hören (Kap. 1, Anm. 26), 115.

[29] Vgl. O. Fuchs, Die Praktische Theologie im Paradigma biblisch-kritischer Handlungswissenschaft zur Praxis der Befreiung, in: ders. (Hrsg.), Theologie und Handeln, Düsseldorf 1984, 209–244, hier 215.

[30] Zu dieser grundsätzlichen Prämisse der Adressaten des Evangeliums, sich als Sünder
zu erkennen und von daher von vornherein umkehrbereit auf die Botschaft zuzuge-
hen, vgl. H. Merklein, Jesu Botschaft von der Gottesherrschaft. Eine Skizze, Stuttgart

ungefähr geht der Bußprediger Johannes der Täufer dem Messias Jesus von Nazaret voran. Wer nicht bereit ist, sich als Sünder zu erkennen, umzudenken und umzuhandeln, also umzukehren zur Nachfolge Jesu in seiner Gottes- und Nächstenliebe, wird das Evangelium immer falsch lesen und zur Rechtfertigung des persönlichen und kollektiven Status quo mißbrauchen. Die Option der Umkehrbereitschaft ist das unerläßliche Medium, in dem die Botschaft des Evangeliums überhaupt mit gegenwärtigen Personen und Situationen konkret in inhaltlichen Austausch kommt. Ohne diese Option im Prinzipiellen und ohne weitere Optionen im besonderen gewinnt die Botschaft keine Basis im Leben und Sein der Menschen.

Unverstellte *Wahrnehmung* der eigenen und fremden Realität (z. B. als Arme oder Reiche) und ihrer individuellen und strukturellen Ursachen auf der einen sowie die *Vertrauens- und Umkehrbereitschaft* zur Gottes- und zur Nächstenliebe in Kirche und Welt auf der anderen Seite ermöglichen erst die authentische Orientierung an der Offenbarung in Schrift und Tradition, wobei eine situativ sich entzündende *Option zur Befreiung von konkret Armen,* Notleidenden, Stigmatisierten, Unterdrückten und Ohnmächtigen den Brennpunkt solcher Orientierung bildet.

Der Glaube selbst ist ohne Umkehr nicht zu »haben«. Denn die »Umkehr« formuliert die Dimension gläubiger Existenz, die das ganzheitliche konkrete Umstellen der Handlungen und Einstellungen von Christ und Kirche betrifft. Der Glaube findet in solch ganzheitlicher Umkehr das entscheidende »Drehmoment« zur christlichen Existenz hin, das ständig »in Betrieb« ist, weil die Umkehr nie abgeschlossen sein kann, sondern gerade in der gläubigen Existenz permanent elementar bleibt. Der Umkehrbegriff (in seiner Beziehung auf das Denken und das Handeln) rettet, was der Glaubensbegriff nicht so ausdrücklich leistet: die Nachfolge in der Tat. Umkehr meint auch das Umdenken (die Metanoia), nicht nur das »Umtun«, und thematisiert damit im Glauben den Aspekt, der die Abkehr von bisherigen Sinnkonstrukten und Weltanschauungen ausmacht.

1983, 33–36. Wo die Menschen in dieser Hinsicht verstockt sind, kann auch Jesus selbst nichts ausrichten (vgl. Mk 6,1–6, überhaupt das Verstocktheitsmotiv in den Evangelien, insbesondere bei Markus im Kontext des sogenannten Messiasgeheimnisses).

Auf der anderen Seite bewahrt der Glaube die Umkehr vor pela-
gianischen und voluntaristischen Mißverständnissen, als könne
der Glaube durch eigene Werke und durch eigenen Willen »ge-
leistet« werden (vgl. Kap. 5.1). Gnade ist beides allemal. Diese
Einsicht in die Gottgegebenheit von Umkehr und Glaube bezieht sich auch auf die Kategorie weltanschaulichen Verstehens:
Am »Anfang« christlicher Existenz steht nicht der vom Menschen zu begutachtende Sinn, sondern die Begegnungs- und Ver-
trauensgeschichte mit Gott, die auch noch einmal die Sinnlosig-
keitserfahrungen umfängt, freilich nicht mit Erklärungen, sondern mit dem Angebot der Solidarität Gottes. Der Glaube kann
folglich nicht auf die Sinnfrage reduziert werden, wenngleich er
sinnvolles und auch mittels der Vernunft plausibilisierungsfähi-
ges Leben vermittelt. Denn: »In dieser Sinnfrage äußert sich auf
ebenso faszinierende wie entsetzliche Weise der Mensch . . ., der
nochmals über allem stehend das letzte Wort behalten muß und
alles zur Funktion seiner Sinnbestimmung machen will.«[31] Nicht
wenige Worte und Taten Jesu bringen gerade Krisen und Konflikte, Unerklärtheiten und Unerforschbarkeiten (vgl. Mk 16,8)
und lassen vieles ungelöst: freilich bei unvermindertem Zuspruch der erlösenden Liebe Gottes und bei gleichbleibendem
Anspruch der Nachfolge zur Befreiung der Menschen. Gottvertrauen und Nachfolge Jesu sind eben keine Variablen von Sinn-
und Lösungserfahrungen: »Gottes Liebe hat an nichts Irdi-
schem und Weltlichem als solchem ihr zureichendes Maß; daran
gemessen ist sie eher sinnlos.«[32] Ähnliches gilt wohl auch – allerdings nur geschichtlich-analog – für viele, die in der Nachfolge
des Gekreuzigten die Menschen lieben und für die meisten Zeitgenossen nicht mehr plausible Nachteile riskieren.
Die biblisch-theologische Denkfigur der Verstockung als uner-
gründliches Werk Gottes dürfte insbesondere die theologische
Rekonstruktion (im Sinn eines Erklärungsversuches) der für Israel und Christen unverständlichen Erfahrung sein, daß viele

---

[31] G. Fuchs, Sinnfalle und Gottesfrage, in: Diakonia 15 (1984) 5, 303–311, hier 308; vgl.
310: »Gott ist demnach nicht die große und schlüssige Sinnantwort, denn Gott ist im
Himmel und wir sind auf Erden, und umfassender Sinn ist nicht unser Teil.« Natürlich ist dieses Zitat sehr pointiert und darf nicht vergessen lassen, daß Gott nicht nur
als etwas Absolutes und Umfassendes, sondern auch als etwas Relatives und Detail-
haftes in der Existenz der Menschen vorkommt und dort bruchstückhaft »Sinn
macht« (vgl. Kap. 7. 3).
[32] G. Fuchs, ebd. 311.

Menschen der befreienden Botschaft Gottes gegenüber verschlossen sind: »Und er konnte dort keine Wunder tun ... Und er wunderte sich über ihren Unglauben« (Mk 6,5–6a). Die Zeitgenossen, die ihn zu kennen glauben, wollen nicht hören, weil sie – vollgestellt mit ihren Vorurteilen – von Jesus für sich nichts Besonderes und Wichtiges erwarten. Sie bringen nicht auf, was ihnen den Glauben ermöglichte: die Bereitschaft und Offenheit zur Alternative, zum Umdenken und zum Umhandeln. Die Umkehrbereitschaft erweist sich von daher als die motivationale und darin anthropologische Voraussetzung zum christlichen Glauben. »Kehrt um, und glaubt an das Evangelium!« Nicht von ungefähr steht hier der Aufruf zur Umkehr an »erster« Stelle.

Änderungswilligkeit und die Lernbereitschaft sind persönlichkeits- und sozialpsychologisch wie auch von der (kirchen-)geschichtlichen und biographischen Erfahrung her die schwierigsten Prozesse auf dem Weg zum Lernen und zur Veränderung im Horizont des christlichen Glaubens. Hier ist der Kardinalpunkt, wo über die Möglichkeit entschieden wird, der Option für die Armen und Leidenden näherzukommen oder am Status quo und den eigenen Privilegien festzuhalten.

c) Notwendigkeit

Wenn die Evangelisierung in den sozialen Tatsachen von Kirche und Welt wirksam werden will, dann wird sie sich besonders an den Orten verausgaben, wo Menschen in Nöten (des Hungers, der Ungerechtigkeit, der Armut, der Unterdrückung, der Krankheit usw.) sind. Dies »geschieht aus einer authentischen Verpflichtung aus dem Auftrag des Evangeliums, die, wie es bei Christus geschah, Verpflichtung zugunsten derer ist, die am meisten Not leiden«[33]. Deshalb muß die Not als der Brennpunkt der Evangelisierung angesehen werden.

Und deshalb ist es im Sinn der Evangelisierung in Lateinamerika nur konsequent, wenn dort die Option für die Armen der praktisch-theologische »Umschlagplatz« ist, wo die Evangelisierung ansetzt und sich abarbeitet, will sie tatsächlich die entscheidenden realen Widersprüche ihres Seins in der politischen und

---

[33] Johannes Paul II., Ansprachen, 61, vgl. auch 62 (wo von der »sozialen Hypothek« des Eigentums die Rede ist), 65: hier unter Berufung auf Lumen Gentium, 8.

wirtschaftlichen Situation wahrnehmen und eben darin den Protest des Evangeliums erheben und in Solidarität und befreiendem Handeln einlösen.»Der Mensch ist als Hörer des Wortes in der Parteinahme für die Armen ein Praktiker ihrer Befreiung.«[34]

Eine solche in den Ernstfällen der Not wurzelgreifende Evangelisierung kommt ohne die Basis von Kirche nicht aus, weil erst durch sie die sozialen Tatsachen angemessen wahrgenommen, in Verbindung mit dem Evangelium beurteilt und in solidarischen Handlungen angegangen werden können. Die Wahrnehmung vitaler und sozialer Not gehört integrativ zum Evangelisierungsprozeß dazu, damit die Kirche überhaupt mit gegenwärtiger Wirklichkeit in Verbindung gerät. Eben dafür sind die sogenannten laikalen Charismen nötig, sowohl was die Wahrnehmung sozialer Wirklichkeit»vor Ort« anbelangt wie auch hinsichtlich der Möglichkeiten, dort christliche Existenz zu gestalten und entsprechend zu handeln.»Täuschen wir uns nicht: die einfachen und schlichten Gläubigen erkennen gleichsam mit einem vom Evangelium geschärften Gespür, wann man in der Kirche dem Evangelium dient und wann man es hingegen aushöhlt und mit anderen Interessen zu ersticken droht.«[35]

Bedingung der Möglichkeit, daß Evangelisierung (und damit Kirche) geschieht, ist demnach, daß die Gläubigen in einer »actuosa participatio« an diesen Vorgängen beteiligt sind. Wer sich im Bereich sozialen Handelns engagiert, der ist genauso entscheidend für die Identität der Kirche wie etwa der Verkündiger, der die Erinnerungen der Tradition geltend macht. Um der inkarnatorischen Vermittlung von christlicher Botschaft und sozialer Wirklichkeit willen brauchen sich beide unbedingt!

»Diakonie wird in einem solchen Zusammenhang zu einem Schlüsselbegriff für das rechte und volle Verständnis des Evangeliums.«[36]

---

[34] Klinger, Theologie, 50; vgl. auch ders., Politik, 197: Puebla »läßt die Sache Christi ein Prinzip des Lebens der Benachteiligten sein und legt den Schwerpunkt seiner Pastoral auf die Armen, die Jugendlichen und den einzelnen Menschen im Volk«.

[35] Johannes Paul II., Ansprachen, 65: Bezeichnenderweise steht diese Aussage gerade im Kontext der in Anm. 33 gebrachten Bemerkungen. Option für Leidende und das Ernstnehmen aller Gläubigen als Basis für den Gemeindeaufbau stehen zusammen und bedingen sich gegenseitig.

[36] Wagner, Integration (Kap. 1, Anm. 5), 190.

4. Die zwei Seiten der Kirche

4.1 Gottesdienst und Menschendienst

a) Seinsvollzüge

Von der Evangelisierung her ergibt sich eine Präzisierung der drei Grundfunktionen und ihres Zueinanders, wie R. Zerfaß sie bringt.[1] Diese Bemühung um die kirchlichen Grundfunktionen identifiziert die jeweils humanwissenschaftlich erhobenen und als solche mit neutestamentlichen Vorgängen assoziativ korrespondierbaren Handlungsfelder (Koinonia, Martyria und Diakonia) der Kirche im theologischen Konzept der Evangelisierung sowie ihrer systematischen Prinzipien und praktischen Elementarisierungen. In solcher Vertiefung erscheint dann auch der diesbezügliche Rückgriff auf biblische Begriffe und Vorgänge theologisch legitimer. Diese prinzipielle Verhältnisbestimmung von Diakonia und Martyria im Horizont der Evangelisierung läßt dann auch die Koinonia nochmals differenzierter hervortreten.

Die Grundfunktionen sind zwar drei- oder vierdimensional (mit Liturgie), aber die Martyria (als verbale und sakramentale Verkündigung) und Diakonia bezeichnen in einer anderen Weise christologische Qualitäten der Evangelisierung als die Koinonia, das Leben in Gemeinschaft bzw. die Gemeindebildung der Christen. Beide können nicht ohne Koinonia auskommen, und beide können nie ohne Koinonia beieinanderbleiben! Die Koinonia ist der gemeinsame soziale Raum von Orthodoxie und Orthopraxie, von Gottesdienst und Menschendienst, von Martyria und Diakonie, von kerygmatisch-sakramentaler und diakonaler Verkündigung im Für- und Miteinander! Die drei Dimensionen liegen aber nicht auf dem selben Niveau, denn sie sind nicht von

---

[1] Vgl. R. Zerfaß, Predigt und Gemeinde, in: Trierer Theologische Zeitschrift 92 (1983) 2, 89–104, hier 95. Vgl. auch ders., Praktische Theologie als Handlungswissenschaft, in: F. Klostermann/ders. (Hrsg.), Praktische Theologie heute, München/Mainz 1974, 164–177, hier 172 ff.

der gleichen konstitutiven Kategorie. Die kirchliche Gemeinschaft hat Dienstcharakter für die in Christus erschienene Gottes- und Menschenbeziehung. Freilich kann die Koinonia dies nur, wenn sie in ihrer eigenen inhaltlichen Struktur von der Martyria und Diakonia bestimmt ist. Das zeigt und ermöglicht aber um so mehr, daß ihr Selbstwert ganz und gar in dieser christologischen Identität liegt, nämlich für alle Menschen das Evangelium vom erlösenden Gott und von der befreienden Menschenliebe durch sich selbst auszusagen und darzustellen! Jesus suchte die Begegnung und die Gemeinschaft mit den Menschen, um ihnen darin seine heilende und befreiende Hilfe zu schenken und um ihnen innerhalb dieser realen Diakonie Zeugnis für den barmherzigen Gott und für das Reich Gottes kundzutun.

So gibt es im Grunde, jedenfalls im Horizont des Evangelisierungskonzeptes, »nur« zwei fundamentale Dimensionen kirchlicher Existenz, die Martyria und die Diakonia, die sich nie anders denn in der *entsprechenden* Koinonia realisieren können. Dennoch muß die Koinonia als in und zwischen Martyria und Diakonia enthaltene Vollzugsform explizit beim Namen genannt werden, damit klar wird, daß beide nur dann zum Zuge kommen, wenn die in ihnen realisierte Koinonia von der grundsätzlichen Gleichwertigkeit aller Menschen und Reziprozität aller Charismen ausgeht. Insofern ist es gut, diesen spezifischen Koinonia-Beitrag zu einer authentischen Diakonie und Martyria eigens zu formulieren, damit beide nicht Abhängigkeiten von oben nach unten produzieren (indem die Verkündigung als Herrschaftswissen kolportiert wird bzw. die Diakonie den anderen zum Objekt der Hilfeleistung degradiert).

Von einer Gleichverteilung der Grundfunktionen von Wort und Tat auf jeden Christen und jede christliche Sozialgestalt muß man nicht ausgehen. Dies wäre eine Abstraktion von den realen Möglichkeiten und von einer konkreten individuellen und kollektiven Charismentheologie.

Unter kollektiven Charismen verstehe ich die Tatsache, wenn sich Christen mit ähnlich gerichteten Charismen (z. B. zur Sozialarbeit, natürlich darin wieder mit unterschiedlichen Befähigungen) in einer Gruppe oder einer Institution zusammentun, um in dieser kirchlichen Sozialgestalt zusammen solidarischer untereinander und effektiver für andere handeln zu können. In

solcher Koinonia erhalten sie dann eine neue, über das Einzel-
charisma hinausgehende Qualität als Kirche vor Ort. Man darf
also die legitime Partialität, Einseitigkeit und Dominanz der
Präsenz des Evangeliums in unterschiedlichen kirchlichen Sozialformen vertreten. Die verbale und sakramentale bzw. diakonale Realpräsenz Christi wird in Kirche gerade dadurch ermöglicht, daß beide sich in unterschiedlichen Charismen und unterschiedlichen Gemeinschaften um so intensiver für die jeweilig-
notwendige »einseitige« Vergegenwärtigung Christi öffnen und
zugleich dafür Sorge tragen, daß sie miteinander in Verbindung
bleiben. Wenn von daher die »Arbeitsteilhabe« in der Kirche
nicht der sektoralen Separierung und Verhältnislosigkeit verfällt, ist sie ekklesiologisch legitim und kann durchaus ein sozio-
struktureller Ausdruck des christologischen »unvermischt« von
Gottes- und Menschendienst in der Kirche sein.

b) Überblick

Das hiermit vorgeschlagene Modell der Präsenzbereiche der
Evangelisierung bzw. kirchlichen Grundfunktionen läßt sich in
folgender Graphik veranschaulichen:

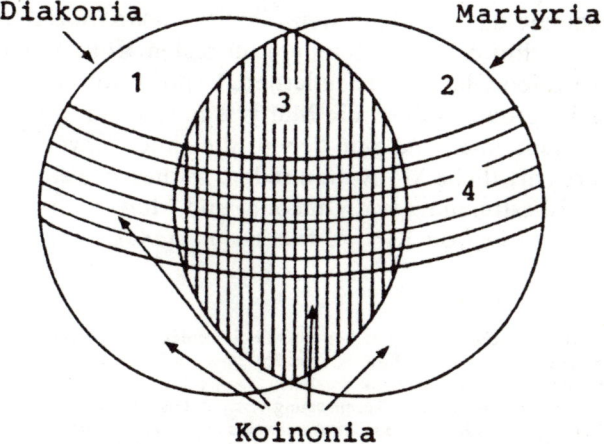

Diese sich überlappenden Kreise bezeichnen die beiden Grunddimensionen der Diakonia und der Martyria (in Wort und Sakrament). In beiden gibt es eigenständige Bereiche (1 und 2) wie
etwa die besondere Verbindung der Diakonie mit der Soziologie

(zur Analyse der sozialen Tatsachen) wie auch mit den Humanwissenschaften, die eine qualifizierte Hilfe ermöglichen. Die relativ eigenständigen Bereiche in der Martyria wären etwa Glaubensgespräche, die Predigt, die Liturgie, aber auch die wissenschaftliche Theologie (mit den entsprechenden Partnerwissenschaften, z. B. Philosophie, Literatur- und Sprachwissenschaft usw.). In diesen spezifischen und charakteristischen Bereichen der beiden Dimensionen ist der jeweils andere Bereich zwar notwendig, aber nur implizit im Aggregatzustand seiner Andersheit enthalten: So wird eine Theologie, die in sich die Dimension der Diakonie reflektiert, zu anderen Ergebnissen kommen, als wenn sie sich nur hinsichtlich der Worttheologie entfaltete. Umgekehrt vollzieht sich an der realen Basis diakonischen Verhaltens eine eigene diakonische Spiritualität, insofern die Christusbeziehung in der Begegnung mit den Leidenden erfahren wird.

In manchen Feldern des Lebens und Handelns freilich überschneiden sich beide Dimensionen, indem sie zueinander ausgesprochen und »ausgehandelt« explizit werden (3): wenn beispielsweise in der Verkündigungsgemeinde selbst soziale Arbeitskreise entstehen, die dort die Dimension der Diakonie realisieren. Umgekehrt wird für eine Institution der Caritas die eigene Theologie dann explizit, wenn ihre Subjekte (Sozialarbeiter/innen und ihre Adressaten/innen) im realen Kontakt miteinander über ihren Glauben reden lernen. Explizit holt die Diakonie demnach besonders dann die Martyrie in sich ein, wenn Sozialtätige miteinander und mit denen, die ihnen anvertraut sind, über ihre christliche Motivation reden. In diesem Feld expliziter Verhältnisbestimmung von Diakonia und Martyria lernen beide Präsenzbereiche von Kirche, wie sie *ineinander* leben und existieren.[2]

[2] Vom christologischen Paradigma her müßten die beiden Kreise eigentlich nebeneinander stehen – vgl. Knauer (Kap. 1, Anm. 26), 28–33/107–112 –, weil sie eigenständige und unterschiedene Bereiche darstellen. Dieser Einwand trifft aber nur, wenn man ihre Überschneidung als Vermischung versteht. Die Überlappung der Kreise ist indessen nicht als Identität gedacht, sondern als ein *Ineinander,* in dem die Relationalität und Verschiedenheit der beiden Wirklichkeiten nicht aufgehoben ist, sondern lediglich besonders dicht (ineinander verschlungen) manifest wird: im Gegensatz zum *Nebeneinander* (der rechten und linken Kreisteile), welches die Relationen weiter auseinander liegen läßt. So besteht zwischen dem Schöpfer und der Schöpfung eine bedeutend »distanziertere« Relation der beiden Wirklichkeiten Gott und Mensch als in deren hypostatischer Einheit im menschgewordenen Gottessohn. Vielleicht hilft die Vorstellung, die Überschneidungsfläche dreidimensional zu denken,

Eine Deckungsgleichheit beider Bereiche (= Kreise) wäre eine Überforderung und muß nicht postuliert werden! Das beide Kreise umschließende Band (4) signalisiert die Kommunikation des Austausches beider Bereiche, indem sie sich gegenseitig und ineinander entdecken und schätzen lernen. Hier kommen vor allem die Momente miteinander in Kontakt, die ansonsten zum eigenständigen Bereich (1 und 2) der beiden Dimensionen gehören. Hier wird immer viel voneinander zu erzählen sein, damit man den anderen gerade in den Dimensionen kennenlernt, die einem selbst explizit und von der Lebenspraxis her fehlen, weil eben niemand und auch keine Sozialform aufgrund der begrenzten Charismen individueller und kollektiver Art alles selber realisieren kann.

Um von daher noch einmal im Überblick auf die Koinonia zu sprechen zu kommen: Sie realisiert sich hier vierfach: einmal als Koinonia in den jeweiligen Präsenzbereichen von Kirche »für sich« (1 und 2), dann in dem Begegnungsbereich (3), wo man im eigenen Bereich die Dimension des anderen explizit ausspricht bzw. verwirklicht und dadurch die Möglichkeit und Notwendigkeit provoziert, miteinander um des gemeinsamen Interesses wil-

als ein dichtes »Übereinander« der Bereiche, in dem zwischen »oben« und »unten« Ineinander-Vorgänge ablaufen (mir kommt das Bild einer jener Fernsehleuchten, in denen sich von oben nach unten und umgekehrt farbige Flüssigkeitsteile ineinander verschlingend bewegen, ohne sich dabei zu vermischen und ihre unterschiedenen Farben aufzugeben). Um also die unterschiedliche Dichte der Bezogenheit verschiedener Wirklichkeiten anzudeuten, seien die ineinander geschobenen und nebeneinander liegenden Kreisteile derart differenziert: vor allem um die differenzierte *Praxisweise* der Bezogenheit beider Bereiche analytisch auseinanderhalten zu können. Diese Differenzierungen in der konkreten Dichte der Relation berühren indessen nicht die insgesamte ontologische Grundverschiedenheit beider Wirklichkeiten. Übrigens bleibt es je nach normativer oder deskriptiver Einschätzung unbenommen, die Überschneidungsfläche größer oder kleiner zu zeichnen. Nur wird man sie nicht ganz auseinandernehmen dürfen, weil sonst die vollkommenste Verwirklichung ihrer perichoretischen Einheit in Jesus Christus selbst aus der Skizze »herausfallen« würde. Das geht schon deswegen nicht, weil Christus nicht nur diese Vollkommenheit in der unvermischten Einheit beider Naturen darstellt, sondern weil er schlechthin im Zentrum dieser »Überschneidung« auch im ekklesialen Zustand seiner selbst (als »Leib Christi«) lebt und als solcher beide Bereiche, Gott und die Menschen, bleibend verbindet. Er ist als zweite göttliche Person im Hl. Geist die »Hypostase« der Relation von Gott und Mensch in der Geschichte der Kirche und garantiert, daß beide Wirklichkeiten nicht auseinanderfallen. Ganz in Entsprechung zum Jesus der Evangelien, der Gottes Wort und Menschenliebe »zusammenhält« (vgl. Kap. 1.1 bis 3). Die verbindende Relation der Gotteswirklichkeit auf die Menschenwirklichkeit, der Gottesliebe auf die Menschenliebe ist die Relation des Christus selbst, die ihn die zweite göttliche Person sein läßt (in Anlehnung an Knauer, ebd. 111 und 108).

len Verbindung aufzunehmen, also schließlich in der beide Bereiche umfassenden Kommunikation (4), in der man vom anderen hört, seine Anliegen hochschätzt, solidarisch mitträgt und zugleich in sich selber als Anliegen, das man aber nicht selbst praktisch verfolgen kann oder will, entdeckt. Die objektive Zusammengehörigkeit von Diakonia und Martyria wird so in der realen Koinonia untereinander wahrgenommen, erlebt und für wichtig erachtet. Solche Verhältnisbestimmung von Diakonia und Martyria im Zu- und Ineinander bezieht sich natürlich auf alle Größenordnungen und Ebenen ihrer Vollzüge: Sie gilt auf der Ebene von Diözese und Caritasorganisation, von Pfarrei und Sozialstation, von Bibelkreis und Sozialkreis (in einer Pfarrei) und von Einzelpersonen.

c) »Sozial-Pastoral«

Um ein schlimmes Mißverständnis, das dieses Schema ohne Kommentar auslösen könnte, gar nicht erst aufkommen zu lassen, sei nochmals deutlich betont: Beide Kreise realisieren die Heilsfunktion der Kirche in der Welt, mit ihr und für sie und dürfen auf keinen Fall als »profan« oder »heilig« auseinanderdividiert werden. So ist in der verbalen und sakramentalen Martyria auch der heilende Dienst Christi im Wort anwesend, so ist in der realen Diakonie auch der auferstandene Herr in den Leidenden und Helfenden gegenwärtig gesetzt. Die Diakonie ist in analoger Perichorese genauso Heilsvermittlung wie der mitmenschliche Jesus Erlöser und Gottes Sohn ist (vgl. Kap. 1.3,b). Für beide Vollzugsformen der Evangelisierung in nicht nur territorial, sondern auch in ihren kollektiven Charismen unterschiedlichen Teilkirchen und für ihre Koinonia untereinander gilt insgesamt die Grundstruktur der sakramentalen Verfaßtheit der Kirche als Ursakrament des Heiles für die Welt, indem sie das Angebot des Glaubens an Gott und die Erfahrung seiner Menschenliebe im Sozialverhalten der Christen »indikativisch« erfahrbar werden läßt.

Diese Einsicht kann sich nicht zuletzt auf die an der paulinischen Charismentheologie orientierte Ekklesiologie berufen mit ihrer in der Koinonia zu realisierenden gegenseitigen Angewiesenheit von »Charismenträger« oder »-gruppen«. Einseitige Charismen sind immer dann nicht nur legitim, sondern notwendig, wenn sie sich gegenseitig (auch kritisch) ergänzen, austauschen und darin sowohl in der Lehre wie auch in der Praxis Heil und Befreiung vermitteln. Die Ganzheit der Nachfolge Jesu ist nicht nur am Vergleich des einzelnen mit dem Modell Jesu zu bemessen, sondern wird in ebenso erfreulich entlastender wie verbindender und verbindlicher Weise auch durch die Gesamtheit der Charismen gerettet.

Verkündigung und Diakonie sind nicht identisch, sondern analog als die »zwei Naturen« jesuanischer, kirchlicher und christlicher Existenz aufeinander bezogen, und zwar ungetrennt und unvermischt in einer relationalen (nicht identischen) Einheit. Natürlich ist die Verkündigung immer auch ein Dienst am Wort und darin am Menschen, aber sie ist nicht dasselbe wie die helfende und befreiende Tat, weshalb sie auch nicht mit ihr austauschbar ist. Nur wenn man beide Bereiche auseinanderhält, können sie sich gegenseitig auch kritisieren und ideologisierende Identifizierungen aufbrechen: Wenn der Pfarrer predigt, dann ist dies noch nicht alles, dann ist dies vor allem noch lange nicht die Diakonie selbst, und wenn die Krankenpflegerin engagiert ihren Dienst tut, dann ist dies auch noch nicht identisch mit ihrem Glauben und mit der Wortverkündigung. Die Handlungen beider sind gleichwertig, aber nicht gleichartig und vertragen die jeweilige Ergänzung ihrer selbst (bezüglich ihrer eigenen Identität wie auch hinsichtlich der kirchlichen Identität durch die Charismen der anderen). Wenn ich hier als Theologe über die Diakonie und Caritas nachdenke, treibe ich dabei Theologie und bilde mir nicht ein, dieser Dienst wäre bereits mit der Diakonie identisch. Mein explizit diakonisches Handeln findet sich vielmehr anderweitig. Dies schließt nicht aus, daß es auch in der Theologie selbst eine diakonale Komponente gibt, insofern sie sich um die Diakonie thematisch bemüht bzw. insofern innerhalb der Glaubensvergewisserung von Christen diese sich gegenseitig im Glauben helfen, aufrichten und stärken (wie z. B. in Bibelkreisen und Glaubensgesprächen oder auch in der Predigt). Nur ist eine solche Diakonie in der Martyria noch einmal etwas anderes als die Diakonie innerhalb der Diakonie selbst: Denn einem Behinderten ist nicht (nur) durch Glaubensermutigung geholfen, sondern (auch) durch die notwendigen körperlichen und gesellschaftlichen Hilfen bzw. Gleichstellungen.

Da der ganzheitliche Evangelisierungsbegriff auf die Definition des *pastoralen* Handelns durchschlägt, muß letzteres auch das diakonale Handeln miteinschließen. Es meint in solchem Kontext der Evangelisierung und des von daher definierten christlichen Handelns also nicht nur Seelsorge, sondern auch soziale und individuelle Leibsorge, nicht nur verbale Verkündigung in Gottesdienst und seelsorgerlichen Gesprächen, sondern auch diakonales Handeln in heilender Gemeinschaft sowie in der Befreiung der Notleidenden, in der Hilfe für die Bedrängten und in den Solidarisierungen mit allen, die benachteiligt sind. Der Mangel an Wärme und Herzlichkeit in der kirchlichen Pastoral beruht vielfach auf ihrer Abstraktion vom konkreten und leiblichen Menschen und auch darauf, daß der Glaube weitgehend nur geistlich oder gedanklich oder institutionell verstanden wird und zu wenig als Vorgang, der besonders in einem ganzheitlichen Begegnungsgeschehen entdeckt werden kann, entsteht und wächst. Einmal zwischen Gott und Mensch: indem Gott Mensch wird, und indem der Mensch beten darf »Beschütze und heile uns an Leib und Seele!«; zum anderen zwischen den Menschen: indem es eine Seelsorge ohne Leib- und Sozialsorge nicht gibt. Dies beginnt mit der prinzipiellen Erreichbarkeit aller Orte im Kirchenbereich durch Rollstuhlfahrer und führt zur sensiblen Wahrnehmung der leiblichen Zeichen und Reaktionen der Menschen in ihren Gesichtern, Gesten und Haltungen sowie zum entsprechenden Ausdruck seiner selbst.

Der »Pastor« Jesus Christus setzt den Maßstab des unvermischten Ineinanders: Christliches und dieses christliche Handeln ermöglichendes und provozierendes pastorales Handeln erstrecken sich immer auf beides, auf Glaubens- und Sozialhandlungen. Die vielfältigen Tätigkeiten im Bereich der Caritas gehören also zur Pastoral. Sie deshalb als »Sozialpastoral« zu qualifizieren, trifft diesen Tatbestand.[3] Er besagt, daß die Sozialarbeit ein pastorales Anliegen, im engeren Sinn ein Anliegen des Glaubens selbst ist, insofern die diakonischen Optionen die Optionen des im christlichen Glauben geglaubten Gottes selber sind. Außerdem legt nur die wenigstens ansatzhafte und ahnungsvolle zwischenmenschliche Erfahrung von Vertrauen und Anerkennung die affektiven Grundlagen für den (nicht nur behaupteten) vertrauenden Glauben an Gott und an seine unbedingte Akzeptanz.

[3] Vgl. Mette, Sozialpastoral (Kap. 1, Anm. 1), 251.

Umgekehrt verstärkt und vertieft der Gottesglaube (als Vertrauen in die letzte diakonische Geborgenheit Gottes selbst) die Befähigung zum Vertrauen in die Menschen und in den Sinn der Diakonie, dann auch über zwischenmenschliche Enttäuschungen hinweg, oder besser durch sie hindurch. Dann besagt die Sozialpastoral, daß die Pastoral auch ein Anliegen des Sozialen ist, weil erstere die letztere radikalisiert.

Unter der Voraussetzung, daß dies geklärt ist, darf man dennoch den gängigen Sprachgebrauch übernehmen, der Caritas/Diakonie und Seelsorge/Pastoral je in ihrem engeren praktischen Profil definiert und der die Diakonie auf gleichrangiger Stufe der Pastoral gegenüberstellt: gerade um der fruchtbaren kritischen Funktion willen, die beide Bereiche für- und »gegen«einander ausüben. Denn der Pastoralbegriff kann im Kontext der Evangelisierung (durchaus parallel zum Verkündigungsbegriff) im engeren und weiteren Sinn verstanden werden: im weiteren Sinn nämlich als nicht regionalisierbares, in kirchlicher Amtlichkeit, Beauftragung und Verantwortung durchzuführendes ganzheitliches Ermöglichungshandeln (vgl. Kap. 6) für christliche Existenz in Wort und Tat, im engeren Sinn als vornehmlicher Vollzug der Evangelisierung in Wort und Symbol(-Handlung). Im letzteren Fall gehören zur Pastoral alle herkömmlichen Bereiche der durch Wort und Sakrament verkündenden Seelsorge. Um der auch in die Begrifflichkeit hineinreichenden »Perichorese« (des unvermischten Ineinanders) von Wort und Tat willen müßte man dann freilich ebenfalls einen weiteren Begriff des diakonalen Handelns zulassen: als in besonderer Weise durch den Dienst der Kirche aufzubringender, zu gestaltender und zu verantwortender, nicht auf einen Bereich regionalisierbarer helfender und befreiender Gesamtvollzug der Evangelisierung in Tat und Wort, weil ja auch das Verkündigungswort seinerseits heilende und helfende Kraft und damit diakonale Dimensionen hat und weil umgekehrt die Diakonie (bezogen auf die sozialen Initiativen in Gemeinden und Verbänden sowie auf die spezifisch-diakonalen Caritasverbände mit ihren haupt-, neben- und ehrenamtlichen Mitarbeitern) auch eine Vergegenwärtigung des »Wortes« Jesus Christus in der Welt ist und die Rede dieses Wortes ermöglicht.

Auf jeden Fall sollte man den Begriff Evangelisierung weder auf Pastoral bzw. auf explizite kerygmatische und sakramentale Verkündigung noch auf Diakonie und Caritas verengen, weil mit seiner Bedeutung das Integral aller Grundvollzüge der Kirche zu gewinnen ist.[4]

4.2 Caritas und Pastoral

a) Kirchliche Doppelstruktur

Die angeführten Überlegungen stellen einen theologischen Hintergrund zur Verfügung, vor dem einige strittige Fragen nach dem Verhältnis von traditioneller Territorialgemeinde und Caritasinstitutionen, von Glaubensgruppen und Sozialinitiativen, von Verkündigung und Sozialarbeit, von Seelsorge bzw. Pastoral und Diakonie zu beantworten wären.

Im Gleichnis des barmherzigen Samariters ist eine doppelte Hilfeleistung unterscheidbar: die akute notwendige Hilfe des Samariters und die finanzielle »Delegation« der weiteren Hilfe an die »Institution« des Gasthauses: Denn der Reisende wird seinen Weg fortsetzen (vgl. Lk 10,30–37).

Obgleich die professionelle Diakonie der kirchlichen Institutionen auf eine eigene »Gründungsgeschichte« im Neuen Testament nicht angewiesen ist, darf sie sich doch auf diese Geschichte beziehen: Diakonie ereignet sich in Bereichen und Vorgängen unterschiedlicher interpersonaler und professioneller Dimensionen sowie auf ebenso unterschiedlichen lokalen und strukturellen Ebenen. Ein Sich-gegenseitig-Ausspielen von direkt personaler Hilfe zwischen den Menschen (z. B. Nachbarschaftshilfe im Wohnviertel einer Gemeinde) und gelernt-beruflicher Hilfeleistung in Institutionen oder von Akuthilfe (in Krankenhäusern) und Langzeitgemeinschaft (in der sozialen Rehabilitation) ist demnach völlig unergiebig und kontraeffektiv zu einem umfassend zu vertretenden Diakonievollzug unter den Bedingungen hochentwickelter Ausdifferenzierungen in modernen Gesellschaften.

Schwierig wird es freilich, wenn es um die Beziehung und Verflechtung der verschiedenen Diakonievollzüge geht: Interessan-

---

[4] Deshalb hat die praktische Theologie mit allen Vollzugsformen kirchlicher Existenz zu tun: vgl. J. Albert, Diakonik – Geschichte der Nichteinführung einer praktisch-theologischen Disziplin, in: Pastoraltheologie 72 (1983) 4, 164–177, hier 171 ff; Wagner, Integration (Kap. 1, Anm. 5), 190 ff.

terweise schaut der Samariter auf dem Rückweg beim Wirt vorbei und erkundigt sich nach dem weiteren Verlauf! Gibt es (unter Wahrung der Anonymitätsbedürfnisse!) solche Verbindungen zwischen unseren Sozialstationen und Pfarreien? Wie kommen z. B. all diejenigen, die an der »Front« der Diakonie arbeiten (in Behindertenheimen, in der sogenannten »Street-Work« mit Drogenabhängigen und HIV-Infizierten) in den Pfarreien zu Wort? Hat z. B. unsere Erwachsenenbildung (auf Pfarrei-, Stadt- und Diözesanebene) nicht nur für entsprechende Themen, sondern auch für die Menschen ein Sensorium, die mit den Betroffenen zu tun haben bzw. selbst Betroffene sind: indem diese direkt zu Wort kommen dürfen?

Im Fall der Kirchen in der Bundesrepublik Deutschland ist die Diakonia zur Sache einer eigenen kirchlichen Organisation (Caritasverband/Diakonisches Werk) geworden, und die Pfarrgemeinden können sich infolgedessen von dieser Aufgabe entlastet fühlen. Dies hat zur Konsequenz, daß es durchaus die unbedingte Diakonie für alle Leidenden und Bedrängten gibt; freilich erfolgt sie weitgehend in den von den Pfarrgemeinden relativ abgespaltenen Initiativen und Institutionen z. B. des Caritasverbandes, der mit 28 000 Einrichtungen (Kliniken, Behindertenheimen, Sozialstationen, Beratungsstellen usw.) und 300 000 hauptamtlichen Mitarbeitern in diesen sozialen Bereichen den größten Wohlfahrtsverband im Staat darstellt.[5] Das hatte zur Konsequenz, daß sich die Pfarreien um so ungenierter auf die »entscheidenderen« Bereiche der Glaubensweitergabe in der

---

[5] Die Einrichtungen von Wohlfahrtsverbänden in freier Trägerschaft (hier der Kirche) werden vom Staat zu 80 % finanziert, während der Rest von der Kirche selbst durch ihr eigenes Aufkommen aus der Kirchensteuer und aus den Spenden zu übernehmen ist. Das Personal in der pfarrlichen und kategorialen Seelsorge macht nur ca. 20 % des Personals im Caritasverband aus! Umgekehrt proportional zu dieser Repräsentanz kirchlicher Diakonie in der Gesellschaft ist freilich das entsprechende Bewußtsein bei den Hauptamtlichen in der Pastoral oder in der Theologie selbst, insofern dort der diakonale Selbstvollzug der Kirche wenig zur Sprache kommt. Zur Entstehungsgeschichte des Caritasverbandes sowie zum Verhältnis von Caritasverbänden und Gemeinden vgl. R. Zerfaß, Organisierte Caritas als Herausforderung an eine nachkonziliare Theologie, in: E. Schulz/H. Brosseder/H. Wahl (Hrsg.), Den Menschen nachgehen. Offene Seelsorge als Diakonie in der Gesellschaft, St. Ottilien 1978, 321–348, 325 ff; A. E. Hierold, Der deutsche Caritasverband und die Diözesancaritasverbände als Vereine von Gläubigen, in: W. Aymans u.a. (Hrsg.), Das konsoziative Element in der Kirche, St. Ottilien 1989, 939–948; H. Steinkamp, Diakonie. Kennzeichen der Gemeinde. Entwurf einer praktisch-theologischen Theorie, Freiburg 1985.

Verkündigung durch Wort und Sakrament konzentrieren konnten und können. So dürfte in mehr als 50 % der bundesdeutschen Pfarreien die Diakonie eine höchst reduzierte und meist nur thematische Rolle an speziellen Kollektensonntagen spielen.[6] Die Gemeinden der anderen Hälfte (darunter besonders die Studentengemeinden) kümmern sich bereits mit wachsender Sensibilität um die unbestechliche Wahrnehmung der Not vor Ort, um mögliche Organisationen von Hilfe wie auch um überregionale Solidarisierungen.

Schwierig wird das Problem, wenn die Pfarrei in der institutionellen und professionellen Caritas ihre eigene diakonische Verantwortung für erledigt glaubt. Diese Art von kompensatorischer Wirkung der Diakonie bzw. Caritas führt in den Gemeinden zum Nicht-Kontakt mit dem »wegorganisierten« Nächsten.[7] Solche Wegorganisierung notleidender und am Rand stehender Menschen hat katastrophale Wirkungen auf den Gemeindeaufbau selbst wie auch auf die Hilfsbedürftigen, Unterdrückten und Benachteiligten im jeweiligen Verantwortungsbereich und Umfeld einer Pfarrei.

Denn das Problem der professionellen Caritas im Wohlfahrtsverband besteht darin, daß sie leicht die nichtprofessionelle, spontane, einfache und alltäglich selbstverständlich wirksame Hilfefähigkeit und Diakoniekompetenz der »Laien« als dilettantisch einschätzt und unterschätzt.[8] Doch hängt die Hochkultur der professionellen Caritas ohne die Basiskultur einer allgemein diakonalen Mentalität und eines entsprechenden kommunikativen größeren Sozialgefüges in der Schwebe spezieller Betreuung und Behandlung, die viel zu wenig im normal-alltäglichen Leben aufgenommen und weitergeführt werden. Was nützt z. B. eine professionelle Beratung, wenn sich die Sozialformen der Umwelt nicht mitverändern? Wenn die Pfarreien nicht das soziale Umfeld der jeweils besonderen kategorialen Initiativen und Institutionen (Sozialstationen, Selbsthilfegruppen, Beratungsstellen und weitere Caritaseinrichtungen) werden, haben diese Stätten keine breitere hintergründige soziale Basis in der Gesellschaft, sondern hängen in der Luft und können außerhalb

---

[6] Vgl. Lehmann, Caritas (Kap. 1, Anm. 28), 6 ff.
[7] Vgl. zu diesem Begriff und Vorgang G. Bitter, Hinführung zur Diakonie als Aufgabe der Katechese, in: Lebendige Katechese 7 (1985) 1,15–20.
[8] Vgl. Zerfaß, Herausforderung, 336 ff, 341; Daiber, Identität (Kap. 2, Anm. 5), 88 f.

ihrer eigenen Tätigkeiten keine Felder anbieten, wo Betroffene über die akute Betreuung hinaus ihren Alltag im Kontakt mit entsprechend helfenden und befreienden Menschen leben und gestalten können (vgl. Kap. 5.2).

Außerdem dürfte nur die gelebte diakonale Sensibilität aller Christen und Gemeinden auch die Not wahrnehmen können, die außerhalb der von den Wohlfahrtsverbänden definierten Notzonen und außerhalb des von der finanziellen Bürokratie akzeptierten Empfängerspektrums liegt. Die Problematik der wohlfahrtspolitischen Akzeptanz der (von den Realerfahrungen der Betroffenen unleugbaren) »neuen Armut« einer »Zweidrittelgesellschaft« (nicht nur) in Deutschland gehört hierher. Auf diese Weise könnten die Gemeinden eine kritische Verantwortung gegenüber den professionellen Hilfs- und Therapieorganisationen wahrnehmen. Viele Institutionen und Initiativen der christlichen Wohlfahrtsverbände wären nämlich von Herzen dankbar, wenn sie in den Kirchengemeinden eine größere »Basis« für ihre eigenen Tätigkeiten und Optionen bekämen. Daß die professionelle Diakonie die Kirchengemeinden braucht und nicht ersetzt, scheint noch viel zuwenig in das Bewußtsein der Gemeindeglieder eingedrungen zu sein. Dadurch trocknet allmählich die natürliche Fähigkeit aller Menschen zu helfenden und heilenden Begegnungsformen mit kranken und stigmatisierten Menschen sogar in den Kirchengemeinden aus, wo diese doch vom Evangelium her für solche Begegnungen in eine um so dringlichere Verantwortung gestellt sind.

b) Partizipative Nachfolge

Bitter nötig sind deshalb Kommunikationen zwischen konkreten Personen und Sozialformen in Pastoral bzw. Diakonie (in der Gemeinde wie auch zwischen Pfarrei und Caritasinstitution): Voraussetzung wäre dafür, daß beide Bereiche (Basis und Exponenten) gegenseitige Unterstellungen aufgeben, sich achten und hochschätzen, miteinander Treffen und Begegnungen organisieren und darin die prinzipielle Wichtigkeit des anderen Bereiches für den eigenen kommunikativ einlösen. Dies gilt für das Verhältnis von Pfarrern und Pastoralassistenten/innen auf der einen zu sozialen Arbeitskreisen bzw. einzelnen »Handwerkern« in der Gemeinde auf der anderen Seite wie auch für die Beziehung der Sozialstationen und Caritasinstitutionen zu den Pfarreien, Dekanaten, Diözesen und Landeskirchen. Dafür fehlt es noch an regem Austausch in konkreten Treffen und Veranstaltungen. So könnte ein Bibelkreis mit einem sozialen Arbeitskreis regelmäßige Treffen haben, in denen der Sozialkreis in einer bestimmten biblischen Geschichte den theologischen Wert seiner eigenen Arbeit erkennt bzw. wo der Bibelkreis durch die Erzählungen der anderen spürt, was es heißt, biblische Geschichten in den sozialen Tatsachen als diakonales Handeln auszulegen. Beide Bereiche spüren in solcher Kommunikation, wo man selbst ergänzbar ist!

Entsprechende Erfahrungen sind möglich und nötig zwischen sozialberuflichen Christen und Theologen/innen: In solchen Begegnungen ist vor allem wichtig, daß die Beteiligten miteinander eine gemeinsame Sprache entwickeln, in der sie ihre Anliegen und Identitäten theologisch besprechen können und in der vor allem die Theologen/innen zugleich ihre Wahrnehmungsraster gegenüber der sozialen Wirklichkeit erweitern können.[9] Für die theologische Besprechung bietet sich vor allem die narrative Textsorte biblischer Geschichten an, in denen die Beteiligten sich und ihre Praxis zu entdecken und vielleicht auch (im Bibliodrama) zu bespielen vermögen. Theologisches »Herrschaftswissen« ist denkbar unangebracht.

Eine gewisse Arbeitsteiligkeit zwischen Diakonie und Pastoral ist praktisch notwendig und ekklesiologisch zulässig, sofern die beiden Bereiche über ihre Subjekte in kommunikativen Austausch kommen. Je intensiver die Zusammenarbeit, desto legitimer die Eigenständigkeit im eigenen Bereich, kurz: je ungetrennter, desto unvermischter! Dies spricht für und nicht gegen eine relative Selbständigkeit und eigene Organisation der Diakonie in entsprechenden Sozialformen, die ja an den Orten und in Kontakt mit den Menschen entstehen und leben, wofür sie da sind (vgl. Kap. 7.2). Damit verfolge ich nicht eine nachträgliche Legitimierung und Bestätigung der realexistierenden Doppelstruktur von Verkündigungs- und Sozialbereichen der Kirche, sondern erkenne in diesem Gewordensein zumindest zum Teil

---

[9] Vgl. M. Manderscheid, Zur religiösen Dimension in Prozessen der beruflichen Identitätsentwicklung, in: Caritas 84 (1983) 3, 137–142, bes. 138, 141. Vgl. Daiber, Identität, 128, wo von der Lebensnähe der Theologie der Laien die Rede ist, und 33: »Es kommt nicht darauf an, daß der Theologe Sozialarbeiter wird und der Sozialarbeiter Theologe, notwendig ist indessen die Kooperationsbereitschaft beider miteinander.«

auch eine um des diakonalen Sachverstandes willen notwendige und theologisch vertretbare Praxis, unbeschadet der zu kritisierenden Ambivalenzen dieser Entwicklung. Es geht auch nicht nur um die mit dem Caritasverband gegebene »harte« Zweitstruktur, sondern um die Einsicht, daß auf allen Ebenen der Kirchenbildung, also auch in den Pfarreien (und nicht nur zwischen Pfarrei und Caritasinstitutionen), Orden und Verbänden sich solche beidseitigen Konzentrationen mit unterschiedlichen Dominanzen entwickeln.

Ein Behindertenheim muß und kann nicht eine Verkündigungsgemeinde werden, will es nicht seinen spezifisch diakonischen Modus der unbegrenzten Reichweite dadurch verletzen, daß es z. B. keine türkischen Behinderten aufnähme bzw. daß letztere sich aufgrund ihres nichtchristlichen Glaubens als nicht ganz zugehörig erfahren müßten. Umgekehrt muß eine Pfarrei nicht in ganzheitlicher Hinsicht eine »Sozialgemeinde« werden, als sie alle diakonischen Aufgaben von anderen Initiativen außerhalb ihrer selbst an sich zöge. Abgesehen davon, daß dies eine Überforderung und nicht sachgerecht wäre, zeigte sich darin leicht ein Totalitätsanspruch von seiten der Territorialgemeinde, wodurch gerade verhindert würde, daß auch die dominant diakonalen Vollzugsformen (genauso wie die Pfarrei) als genuine kirchliche Sozialgestalten anerkannt würden.

Das gleiche gilt auf der Parallel-Ebene innerhalb der Pfarrei: Ein Bibelkreis soll Bibelkreis bleiben können, und ein sozialer Arbeitskreis soll auch dies sein dürfen. Wichtig ist freilich der gegenseitige Austausch ihrer Identitäten durch gleichberechtigte Kommunikationen, so daß die sozial Engagierten (z. B. durch entsprechende Identifikationen mit einem Gleichnis Jesu) ihre biblische Identität einholen und die »Bibliker« ihre Einsichten in ihren spezifischen Lebensbereichen sowie in ihren sozialpolitischen Solidarisierungen dementsprechend diakonal vertreten.

An diesem Punkt wird das Problem der »Arbeitsteiligkeit« zwischen »Verkündigungs-« und »Sozialchristen« fällig: Im ekklesialen Bereich gilt: Wo die eine »Natur« anwesend ist, ist auch die andere implizit präsent und aktuell provoziert, insofern letztere gerade in der ersteren zur Erscheinung und Entfaltung ihrer selbst gelangt und deshalb dazu auch explizit zur Wirksamkeit kommen kann. Wo die Kirche als Raum der Menschenliebe erfahrbar wird, zeigt sie darin ihren Gottesglauben, den sie zu dieser Nächstenliebe und um deren Ermöglichung willen ausdrücklich bespricht und bekennt. Bei Jesus ist strukturell ähnliches festzustellen: Wenn er die Dämonen austreibt, gelangt darin das Reich Gottes objektiv zur Entfaltung seiner selbst; dazu spricht Jesus explizit davon, daß in seinem Handeln das Reich Gottes auf die Menschen zukommt, und interpretiert damit sein Handeln im Horizont seiner Gottesbeziehung und seiner Eschatologie (vgl. Lk 11,20; vgl. 10,9).

In bezug auf den einzelnen formuliert (im Sinn des »christologischen« Aussagentausches): Was von einem Bereich auf jemanden zugesagt werden kann, gilt implizit auch hinsichtlich des anderen Bereiches: Wer sozial handelt und die Menschen »liebt« (ungetrennt von der Gottesbeziehung[10] und gleichzeitig unvermischt mit ihr, vgl. Kap. 5.3,c)[11], *bekennt* sich in der Tat als Christ, er ist ein Christ[12]; und: Wer an Christus glaubt und ihn bekennt, *handelt* als Christ, er ist ebenfalls ein Christ (insofern sein Glaube ungetrennt von der Nächstenliebe und zugleich unvermischt mit ihr existiert).[13]

c) Kirchlichkeitskriterien

Unsere Fragestellung hat schließlich eine brisante und heikle haupt-, teil- und nebenberufliche bzw. -amtliche Komponente: Ohne Zweifel braucht nicht nur verkündigendes, sondern auch diakonales Handeln Professionalität, hier den Sachverstand der

[10] Dieses »ungetrennt« dürfte (nicht-perfektionistisch) auch dann noch ansatzhaft eingelöst sein, wenn grundsätzlich der christliche Glaube an Gott nicht ausgeschlossen wird, so daß implizit eine suchende Offenheit für die konfessorischen Inhalte der Evangelisierung vorliegt.

[11] Der Tatbestand der Vermischung läge vor, wenn die Gottesbeziehung einfach in der Diakonie aufginge und mit ihr identisch wäre; vgl. zu dieser Problematik Fuchs, Gott predigen (Kap. 2, Anm. 3), hier bes. 9–13.

[12] Vgl. D. Mieth, Der soziale Beruf im Dienst der Kirche, in: Deutscher Caritasverband (Hrsg.), Caritas 84, Jahrbuch, Freiburg 1983, 56–64, hier 60 (wo J. Ratzinger zitiert wird: »Wer liebt, ist ein Christ«, wie dieser 1965 in »Vom Sinn des Christseins«, München 1965, schreibt).

[13] Auch dieses »ungetrennt« (vgl. Anm. 10) dürfte (ebenso nicht-perfektionistisch) schon dadurch ansatzhaft eingelöst sein, daß grundsätzlich die Diakonie allen Menschen gegenüber nicht abgelehnt wird und wenigstens (durch noch so viel Scheitern und Sünde hindurch) die Versuche diakonischer Lebensgestaltung nicht aufgegeben werden. – Zum kommunikativen Handlungscharakter des Bekennens selbst sowie zum Bekennen als der Grundlage für andere christliche und damit befreiende Handlungen vgl. E. Arens, Elementare Handlungen des Glaubens, in: O. Fuchs (Hrsg.), Theologie und Handeln, Düsseldorf 1984, 80–101, hier 100f.

Helfer/innen und die Fähigkeit der Analytiker/innen, die strukturellen Zusammenhänge der Notproduktion zu durchschauen. So gibt es mit Recht hauptamtliche Spezialisierungen und nebenamtliche Engagements von Christen bzw. von ganzen kirchlichen Institutionen. Und hier bricht nun die kontroverse Frage auf: Wenn jemand »nur« Sozialarbeit macht, was hat der/die dann mit der Kirche, sprich: mit der Evangelisierung (der inhaltlichen Identität der Kirche) zu tun? Darauf gibt es nun eine zweifache Antwort, eine objektive (= prinzipielle) kirchenbezogene und eine subjektive (= individuelle) existenzbezogene:

Objektiv gehört das diakonale Handeln als christliches Handeln zur Evangelisierung dazu. Wo Liebe real geschieht, da ist Christus, da ist Reich Gottes gegenwärtig und dann wohl auch die Kirche! Diese Qualität gilt in ihrer ekklesiologischen Dimension auch dann, wenn der persönliche Glaube des Sozialarbeiters recht zurückhaltend und wenig auszumachen sein sollte.[14] Hinsichtlich der personalen Existenz des Sozialarbeiters gilt dann aber auch, daß die Evangelisierung nicht einfachhin gespalten werden kann, insofern die subjektive Motivation für arbiträr und gleichgültig erachtet wird.

Nur, und das ist jetzt das Entscheidende: Der Glaube an Christus kann und darf nicht aufgedrängt oder durch Anstellungs- bzw. Ausstellungssanktionen erzwungen und dadurch oft im Keim zerstört werden. Die »Verkündigungschristen« haben erst einmal zu erkennen: Mit diesem Menschen, der sich sozial engagiert, ist zuallererst zugunsten der gesamten kirchlichen Identität (die sich aus unterschiedlichen Charismen zusammensetzt) etwas ganz Wichtiges da. Dann erst ergibt sich im Kontext gegenseitiger Offenheiten und Begegnungen die Chance einer weitergehenden Evangelisierung in der Existenz aller Beteiligten: bei den »Caritätern« hinsichtlich ihres Glaubens, bei den »Gläubigen« hinsichtlich ihres diakonalen Handelns. Solcher Kontext ist dann die Bedingung der Möglichkeit, daß der Glaube ermöglicht und nicht vereinsideologisch abgefordert wird.

Wer soll also angestellt bzw. entlassen werden im Diakoniebe-

---

[14] Defizite kommen ja bei jedem Christen bzw. in jeder kirchlichen Sozialgestalt vor: Den »Orthodoxen« fehlt oft die Diakonie und umgekehrt, vgl. Zauner, Diakonie (Kap. 1, Anm. 8), 151.

reich, wenn es finanziell und inhaltlich im Ernstfall darauf ankommt? Gerade wenn es um die kirchliche Identität in ihrer
objektiven Ganzheit geht, muß die Sozialarbeiterin bevorzugt
werden, die engagiert und sachgerecht den Menschen in ihrem
Verantwortungsbereich hilft und mit ihnen partitätische Beziehungen aufnimmt (auch z. B. bei relativer Distanz zu kirchlicher
Liturgie und Sakramentenmoral); und man wird denjenigen ziehen lassen (auch wenn er jeden Sonntag in die Kirche geht und
»sittlich einwandfrei« lebt), dessen soziales Engagement nicht
leicht ersichtlich ist und der seine eigenen bemächtigenden Zu-
griffe in die Beziehung zu den Leidenden einspeist. Im subjektiven Bereich wird man freilich den Anspruch erheben dürfen,
daß ein Sozialarbeiter im kirchlichen Dienst den Glauben an
Christus grundsätzlich nicht ausschließt, sondern dafür suchend
offen ist und bleibt, damit dieser Anteil der Evangelisierung in
ihm selbst nicht von vornherein blockiert ist. Das hätte nämlich
die verhängnisvolle Konsequenz gerade für Kirche in ihrer objektiven Einheit, daß eine gegenseitig offene Kommunikation
mit den »Verkündigungschristen«, in der auch von diesen für
sich selbst eine inhaltliche Bereicherung erwartet wird, nicht
mehr möglich wäre.

Das gilt natürlich auch umgekehrt: Gläubige und Verkündiger,
die nichts mit der Diakonia zu tun haben wollen, sind ebenfalls
für den hauptamtlichen kirchlichen Dienst nicht tauglich, weil
sie dadurch von vornherein den Austausch mit dieser ekklesiologisch unerläßlichen Dimension der Evangelisierung verweigern.

Die eingeführte Differenzierung zwischen ekklesial-objektiv und
existentiell-subjektiv im Kontext einer an der Evangelisierung
orientierten Identität der Kirche zeigt sich hier als wichtige Korrektur von Verhaltensregulierungen, in denen bislang solche
Probleme meist behandelt werden.[15] Bezüglich der Hauptamtlichen in der Kirche, gleichgültig ob im Bereich der Martyria oder
der Diakonia, möchte ich darauf insistieren, daß sie alle eine be-

---

[15] Vgl. zu dieser Fragestellung klärend R. Zerfaß, »Einer trage des anderen Last« (Gal
6,2). Theologische Überlegungen zu den Kirchlichkeitskriterien der Caritas in
Deutschland (BRD), in: I. Cremer/D. Funke (Hrsg.), Diakonisches Handeln. Herausforderungen – Konfliktfelder – Optionen, Freiburg 1988, 116–134; auch N. Mette, Die kirchliche und politische Dimension der Caritas, in: H. Bogensberger/
W. Zauner (Hrsg.), Perspektiven des Sozialstaates 2000, St. Pölten-Wien 1990, 53–66,
hier 60.

sondere Verantwortung für die Einheit der Kirche und ihrer unterschiedlichen Charismen haben (also nicht nur dafür, daß sie selbst ein spezifisches Charisma einbringen). Auch wenn allen Christen zusätzlich zum Einbringen ihrer (durchaus einseitigen) Charismen jeweils auch die Offenheit für die anderen und darin die Verantwortung für die Einheit aufgegeben sind, haben doch Hauptamtliche (und zwar nicht nur im Bereich der Wortverkündigung, der Martyria, sondern auch im Bereich der Diakonie) noch in einer besonderen Weise die Aufgabe, durch ihre »Amtlichkeit« hindurch gegenseitige Offenheit und damit Erfahrungen der Einheit zu ermöglichen, sie jedenfalls nicht durch sich selbst zu blockieren. Der Amtsbegriff, der solcher Argumentation zugrunde liegt, ist kein institutionalistischer, sondern ein inhaltlicher, insofern das Amt aus seiner Verantwortung für die Einheit der Kirche heraus immer strukturelle Offenheit für alle in der Kirche wirkenden Charismen erfordert. Jede »Amtlichkeit« in Kirche hat Anteil an der Verantwortung des Amtes, daß die Kirche nicht in unterschiedliche Bereiche auseinanderfällt. Aus diesen ekklesiologischen Gründen steht es Hauptamtlichen an, nicht nur ihre Charismen in die verschiedenen Bereiche kirchlicher Existenz einzubringen, sondern zugleich auch das Charisma der Offenheit für die Charismen anderer zu entwikkeln und zu gestalten. Eine dauerhafte Verweigerung im letzteren blockiert die ständig nötige Arbeit am »Ungetrenntsein« unterschiedlicher Charismen und kirchlicher Existenzbereiche.

Praktisch bedeutet dies z. B.: Eine kirchlich hauptamtliche Sozialarbeiterin dürfte nicht eine gemeinsame Fortbildung mit Theologen/innen (sofern auch von letzteren eine paritätische Begegnung angezielt und zugesichert wird) verweigern, weil sie mit deren Glaubensinhalten nichts zu tun haben will. Hier steht für mich die christologische Perichorese in ihrem ekklesiologischen Aggregatzustand auf dem Spiel: Solche gegenseitige Durchdringung besteht eben nicht nur darin, daß Menschendienst impliziter Gottesdienst (oder umgekehrt) ist, sondern auch darin, daß sie kirchlich als offene und reziproke Kommunikation mit den anderen (sperrigen, alternativen und jeweils in der Orthodoxie bzw. in der Orthopraxie gelebten oder eingeklagten) Charismen einzulösen ist. A-nonym implizite Christlichkeit kann im Kontext eingegangener expliziter Hauptamtlichkeit nicht anti-nonym explizite Nichtkirchlichkeit sein.[16] Ebensowenig kann explizite Christlichkeit (in Wort und Sakrament) im Kontext eingegangener Hauptamtlichkeit die Nichtkirchlichkeit der Diakonie vertreten.

4.3 Diakonie und Gemeinde

a) Schwierige Lage

Ich möchte im Folgenden einige zum Teil neuralgische Bereiche (natürlich nicht erschöpfend) aufführen, wo die Diakonie dann einschneidende Korrekturen und Innovationen einführt, wenn sie nicht mehr für sich separiert besprochen und delegiert wird, sondern im Sinn der Evangelisierung in einen unmittelbaren Kontext mit Gemeinde, Verkündigung und Theologie gerät und dort ihre integrale Beinhaltung einklagt.

Daß der direkte Umgang mit den Leidenden, Stigmatisierten und Behinderten in den Begegnungsräumen der etablierten Gemeinden relativ unterentwickelt ist, darauf haben bereits nicht wenige Autoren deutlich genug hingewiesen.[17] Die gegenwärtige

---

[16] In Spannung zu Dormeyer, Jesus (Kap. 2, Anm. 31), 22: »Die Praxis Jesu ermöglicht sogar, den an der Diakonie zu beteiligen, der das Bekenntnis zu Jesus verweigert (!) bzw. nicht spricht, wohl aber das Handeln gemäß der ‚Lehre' (= Praxis) mitträgt . . .« Soweit möchte ich nicht gehen, sofern ich – was der Kontext hergibt – die hier erwähnte Beteiligung auch bezüglich des hauptamtlichen Dienstes in der Kirche interpretieren darf (kurz vorher ist von einer »diakonischen Organisation« die Rede, a.a.O. 21). Ich plädiere eher bei Hauptamtlichen in diakonalen kirchlichen Bereichen zumindest für eine suchende Offenheit der expliziten Botschaft des Evangeliums gegenüber. Wer die Lehre (als ausdrückliches Glaubensbewußtsein von dem, was man tut) nicht wenigstens potentiell mitträgt, ist tatsächlich in seiner Praxis (im Bereich des Glaubens) genauso defizitär wie einer, der in seiner Lehrpraxis die Praxis der Diakonie ausspart (also nicht bespricht). Auch die Figur des unbefugt handelnden Wundertäters könnte hier kaum als Begründung bemüht werden: Denn erstens benutzt er ja Jesu Namen (handelt also gar nicht anonym), und zweitens zeigt Jesu Antwort, daß er ihm einige inhaltliche Offenheit sich selber gegenüber zutraut: »Keiner, der in meinem Namen Wunder tut, kann so leicht schlecht von mir reden« (Mk 9,39; bei Dormeyer vgl. dazu 16 ff). Hinsichtlich aller Christen in der Kirche schlechthin allerdings tendiere ich auf Zustimmung zu Dormeyers These.

[17] Vgl. H. Ch. v. Haase, Auf dem Weg zur dienenden Gemeinde, in: Ulrich (Hrsg.), Diakonie, 102–107, hier 107; R. Pesch, Die zentralen Verkündigungsinhalte zur Diakonie, in: J. Wiener/H. Erharter (Hrsg.), Diakonie der Gemeinde. Caritas in einer erneuerten Pastoral, Wien 1978, 51–64, hier 57f, 63f; Zauner, Diakonie, 149; Albert, Diakonik, 171; Philippi, Diagnose (Kap. 1, Anm. 8), 179 ff; J. Moltmann, Diakonie im Horizont des Reiches Gottes. Schritte zum Diakonentum aller Gläubigen, Neukirchen-Vluyn 1984, 20, 34, 36; K. Lehmann, Heilende Gemeinschaft, in: Deutscher

Gestalt kirchlicher Gemeinde als Zentrum religiöser Weltanschauungsproduktion und liturgischer Feiern[18] bewirkt, »daß die Gemeinden gerade diejenigen Menschen abschrecken, für die sie eigentlich ‚Empfangsraum' sein müßten, wie z. B. für sozial desintegrierte Schichten, Verarmte, Fremde, Verhaltensgestörte, sexuell Abnorme, seelisch Kranke, entlassene Strafgefangene«.[19]

In der Tat ist zwar im kirchlichen Bereich vom Wert der Schwachen, Kranken und Leidenden öfter positiv die Rede als vielleicht anderswo, es wird viel gespendet und manches Diakonische in den Pfarreien getan. Dies freilich darf nicht darüber hinwegtäuschen, daß die Diakonie keinen angemessenen und den Alltag gestaltenden Stellenwert im Bewußtsein und im Handeln der kirchlichen Gemeinden hat. Der Ort der Diakonie im kirchlichen Bereich ist zu wenig auf der Basisebene der Gläubigen angesiedelt. Die Kommunikation mit den Schwachen und Armen ist delegiert an die Hilfsorganisationen und wird kompensiert durch Spende- und Bastelaktionen für entsprechende Anstalten und Initiativen, die ihrerseits sich mit den Benachteiligten und Stigmatisierten abgeben. Was man sich auf der Begegnungsebene erspart, wird auf die Behandlungsebene verschoben! Direkte und dauerhafte Begegnung mit den Beschädigten der Gesellschaft innerhalb des gemeindlichen Bereiches findet kaum statt (abgesehen vom beharrlichen Klopfen der Obdachlosen an die Pfarrhaustür).

Erfahrungsgemäß erfolgen radikalere Solidarisierungen mit Benachteiligten und Notleidenden in der politischen Auseinandersetzung in der Regel nur auf der Basis von direkten Erfahrungen und Begegnungen mit den Betroffenen. Hier zeigt sich deutlich der circulus vitiosus vieler unserer Pfarreien: Da Leidende und Fremde aus der direkten Begegnung ausgelagert und an die Wohlfahrtsinstitutionen »abgegeben« wurden, bleibt vieles im

---

Caritasverband (Hrsg.), Caritas '84 (Jahrbuch), Freiburg 1983, 51–56; Daiber, Identität, 81.

[18] Vgl. die engagierte und m. E. zutreffende Antwort gegen bestimmte Einwände, Verkündigung im Gottesdienst von der Diakonie zu trennen und für das Wesen von Kirche überhaupt zu halten: T. Schober, Diakonie als handelnde Kirche. Aufsätze zu Aufgabe und Möglichkeiten des diakonischen Wirkens der Kirche heute, Frankfurt/M. 1976, 15–17.

[19] A. Hollweg, Gruppe – Gesellschaft – Diakonie. Praktische Erfahrung und theologisches Erkennen, Stuttgart 1976, 229.

Beliebigen, Aufschiebbaren und Entfernten: Dadurch fehlt die Schubkraft direkt erfahrener Brisanzen der Notwendigkeit für entsprechende sozial- und wirtschaftspolitische Konsequenzen und Handlungen, ganz im Widerspruch zu Jesu direktem Umgang mit den Leidenden wie auch seinen öffentlichen Solidarisierungen.

Damit ist die Diakonie kein vitales Gestaltungsprinzip der Gemeinde und der direkten Beziehungen ihrer Mitglieder zueinander; die Leidenden werden nicht als Subjekte in die gemeindlichen Beziehungsgeflechte aufgenommen, sondern sind oft (nicht boshaft und auch nicht gewollt, sondern mit viel Freundlichkeit und Gebebereitschaft) unbekannt bleibende Objekte des Mitleids. Ich möchte gegenwärtige Gemeinden nicht »schlecht machen«, es geschieht viel Guttuendes in ihnen, aber tendentiell gilt es festzustellen: Wovon heutige Pfarreien dominant leben, das ist zu wenig für eine christliche Sozialform, in deren Begegnung die Schwachen von außen und von innen ihren zutiefst wertvollen Platz in der direkten Interaktion mit den Gemeindemitgliedern haben sollen. Unsere Kirchengemeinden befördern als wichtigste Aufgaben das Glaubensbewußtsein und die Gemeinschaft der Glaubenden in Liturgie und Gemeinde und siedeln in diesem von der Orthodoxie bestimmten Sozialraum ihre Aktionen und Begegnungen an. Die Folge davon ist dann, daß die Diakonie außerhalb der Gemeinden abläuft und ein Stück (jedenfalls in Hinsicht auf die Pfarreikirche) entkirchlicht ist, was sogar Konsequenzen bis in die Theologie hinein hat, insofern auch Theologen die Diakonie in ihren Konzeptionen vernachlässigen, was schließlich zu deren nicht nur faktischen, sondern auch theoretischen Entkirchlichung führt. In der Verkündigung schlägt sich das oft darin nieder, daß *vorhandene* diakonische Praxis in der Gemeinde viel zu wenig theologisch identifiziert und entsprechend geachtet wird.

Hier wäre es zunächst die Aufgabe der Verantwortlichen in Verkündigung und Gemeindeleitung, die kerygmatischen und sakramentalen Kommunikationsformen diakonal zu gestalten bzw. die diakonale Dimension in den ersten beiden aufzudecken und im Kontext sozialer Handlungen zu erden.[20] Die Wortver-

---

[20] Vgl. H. Schuster, Sakrament und Diakonie, in: Erharter (Hrsg.), Diakonie (Kap. 1, Anm. 8), 273–291, hier 288–291; Albert, Diakonik, 172; Philippi, Diagnose, 185.

kündigung hat – und das wäre schon ein Anfang – zunächst einmal die Verantwortung wahrzunehmen, in sich selbst die Diakonie beim Namen zu nennen und entsprechend zu gewichten, freilich nicht allgemein abstrakt, sondern konkret und im Detail, auch nicht nur fordernd, sondern in anerkennender Wahrnehmung: etwa durch Hindeuten auf Institutionen und Handlungen in Gemeinde, Kirche und überhaupt in der Gesellschaft, wo die Diakonie getan wird (in Geschichten der Nachbarschaftshilfe, in Selbsthilfegruppen, in politischen Solidarisierungen, z. B. gegen eine Fabrikstillegung usw.).

Dazu gehört auch ein ganz neues Verhältnis der Hauptamtlichen zu den sogenannten »kleineren Diensten«. Mit oft vernachlässigender Selbstverständlichkeit werden die »handgreiflichen Dienste« entgegengenommen: vom Kirchenputz bis zur »Fuß«- und Kontaktarbeit der Pfarrblattverteiler bzw. Wohnviertelhelferinnen. Nicht daß es sich hier um besonders profilierte Diakoniebereiche handelte (obgleich das im Einzelfall noch an Intention und Engagement zu prüfen wäre), aber indem diese »niederen« Handlungen nicht als essentielle Charismen und Dienste ernst genommen werden, signalisiert sich ein generelles innerkirchliches und theologisches Vorurteil: Solche Bereiche werden weniger wichtig genommen als die »eigentliche« Glaubensverkündigung und die Liturgie, als Glaubensgespräche und Bibelkreise, denn dort wird die Botschaft ja explizit vertreten. Zu wenig wird dabei bedacht, daß diesen Feldern ausdrücklicher Verkündigung ebenfalls Essentielles fehlt, wenn sie sich im Verbalismus und in einer die Praxis ansonsten beim alten lassenden »Weltanschauung« erschöpft bzw. wenn sie die liturgische Sonntagspflicht nicht in die Alltagsverantwortung der Diakonie überführt und umgekehrt. Wenn man solche Einsichten zuläßt und nicht verdrängt, dann kann es zu Reaktionen kommen, wie ich sie vor kurzem bei einem Pfarrer etwa so ausgesprochen hörte: »Wir reden hier sehr viel von Gott und feiern die Liturgie mit dem Bewußtsein, dabei die ganze Evangelisierung zu realisieren. Dabei fehlt uns gerade die andere Hälfte der Evangelisierung, die viele Christen, die wir bei uns wenig sehen und kennen, im Bereich der Diakonie längst verwirklichen.«

b) Basis der Tat

Im Sinn der Evangelisierung gilt für die Identität von christlicher Gemeinde: Verkündigung und Gemeindearbeit durch die Diakonie sind genauso wesentlich wie durch das Wort und durch das Sakrament. Gruppen, Arbeitskreise und einzelne, denen entsprechend ihren Charismen besonders das handfeste Zupacken und die soziale Hilfe gefällt und am Herzen liegt, stehen in ihrer evangelisierenden Qualität den Gruppen und einzelnen nicht nach, die über den Glauben reden, reflektieren und argumentieren bzw. denen es ein Anliegen ist, den Glauben im Gebet auszusprechen und in der Liturgie zu bekennen. Es ist sicher eine nicht unerhebliche Ursache ekklesiogener Art für die Auswanderung aus den (Kern-)gemeinden darin zu sehen, daß letztere sich auf dem Niveau mittelständisch-bürgerlicher Weltanschauungs- und Sinnproduktion etabliert haben. Dies hat zu einer Unterschätzung und zum Auszug der »Handwerker« geführt, die in ihrem »einfachen Glauben« nicht viel mitreden können, aber um so mehr Tatkraft für eine durchaus klar erkannte »gute Sache« einbringen. Moltmann[21] spricht hier von einer »Methode des Verstehens und der Auslegung der Schrift«, die im Gegensatz und in Ergänzung des bislang hauptsächlich realisierten Weges »vom Text zur Verkündigung« und Unterweisung »den Weg vom Text zur Tat aufweisen«. Bezeichnenderweise reklamiert er dafür den Begriff der »diakonischen Theologie« (er spricht also gerade nicht von der Anwendung bzw. Ableitung der Worttheologie auf die christliche Tat). In der Diakonie geschieht demnach in der Tat Theologie; die Orthopraxie ist eine Manifestation kirchlicher Verkündigung und ein Gegenwartsbereich christlicher Theologie.

Wo die Diakonie die Aufgaben einer kirchlichen Gemeinschaft mit(-bestimmt), da vollzieht sich eine Veränderung in ihrer Kommunikationsstruktur, die Alternativen zu den traditionellen Pfarreien entstehen lassen: Nicht die Pfarrer bestimmen hier die Inhalte und Aktionen »von oben nach unten«, sondern die sozialen Notsituationen, die von allen wahrgenommen und gemeinsam im sozialen Dienst angegangen werden: »Diakonie ist

---

[21] Moltmann, Diakonie, 14; vgl. auch Schuster, Sakrament, 291.

Gemeinschaftsaufgabe.«[22] Sie kann nicht ohne Anerkennung und Verwirklichung des allgemeinen Priestertums Christi in seiner diakonischen Gestalt, wie es allen Gläubigen zugehört, und damit ohne Heranziehung deren Alltagswissens von Leben und Leiden, von Hoffnung und solidarischem Handeln auskommen.[23] Damit transformiert die Diakonia jede Gemeinschaft bzw. Gemeinde, worin sie lebt, in eine neue Existenzform um. So kann sich eine diakonale Theologie der Laien von unten her entwickeln: Die Diakonie produziert demnach in der Praxis eine neue Gemeindestruktur und provoziert dadurch in der Theorie eine andere Ekklesiologie, in der das kirchliche Amt durchaus nicht »schlechter wegkommt«, sondern vielmehr in eine integralere Aufgabe der Gemeindeleitung hineinwächst, insofern sie auch für die »Präsenz der Gemeinde im Bereich sozialer und kreatürlicher Not« verantwortlich ist[24] (vgl. Kap. 6.3).

J. Albert[25] bringt in historischer Rückschau auf die letzte Jahrhundertmitte den Hinweis, daß zu dieser Zeit die innere Distanz der Gebildeten zu den expliziten Inhalten der Verkündigungsreligion gerade durch die Innere Mission und ihr soziales Handeln nicht zu deren Auswanderung aus der Kirche geführt hat, sondern eine »kathartische Bedeutung für den Protestantismus« hatte, indem dadurch die »Lebensform des allgemeinen Priestertums« auf dieser Ebene wieder zum Zug kommen konnte. Strukturell zeigt sich hier also eine ähnliche Problematik: Wo die Kirche die Diakonie vernachlässigt und nicht als Integral ihrer Evangelisierungsprozesse ansieht, zerstört sie eine entscheiden-

---

[22] Philippi, Diagnose, 180. Dies entspricht der prinzipiellen und faktischen Basisorientierung der Evangelisierung (wie oben in Kap. 3.3 ausgeführt wurde).

[23] Vgl. Albert, Diakonik, 169 ff, wo er die praktischen und theologischen Grundlagen bzw. Konsequenzen der »Inneren Mission« von ihrer Entstehung her analysiert und u.a. zu dem Ergebnis kommt, daß »also Diakonie und Innere Mission in so eindrucksvoller Weise Ausdruck des neuzeitlichen Christentums werden konnten . . .« Denn: »Im Sinne der Diakonie konnte dann laientheologisches Denken selbst zur Praxis der Liebe gehören.«

[24] Philippi, Diagnose, 179; Philippi spricht hier von einer »metabasis eis allo genos«, von einem Übergang in eine neue und alternative Sozialgestalt durch die Diakonie, vgl. 180.

[25] Vgl. Albert, Diakonik, 172; zu ähnlich gelagerten Schwierigkeiten in heutigen Studentengemeinden (zwischen sozialen und thematischen bzw. meditativen Arbeitskreisen) vgl. O. Fuchs, Glaubensvermittlung im Horizont kirchlich distanzierter Hörerschaft, in: Stimmen der Zeit 107 (1982) 8, 549–560; vgl. auch Philippi, Diagnose, 185, der postuliert, daß »die Übersetzung der Exegese in nonverbale Kommunikationsformen einsetzen« müsse.

de inhaltliche Zugangs- und Integrationsbasis für die Menschen in bezug auf Kirche und ihre Botschaft.

c) Inhaltliche und soziale Entgrenzung

Durch den mangelnden Sozialkontakt mit behinderten, leidenden und diskriminierten Menschen kommt auch nicht die inhaltliche Kompetenz zum Tragen, die gerade solche Betroffene für die Wahrnehmung des Evangeliums und für die konkrete ansatzhafte Verwirklichung des Reiches Gottes einbringen und einklagen.

An einem Beispiel aus der Gemeindepastoral kann dieses Anliegen deutlicher werden: In vielen unserer Pfarrgemeinden ist die Altenarbeit (im sogenannten Senioren- oder Altenclub) alles andere als der Aufbau einer Basisgemeinde, in der die Subjekte selbst gefragt sind. Nicht selten werden alte Menschen als Objekte behandelt, die beschäftigt und befriedigt werden sollen (durch Tagesausflüge, Kaffeekränzchen usw.). So wird ausschnitthaft nur das Altsein dieser Menschen ernst genommen, während weitgehend unter den Tisch fällt, was die älteren an Biographie hinter sich gebracht haben und was sie an Lebensweisheit zu erzählen hätten. Wichtiges, was in einem ganzheitlichen Umgang mit alten Menschen möglich wäre, wird dadurch außer acht gelassen, nämlich daß sie selbst etwas zu sagen haben: für die Heranwachsenden wie auch für die, die in der Mitte des Lebens stehen.

Vielleicht darf man folgendes Bild gebrauchen: Es ist in unserem Umgang mit den Menschen insgesamt und insbesondere mit Stigmatisierten und Behinderten oft nicht entscheidend und auch nicht nötig, daß von uns das Wichtigste kommen müßte, daß wir diejenigen sind, die hier Leben spenden und ausströmen lassen. Vielmehr ist es notwendig, daß in solchen Gemeinschaften den betroffenen Menschen die Möglichkeiten gegeben werden, ihre Schleusen zu öffnen, damit ihr eigenes Leben, ihre eigene Existenz und Originalität wieder »fließen« können, daß beispielsweise ein alter Mensch die Chance bekommt, von seinem Leben zu erzählen, daß ein behinderter Mensch den Raum bekommt, in dem er mit anderen Behinderten und mit Nicht-Behinderten zusammen die eigenen Erfahrungen und Enttäuschungen austauschen darf, daß die Betreuten sehen, daß ihr Leben, wie es ist (und nicht wie es »normalerweise« sein sollte), elementare Wichtigkeit für die Begegnung mit denen besitzt, die für sie und mit ihnen da sind. Solche Atmosphäre läßt Ich-Stärke heranwachsen und erlöst sie zugleich aus der Isolation. Die Identität des einzelnen gewinnt sich im Kontakt und Austausch mit anderen mit neuen Möglichkeiten zurück, sich selber zu gestalten und zu verwirklichen.

Es handelt sich um Lernerfahrungen, die gerade in Begegnungen mit Betroffenen möglich und erhofft werden, insofern die Helfer/innen den Hilfsbedürftigen Hilfe geben und von den Hilfsbedürftigen auch Hilfe erahnen und annehmen: nämlich beunruhigende und letztlich auch heilsame Infragestellungen ihrer eigenen Lebensformen, ihrer Einstellungen, ihres Verdrängens von Schwäche und Ohnmacht, ihrer womöglich pathologisierenden und entfremdenden Verhaltensformen, Strukturen und Ideologien. Der Leidende hat eine inhaltlich entscheidende, kritische, verändernde und intensivierende Qualität für alle Beteiligten. Es geht also nicht um eine neue Moralisierung zur Diakonie, sondern um die Ermutigung, auch und gerade in solchen Begegnungen ausschlaggebende Botschaften für menschlicheres Leben zu erwarten und anzunehmen.[26] Die wechselseitige Gemeinschaft und reziproke Angewiesenheit von Helfern und Hilfsbedürftigen, von Gesunden und Kranken, von Starken und Schwachen konstituieren erst jene »Ergänzungsgemeinschaft«, jenes »Patienten-Kollektiv«, wo sich die Rollen vertauschen dürfen und wo alle ihre Möglichkeiten und Unmöglichkeiten weder ungenutzt lassen noch verdrängen müssen, sondern zur großen Möglichkeit menschenfreundlicher Gemeinde »zusammenwerfen«.[27]

Die direkte Diakonie an Leidenden und Stigmatisierten, gleichgültig wie der Hilfsbedürftige im Maßstab der Orthodoxie dasteht, hat vielleicht deswegen zu wenig gemeindebildende Funktion, weil solche Orthopraxie gegenwärtige Grenzen der Gemeindebildungen entgrenzt und somit bestehende Sicherheiten und Übereinstimmungen von Gruppen und einzelnen in der Gemeinde gefährdet.

Die Diakonie provoziert eine doppelte soziale und darin inhalt-

---

[26] Zur »ideenbildenden Rolle des Leidens« oder besser der Leidenden vgl. E. Biser, Theologie als Therapie, Heidelberg 1985, 54.
[27] Vgl. U. Bach, Boden unter den Füßen hat keiner, Göttingen 1980, 70–83; ders., Kraft (Kap. 2, Anm. 1), 22–33; Zerfaß, Herausforderung, 346 ff.

liche Entgrenzung und damit eine permanente Entideologisierung des Glaubens und Entorganisierung institutioneller Grenzen: einmal die *Entgrenzung nach innen,* insofern zum Zentrum der Kirche und zu ihrem besonderen Verantwortungsbereich von vornherein alle die gehören, die in Not sind, und zwar allein deswegen, weil sie in Not sind (und nicht etwa weil sie »dazugehören«); dann die *Entgrenzung nach außen,* indem Christ und Kirche mit allen Initiativen und Gruppen, mit allen Menschen guten Willens zusammenarbeiten und sich mit denen solidarisieren, die sich in ihren Aktionen und Parteinahmen für die Leidenden im eigenen Land und in anderen Ländern einsetzen und darauf aus sind, die sozialpolitischen und wirtschaftlichen Ursachen des Leidens aufzudecken und zu bekämpfen.

Dieser dynamische, realkommunikative Austauschprozeß von Kirche und Gesellschaft an den »Brücken« der Diakonie ist das Kennzeichen dafür, daß sich die Identität von Christ und Kirche durch Diakonie verwirklicht. Die Universalität der Diakonie nach innen und außen in und zwischen Kirche und Gesellschaft stellt den geschichtlich und situativ konkreten Ausdruck des universalen »Sacramentum-Mundi-Seins« der Kirche dar. Diese »Brücken« sind der Königsweg jeder Inkulturation des Evangeliums. Die Universalität des Heils im Aggregatzustand der Diakonie kritisiert alle die Grundvollzüge der Kirche, die in psychologisch verständlicher Eigendynamik auf Abgrenzung und gegebenenfalls auf Ausschluß Nicht-Dazugehöriger aus sind: insbesondere in den Begegnungs-Bereichen der konfessorischen bzw. moralischen Glaubensvergewisserung und des Gottesdienstes.

Das Nachdenken darüber, was im Ernstfall menschlicher Noterfahrung die ebenso gezielte wie angemessene »Kontaktaufnahme« von Glauben und Handeln, von Evangelium und Leben zugunsten realer Hilfe und Befreiung ist, wird von daher zum Testfall menschenfreundlicher »Mission«. Die Samaritergeschichte zeigt sehr deutlich die doppelte Entgrenzung von Vorurteilen und religiösen Ideologien:[28] Es hilft nicht der Levit, der Fachmann im priesterlichen Dienst, sondern der Außenseiter, nämlich der Samaritan, ein verachtetes Mitglied eines diskrimi-

---

[28] Vgl. W. Dirks, Die Samariter und der Mann aus Samaria, Freiburg 1985. Der Autor expliziert diese Geschichte als Basis christlicher und kirchlicher Existenz im Bereich von Hilfe und Befreiung.

nierten Nachbarvolkes. Und: Dieser Samaritan hilft in einem fremden Land, das nicht sein eigenes ist, einem Fremden, der selbst Mitglied des Volkes ist, das ihn und sein Volk verachtet. Der religiöse Außenseiter ist es also, der dem hilft, der ihm selbst gegenüber fremd und Außenseiter ist.[29] Von dieser Problemanzeige her dürfte der Begriff der »Bruderliebe« für eine »Kirche für andere« zu kurz greifen und auch zu undifferenziert ausfallen, weil er nicht deutlich genug zwischen der Koinonia (der Gemeinschaft der Gläubigen) und der Diakonia (dem diese Gemeinschaft immer wieder entgrenzenden Dienst an den Leidenden, auch an Fremden und Gegnern) unterscheidet und zudem allzuleicht suggeriert, als sei mit dem Bruderdienst auch innen bereits die Diakonie gänzlich mitgetan.

[29] Vgl. Seibert, Diakonie (Kap. 1, Anm. 13), 43.

5. »Martyrisierung« und »Diakonisierung«

5.1 Christliches Profil im Wohlfahrtsverband

a) Ambivalenzen

Wurde bislang in Kap. 4 über das innerkirchliche Verhältnis von diakonischen Sozialfomen und Sozialgestalten der Verkündigung nachgedacht, so ist (auch um in Kap. 5.2 nochmals qualifizierter auf die spezifisch diakonische Verantwortung der Gemeinden zugehen zu können) nun auf die kritische Korrelation zwischen dem Sozialauftrag des Staates und dem Hilfehandeln der Kirche genauer einzugehen. Dabei tun sich ebenso beachtliche Probleme auf, wie man auch die enormen Chancen und Möglichkeiten sehen darf. So kann sich kirchliche Diakonie nicht ungefragt den Zielen des Sozialstaates unterwerfen und womöglich nur kompensieren, was die Gesellschaft selbst an Leiden strukturell verursacht und nicht verändern will. Bei aller Abhängigkeit wird man sich nicht gänzlich funktional (durch Subventionen und finanzielle Abhängigkeiten) vom herrschenden Sozialsystem abhängig machen. Denn dann werden die kritischen politischen und innovativen Aufgaben der Diakonie gegenüber der Gesellschaft übersehen. In der Frage nach den Kriterien der kritischen Einstellung gegenüber diesem gesellschaftspolitischen Kontext steht das spezifische normative und motivationale Profil christlicher Wohlfahrtsverbände zur Debatte. Dämpfen oder radikalisieren diese Verbände die Interessengegensätze zwischen Staat und Kirche? Und worin liegen die jeweiligen Verbindungen und Kompromisse oder Widersprüche und Konflikte? Welche Rolle spielen dabei Glaube und Theologie? Im Folgenden kann es selbstverständlich nur um Andeutungen dieser Problematik gehen.[1]

---

[1] Vgl. M. N. Ebertz/J. Schmid, Zum Stand der Wohlfahrtsverbände – Forschung. Sozialwissenschaftliche Fragestellungen, Erkenntnisfortschritte und Defizite, in: Caritas 88 (1987) 6, 289–313, hier 303–304.

Zuerst wird wichtig sein, daß die sozialen Gegensätze nicht durch eine fürsorgliche Diakonie zugekleistert und verdrängt, sondern im Bewußtsein der Gesellschaft als Wunden offengehalten und einer Veränderung zugeführt werden. Strukturell verursachtes Leiden kann nicht nur individuell angegangen werden. Dies ist nicht einfach, weil von den Individuen die herrschenden Strukturen längst internalisiert wurden. Wertvolles Leben bemißt sich am Grad der Stärke und Gesundheit, der Unbehindertheit und des Wohlbefindens, der finanziellen Sicherheit und der sozialen Stellung. Anderweitige Erfahrungen, die solchen gesellschaftlichen Standards nicht genügen, werden dann in ihrer Verursachung und Herkunft personalisiert. Wer keine hohe soziale Stellung besitzt, hat das sich selbst oder einem anonymen »Unglück« zuzuschreiben. Die strukturellen Ursachen bleiben dann aus dem Bewußtsein ausgeblendet. In solchem gesellschaftlichen Kontext werden Leidenserfahrungen auch noch mit der Erfahrung sozialer Minderwertigkeit angereichert. Ist der Mensch von Natur aus ein Mängelwesen, so ist er von der Gesellschaft aus potenziert ein solches, nämlich immer dann, wenn ihm gewisse gesellschaftlich propagierte Lebenswerte fehlen. So wird das Leben im Zusammenhang mit Krankheit, Armut, Heimatlosigkeit (von Fremden und Obdachlosen), Arbeitslosigkeit, Vorbestrafung, mit körperlichen und seelischen Behinderungen, mit Alter, aber auch mit Kindheit sowie im Kontext des Nicht-Mit-Kommens aufgrund irgendwelcher Mängel und Unfähigkeiten nicht nur als Bedürftigkeit, sondern als Wertminderung erlebt. Erst eine demgegenüber gesteigerte Lebensqualität, wofür ganz bestimmte herrschende Kriterien wie Leistung, Macht, Geld und persönliche Karriere (im beruflichen wie auch im privaten Lebensfeld) die Maßstäbe liefern, läßt das Leben als ausreichend wertvoll erfahren.

Solches Image der Schwäche und Bedürftigkeit überträgt sich teilweise auch auf die, die mit den Schwachen und »Stigmatisierten«[2] beruflich oder auch persönlich (durch einen entspre-

---

[2] Zum Begriff des »Stigmas« in diesem Zusammenhang vgl. E. Goffman, Stigma. Über Techniken der Bewältigung beschädigter Identität, Frankfurt a. M. 1976; J. Homeyer, Alter als Stigma, in: ders. / H.-J. Pohl (Hrsg.), Alter als Stigma, Frankfurt a. M. 1975, 10–30, hier 12ff (Literatur 29ff). Stigmatisierung meint in der Regel den Tatbestand, daß Menschen aufgrund bestimmter Widerfahrnisse oder Defizite nicht mehr (wie alte Menschen) oder noch nicht (wie z. B. Kinder) vollwertige Menschen im Sinn der herrschenden Normalität und Funktionalität sind.

chenden »Fall« in der Familie) umgehen und konfrontiert sind. Sozialarbeiter/innen haben beispielsweise keinen hohen Stellenwert im Karrieregefüge unserer Gesellschaft. Facharbeiter, Beamte, Fabrikanten, Ingenieure und Geschäftsleute genießen ein ganz anderes Ansehen. Denn sie sind größtenteils notwendig für einen reibungslosen normalen Ablauf der gesellschaftlichen Repräsentations- und Tauschvorgänge. Soziale Berufe werden von allen zwar für notwendig erachtet, damit die eigentlichen zentralen Triebkräfte unserer Gesellschaft nicht alles Schwache und Zu-Kurz-Gekommene wegfegen und für lebensunwichtig und unwert erachten. Die sozialen Dienste werden gebraucht, damit die Gesellschaft wenigstens noch einigermaßen humane Züge trägt, aber verglichen mit den »gesunden« und »positiven« Kräften des »Fortschritts« haben sie keine gleichermaßen eigenständige Kompetenz zur Bestimmung von Werten und Strukturen. Daß beispielsweise das Leben eines behinderten Menschen einen unschätzbaren Wert für die produzierende Gesellschaft bedeutet, wird kein marktwirtschaftlich Kalkulierender leicht zugeben können. Aus seiner Perspektive ist der Behinderte eine Last, freilich eine, die man aus anderen als durch die gegenwärtige wirtschaftliche Struktur gegebenen Gründen nicht opfern kann. Ähnliches gilt im Horizont des technologischen Fortschritts und der konjunkturellen Leistungszusammenhänge. Dies zeigt klar: Die humanen Anliegen sind nicht die entscheidenden Kräfte und Strukturen unserer gesellschaftlichen Verhältnisse, sie sind nicht in ihnen als ihre eigenen Motive und Energien beheimatet, sondern müssen von dagegenhaltenden anderen Kräften und Systemen vertreten werden. Vorbehaltlose Humanität nimmt dann den Kampf gegen die Gesetze des Marktes und des Durchsetzungsvermögens auf.

Mit diesen sicher nur plakativ angerissenen Bemerkungen zur kapitalorientierten Marktwirtschaft und zu den sich in solchem Fahrwasser befindlichen politischen Energie- und Entscheidungszentren soll deutlich werden, daß die ausschlaggebenden Motoren und Organisationen der Gesellschaft und der Wirtschaft aufgrund ihrer relativ wenig durch gleichstarke Gegensysteme flankierten Systemautonomie die Gegebenheit menschlicher Schwäche und Hilflosigkeit nicht in ihren Schaltzentren als integrative Wirklichkeit aufnehmen (können). Die Leiden der Menschen werden dann aus der konventionellen Bestimmung der Wertigkeit menschlichen Lebens hinausgedrängt in die Randzone der Ausnahme, der möglichst begrenzten Duldung temporärer Ausfälle, einfach dessen, was eigentlich gar nicht sein dürfte. Die normalen Lebensbereiche und die funktionierenden Arbeitsfelder können sich mit dauerhafteren Anormalitäten weder beschäftigen, noch dürfen sie sich davon aufhalten lassen. Solche Probleme müssen dann an andere Organisationen delegiert werden, für die zwar entsprechende Mittel (solange der »Überschuß« reicht) bereitgestellt werden, aber ohne Kontakt und Austausch mit denen, für die Geld gezahlt wird. Mit solcher Delegation hält man sich die von den eigenen Systemen fern, die deren ungehemmten Ablauf bremsen könnten. Behinderte Menschen beispielsweise haben in der Regel nur durch die entsprechenden Gesetzesauflagen eine Möglichkeit, innerhalb der normalen Betriebe ihrer Arbeit nachzugehen. Ansonsten wird mit Geld »abgesorgt«, was ihren freien Ablauf im Inneren hindern müßte. Mit Geld wird auch »entsorgt«, was die Wirtschaftssysteme und ihre Produkte selbst an Opfern schaffen (vgl. Kap. 1.1,a).

Die problematische Funktion der Diakonie in solchem Kontext bringt K.-F. Daiber im Anschluß an die systemtheoretischen Überlegungen N. Luhmanns auf den Punkt: »Diese Probleme, die vorrangig vom Wirtschaftssystem verursacht sind, werden jedoch von der Diakonie nicht strukturell, d. h. politisch, bearbeitet, sondern eben in personalisierter Form.«[3] Sozial strukturelle Probleme werden damit kaum mehr als solche wahrgenommen, geschweige denn gesellschaftskritisch bearbeitet. Die Diakonie hat dann, etwas scharf formuliert, die Entsorgungsaufgabe bezüglich derer, die aus dem laufenden gesellschaftlichen und wirtschaftlichen Funktionsrahmen herausfallen. Als deren Problem wird definiert und therapiert, was andere Systeme (als diese »Personensysteme«) verursachen.

Eine Gesellschaft mit der dominanten Perspektive der Stärke wird sich immer jene Opfer schaffen, die nicht an den allgemein anerkannten Austauschprozessen teilnehmen können oder durch sie beschädigt werden. Da diese Beschädigung nicht in den verursachenden Systemen (etwa dadurch, daß die wirt-

---

[3] Vgl. Daiber, Identität (Kap. 2, Anm. 5), 25; vgl. auch Mette, Dimension (Kap. 3, Anm. 15), 53ff; vgl. N. Luhmann, Funktion der Religion, Frankfurt a. M. 1977, 57–63.

schaftlichen Zentren die Sozialverantwortung in die Definition ihrer Ziele aufnehmen und damit die entsprechende Konkurrenz zu den wirtschaftlichen Zielen in sich selbst austragen) behandelt wird, wurde für sie eine umfangreiche Sozialarbeit entwickelt, deren Ausdifferenzierung für fast jeden Bereich der Beschädigung erfolgte. Selbstverständlich sind die damit verbundenen Wohlfahrtsverbände absolut notwendig. Aber diese Notwendigkeit darf nicht zur Legitimation ihrer diesbezüglichen Funktion im Rahmen einer Wirtschaft, Politik und Lebensdefinition der Stärke führen. Denn dann wird die Sozialarbeit leicht zur Behebung bzw. Verringerung von Schäden und zur Eindämmung der gerade dadurch stabilisierten und unverändert belassenen wirtschaftlichen Triebkräfte instrumentalisiert. Sie wird eine solche Alibifunktion um so weniger übernehmen, als sie gerade von der Lebenswelt, die sie in ihren eigenen Begegnungserfahrungen zwischen Schwachen und Starken aufbaut, ein anwachsendes kritisches Potential und eine ebenso anwachsende kritische Kompetenz (von den Betroffenen her) bezüglich der Analyse dessen, was außerhalb ihrer selbst vorgeht, beherbergt. Genau hier liegt die Chance der Wohlfahrtsverbände, indem sie als durchaus nicht ohnmächtige Interessensysteme diese inhaltlichen Erkenntnisse und Solidarisierungen offensiv an die anderen Systeme weitergeben, mit der Einklage, daß letztere die Anliegen der Benachteiligten in ihre Zielbestimmung aufnehmen. So haben die Wohlfahrtsverbände beispielsweise in der Sozialgesetzgebung keinen geringen Einfluß auf die politischen und rechtlichen Systeme.[4]

Darum darf man wohl von der Notwendigkeit wie auch von der Ambivalenz der kirchlichen Sozialarbeit in der freien Wohlfahrt des modernen Sozialstaates ausgehen. Beides ist um der unaufschiebbaren direkten Hilfe an den Benachteiligten wie auch um der (weil von den Benachteiligten herkommenden und mit ihnen verantworteten) authentischen Sozialkritik der Gesellschaft willen unbedingt notwendig. So hat der Caritasverband immer wieder besonders in den letzten Jahren um bestimmter sozialpolitischer Optionen willen profilierte Publikationen und damit massive (partei-)politische Konflikte riskiert (z. B. in den Fragen der

---

[4] Vgl. J. Degen, Diakonie als Agentur im Wohlfahrtsstaat, in: Concilium 24 (1988) 319–323; ders., Diakonie im Sozialstaat, in: Theologia Practica 20 (1985) 235–250; Mette, Dimension, 55.

Asylpolitik[5]). Daß man sich damit auch innerkirchliche Konflikte einhandelt, liegt auf der Hand. Solche Optionen entstanden notwendig und unabweisbar in den durchaus in den Organisationen ermöglichten direkten Kontakten mit den Problemen der Betroffenen und ihrem sozialen Bestimmungsrecht in der Beurteilung der Situation. Bei allen staatlichen und wirtschaftlichen Funktionszwängen der Wohlfahrtsorganisationen stellen diese demnach im inneren Bereich relative Gestaltungsfreiheiten und nach außen relative Einflußmöglichkeiten zur Verfügung. Immerhin treffen in diesem Schnittpunkt Christen aus der Volkskirche in hauptamtlicher Form auf Betroffene und nehmen von ihnen her entsprechende Zusammenhänge wahr.

Um ihres diakonalen Auftrags willen kann die Kirche nicht perfektionistisch auf die Umwelt zugehen, sondern hat sich in den bestehenden Verhältnissen in die noch so problematischen strukturellen Kontaktorte hineinzubegeben, wo Not und Bedürftigkeit zum Vorschein kommen und auf Hilfe und Befreiung harren. Die betroffenen Menschen brauchen in den gegenwärtigen Präsenzformen der Notwahrnehmung und Notbeseitigung hier und jetzt die nötige Hilfe, und nicht erst, wenn die Strukturen »stimmen«. Bis zu diesem Nimmerleinstag wäre die Diakonie dann nicht nur aufgeschoben, sondern auch aufgehoben. Es gibt also keine Alternative: Im differenzierten Sozialstaat hält sich die Kirche aus den weitesten und wirksamsten Bereichen der Diakonie heraus, wenn sie sich aus den organisierten Wohlfahrtsverbänden heraushält. Sie verlöre auf breiter Front die strukturellen Voraussetzungen zur sachgerechten Kommunikation mit den Not- und Angstzonen in der Gesellschaft. Selbstverständlich gilt dieses Postulat nur unter den Voraussetzungen einer an Mitteln relativ reichen Kirche, die als entsprechend potenter Systempartner in die wohlfahrtsverbandliche Verbindung mit dem Sozialstaat die eigenen Ressourcen an Personal und Finanzen miteinzubringen vermag. In Ländern, wo dies nicht der Fall ist, wird sich die Kirche mit Recht auf die von den Christen in der Gemeindebildung zu vollziehende Diakonie und auf entsprechend begrenzte Vereinsstrukturen zu konzentrieren haben. Wo freilich, wie in der Bundesrepublik Deutschland, die Kirche

---

[5] Vgl. G. Hartmann, Optionen des Caritasverbandes zur Flüchtlingsfrage und Erfahrungen »vor Ort«, in: O. Fuchs (Hrsg.), Die Fremden, Düsseldorf 1988, 56–73.

aufgrund der geschichtlichen Entwicklung bereits soviel finanziellen und politischen Einfluß besitzt, steht sie auch unter der um so schärferen Sozialhypothek, diese gegebene Möglichkeit um so verantwortlicher (mit)zugestalten. Was nicht als christlicher Verantwortungsbereich angenommen wird, kann auch nicht entsprechend der Reich-Gottes-Perspektive so weit wie möglich umgestaltet werden. Die Wohlfahrtsverbände in kirchlicher Trägerschaft sind deshalb als eine unverzichtbare Chance zur Humanisierung des »Sozialen« im Sozialstaat anzusehen: gegen die Gefahren einer »immer perfekteren Sozialtechnik«, die sich insbesondere des leidenden und hilfebedürftigen Menschen total bemächtigt: »in Verwaltung und sozialfürsorglicher Verobjektivierung und unter dem Diktat herrschsüchtiger Helfer...«[6]

b) Theologische Dimensionen

Daiber ist demnach beizupflichten, wenn er die systemtheoretischen Analysen Luhmanns nicht fatalistisch liest: einmal bezüglich der Gestaltungsmöglichkeiten innerhalb der organisierten Caritas, zum andern durch die von innen heraus mögliche sozialkritische Politik in die gesellschaftliche Umgebung hinein, aber vor allem auch hinsichtlich der Vermittlung von religiösen Verkündigungsinhalten und der staatlichen Wohlfahrtsdiakonie.[7] Denn wenn die Möglichkeiten christlicher Diakonie in den Sozialstrukturen des modernen Wohlfahrtsstaates gesehen und akzeptiert werden, dann muß es um so mehr Übergänge geben zwischen den Sozialsystemen der Verkündigung (z. B. der Gemeinden, aber auch der theologischen Fakultäten) und der organisierten Diakonie. Dann müssen zwischen den Zielen der Verkündigungssysteme (hier mit dem inhaltlichen Stichwort des Evangeliums benannt) und den Zielen der Diakoniesysteme gegenseitig lernoffene und kritische gleichstufige Austauschprozesse verwirklicht sein, die nicht nur der Freiwilligkeit der Beteiligten überlassen bleiben, sondern auch strukturell abgesichert sind. Im Jargon der Systemtheorie: Jedes System kann dann in seine eigene Selbstreferentialität (seine eigene zielorientierte Selbstbezogenheit) die Selbstreferentialität des anderen Systems

---

[6] Degen, Agentur, 323, und ders., Diakonische Kompetenz der Gemeinde vor Ort, unveröffentlichtes Manuskript, 15 (zitiert bei Mette, Dimension, 66).
[7] Vgl. Daiber, Identität, 26; vgl. Mette, Dimension, 54ff.

einbeziehen, und zwar um so mehr und im gleichen Maß, als das andere System auch in die eigene Zielbestimmung die Ziele seines Nachbarsystems mit aufnimmt.[8] Dies könnte beispielsweise durch Rollenabgesicherte Vertreter aus den Diakoniesystemen in Entscheidungsgremien der religiösen Systeme geschehen (und umgekehrt). Auch institutionalisierte Kontakte in gegenseitigen Fortbildungen und vieles ähnliche gehören hierher. Dann lernt die Verkündigung in der Pastoral von der Verkündigung der Armen, und umgekehrt können biblische Geschichten die Erfahrungen in der Diakonie auf eine kritische christliche Reflexion ihrer selbst bringen. In solcher Theologie, wie sie im Bereich der Diakonie von der eigenen Praxis her im Austausch mit den Verkündigungsinhalten geschieht, verhält sich dann nicht mehr (nur) das Religionssystem zu sich selbst, sondern auch das Diakoniesystem holt sich selber theologisch ein. Dies müßte Luhmann überraschen, der von einer Trennung von Religions- und Diakoniesystemen ausgeht und die Theologie lediglich dem Selbstbewußtsein des Religionssystems zuschreibt, nicht aber den diakonischen Organisationen (deren Reflexion auf sich selbst konzentriert sich nach Luhmann eher auf die eigene Professionalität und Funktionalität[9]). Luhmann geht hier von einem Theologiebegriff aus, der sich nur auf die religiösen Verkündigungsbereiche bezieht: diese verstanden als Sinngebungssysteme in der Kontingenz- und Angstbewältigung, im Erträglichmachen der Unsicherheiten, Bedrohungen und Leiderfahrungen.

Mit dem Blick auf die Diakonie als einer theologiearmen, weil (was die Verkündigungsorte anbelangt) angeblich kirchenfernen Zweitstruktur trifft solche Analyse sogar den real existierenden Sachverhalt. Nur ist dieser Sachverhalt Ergebnis eines »Reduktionismus« in der Pastoral, im Kirchenbild, im Gesellschaftsbezug, also einer Fehlentwicklung.[10] Gerade deshalb kann aber dem Plädoyer für eine Entkoppelung beider Systeme nicht zugestimmt werden, weil sie diese Fehlentwicklung zementierte, indem getrennt wird, was von der christlichen und theologischen Identität der Kirche her wesentlich zusammengehört (jedenfalls

---

[8] Vgl. dazu ausführlicher am Beispiel des Verhältnisses der Kirchen zu den Mediensystemen O. Fuchs, Kirche – Kabel – Kapital, Münster 1989, 200–212.
[9] Vgl. Luhmann, Funktion, 62–63; Daiber, Identität, 25–26.
[10] Vgl. Mette, Sozialpastoral (Kap. 1, Anm. 1), 256ff.

wenn man die Theologie des II. Vatikanums wie auch der Evangelisierung hier als entsprechenden Bezugspunkt bemüht). Die Theologie erweist sich dann um so weniger als Ideologie nur ihrer eigenen Wirklichkeitsbereiche (der Martyria), als sie die reziproke Wichtigkeit und Wertigkeit ihres nichtexpliziten Selbst, also ihrer Andersheit, mitvertritt und behauptet: indem sie nicht nur die Sozialformen der Martyria, in denen sie vorzüglich kultiviert wird, sondern demgegenüber uneigennützig die Sozialsysteme der Diakonie nicht nur schützt, sondern mit dergleichen Legitimation und Dignität ausstattet wie ihren »angestammten« Herkunftsbereich. Nicht zuletzt dadurch, daß sie den Diakoniebereichen eine authentische Kompetenz zu einer eigenen Theologie einräumt und deren Konkurrenzfähigkeit zu sich selbst mitträgt.[11] Damit ist die christliche Theologie nicht nur die Reflexion der Verkündigung (der »Religion«) auf sich selbst wie auch auf ihre notwendigen Verbindungen zur Diakonie, sondern sie ist auch die Reflexion der Diakonie (als eigenes Subjekt der Theologie) auf sich selbst sowie ihrer realen Kontakte zu den Sozialgestalten, die insbesondere christliche Inhalte symbolisch vertreten.

Im Horizont dieser Theologie erkennt sich die Diakonie allein schon dann als theologisch relevant, wenn sie in sachgerechter Kompetenz und menschlicher Achtung Betroffenen hilft und ihre Optionen politisch vertritt: Denn sie ist bereits ohne explizite Verkündigung im Wort mit solcher Praxis eine Manifestation des Reiches Gottes und hat darin buchstäblich mit Christus zu tun. Sie erkennt weiterhin ihre theologische Wurzel darin, daß Menschen aus der Diakonie Gottes heraus miteinander diakonal umgehen können. Dies meint nicht nur die mögliche Motivation der Beteiligten, sondern benennt überhaupt den objektiven Horizont mitmenschlicher Diakonie: Denn wo immer diese geschieht, geschieht sie aus der objektiven Ermöglichung Gottes heraus, die in der subjektiven Motivation des Christen bewußt wirksam wird. Schließlich reicht das angebliche Privileg der religiösen Systeme, die personalen Probleme, die aus dem System

---

[11] Vgl. zum Verhältnis von (wissenschaftlicher) Theologie und den diakonischen Sozialsystemen mit ihren eigenen Theologien ausführlicher meinen Beitrag: Wie kommt Caritas in die Theologie, in: Caritas 91 (1990) 1, 11–22. Zu der der gesellschaftlichen Funktion der Religion gegenüber kontrafaktischen Qualität der Theologie vgl. Daiber, Identität, 75.

»Persönlichkeit« herauskommen, über die Schuld- und Verge-
bungskategorie sowie über die eschatologische Kategorie der
Verheißung mit Gott in Verbindung zu bringen, weit in die Humanisierung diakonischer Systeme hinein: insofern aus ihrer
Perspektive gerade die professionelle Hilfe nicht der Versuchung verfällt, sich perfektionistisch und totalitär gegenüber
menschlicher Not- und Leiderfahrung zu gebärden, als könne
beides durch technische Optimierung abgeschafft werden. In
solcher Mentalität geschieht es vielmehr, daß man die Leidenden selbst nicht mehr aushält und abzuschaffen geneigt ist. Wer
diesen Weg nicht gehen will, muß angesichts der im Horizont
perfektionistischer Vorstellungen um so massiver erfahrenen
Mißerfolge in hoffnungslose Resignation verfallen.
Die Verbindung von Schwächeerfahrung und Schuldvergebung
auf der einen und dem Gottesbezug auf der anderen Seite gilt
um so mehr, als gerade Menschen, die in ihren Familien bzw.
beruflich in den Einrichtungen der Wohlfahrtsverbände über
Jahre hinweg direkt mit behinderten und betroffenen Menschen
zusammenleben und mit ihnen zu tun haben, an der »Front«
stehen, wo Hilflosigkeit (angesichts kaum veränderbarer gesellschaftlicher und psychischer Strukturen) und Verzweiflung,
Ohnmacht und Gewalt, Hingabe und Schuld nahe beieinander
liegen. Davon haben alle, die solche Erfahrungen nie gemacht
haben bzw. sie sich vom Leibe halten, überhaupt keine Ahnung.
Im Umgang mit schwachen und behinderten Menschen öffnet
sich die sensible Wahrheit menschlicher Schuldfähigkeit, weil es
nie einfach und vor allem nie ein abgeschlossener Prozeß ist, als
Unbetroffener mit Betroffenen Beziehungen zu leben, in denen
die letzteren nicht nur im Ausschnitt ihrer Behinderung behandelt werden, sondern innerhalb einer ganzheitlichen interpersonalen Beziehung das eigene Leben in vieler Hinsicht zu verändern vermögen.[12] In solcher Kommunikation mit beschädigten
Menschen werden die ganze ambivalente Tiefe und auch die
dunklen Regungen des Menschen hochgebracht und ausgelotet.
Wer beispielsweise mit Behinderten lebt, kommt immer wieder
in Situationen, wo Versuchungen aufsteigen: zu flüchten, abzu-
stoßen, bis hin zu den geheimsten Vernichtungswünschen, um

---

[12] Vgl. B. Beuys, Am Anfang war nur Verzweiflung, Reinbek 1984; I. Hoffmann, Behin-
dertenschicksal und Seelsorge, Frankfurt a. M. 2/1988.

endlich wieder »frei« zu sein. Diejenigen, die sich im »glatten«, reibungslos funktionierenden Leben befinden, spüren nichts davon. Ihre angebliche Unangefochtenheit bezüglich solcher Sündenfähigkeiten verdanken sie der fragwürdigen Tatsache, daß sie sich in solche Begegnungen schon gar nicht hineinbegeben. Um so fürchterlicher werden sie dann von Hindernissen, Behinderungen und Katastrophen überfallen, weil sie den Tod, das Leid und ihre eigene Schuldfähigkeit ständig verdrängt, entsprechende Kommunikationen nicht riskiert und sich diesbezüglich in Sprachlosigkeit ergangen haben.

Die christliche Religion und Theologie vermittelt also nicht nur »kompensatorischen Sinn« für die Bewältigung von Notängsten und Noterfahrungen, sondern sie gibt auch emanzipatorischen »Sinn« für die Bekämpfung von Leid in der Hilfe für die Menschen (einschließlich dem solidarischen Mitaushalten nichtabschaffbaren Leidens) und in der politischen Befreiung von leidschaffenden Strukturen: Und sie tut das realitätsnah (ohne das Überich destruktiver Perfektionsideale[13]) wie hoffnungsvoll (von der Verheißung des Kommenden her) in bezug auf das jetzt Mögliche. Der evangelische Theologe A. Jäger hat in seinem Buch »Diakonie als christliches Unternehmen« die systemischen Konsequenzen des von kirchlichen Diakonie-Einrichtungen angezielten Heilungs- und Liebeshandelns offengelegt und in der entsprechenden Konzeption der institutionsinternen Leitungsstrukturen wie auch des Umweltbezuges der Unternehmen theologisch geklärt sowie entsprechender Praxis aufgegeben. Diese Arbeit darf im Zusammenhang mit unserer Frage nach dem Verhältnis von Theologie bzw. Verkündigung und organisierter Diakonie im Sozialstaat als Paradigma für die Notwendigkeit gelten, die Systeme selbst theologisch einzuholen und im Horizont christlicher »Systemrationalität« zu transformieren.[14] Die theologische Gegenposition hält beispielsweise R. Spaemann, dessen diesbezügliche Ansicht glänzend zur Entkoppelungsthese Luhmanns paßt: »Ich glaube, die Kirche übernimmt sich hier (bezüglich ihrer sozialen Aktivitäten, O. F.) seit langem. Sie betreibt soziale Institutionen mit Kräften, die gar nicht mehr

[13] Vgl. W. Schmidbauer, Alles oder Nichts. Über die Destruktivität von Idealen, Reinbek 1980.
[14] Vgl. A. Jäger, Diakonie als christliches Unternehmen. Theologische Wirtschaftsethik im Kontext diakonischer Unternehmenspolitik, Gütersloh 1986.

die ihren sind. Es sind Dienstleistungen, die andere übernehmen könnten. Sie verzehrt sich dabei, sie verbraucht wertvolle Kräfte, ohne daß das irgendetwas bedeutet«.[15] Wenn das Sozial-Diakonische nichts bedeutet, dann meint es hier wohl, daß es theologisch und für den Glauben nichts bedeutet!

Spaemanns Ansicht dürfte nicht zuletzt ein Reflex auf den Tatbestand sein: Aufs Ganze gesehen (mit Ausnahmen), ist tatsächlich eine relative Bedeutungslosigkeit (im Sinn einer mangelhaften gegenseitigen Bedeutungsrelation) zwischen der Theologie und der Diakonie zu konstatieren (abgesehen von allenfalls gönnerhaften Relationen, wonach die Diakonie am Rande der Kirche als eine dem Eigentlichen vorgeschaltete Attraktivität ganz erwünscht und nützlich sei): Erstens gibt es diesen Bedeutungsbruch von der Theologie (und der Kirche) selbst her gegenüber der Diakonie, insofern letztere in der ersteren zuwenig vorkommt. Zweitens gibt es diese theologische Bedeutungslosigkeit auch von der Gesellschaft her, insofern diese die Diakonie der Kirche weitgehend nur von ihrer caritativen und wohlfahrtsstaatlichen Wirkung legitimiert und akzeptiert. Konsequenterweise gibt es von diesen beiden theologischen Bedeutungslosigkeiten her auch drittens ein entsprechendes Bedeutungsdefizit im Binnenbereich der Diakonie selbst: Sie befindet sich zunehmend gerade nicht unter einem theologischen Legitimationsdruck, weil man innerkirchlich am besten mit einer nicht-konzeptionell-theologischen, sondern mit der nützlich-pragmatischen Akzeptanz zurechtkommt[16], und weil gesellschaftlich die eigene Diakonie-Praxis ohnehin, in der Regel jedenfalls, für sich genug plausibel ist. Die Diakonie befindet sich in eigenartiger Selbstverständlichkeit in einem Legitimationsvakuum, ohne deswegen um ihren Bestand fürchten zu müssen. Dieser (theologisch) entlegitimierte Zustand freilich wirkt sich verhängnisvoll aus, wenn ihr Bestand kirchlich problematisiert und angegriffen wird. Kirchlich legitimieren müssen sich bislang nur die Mitarbeiter, und diese in der Regel gar nicht von ihrer diakonischen Praxis und noch weniger von ihrer diakonischen Theologie her,

---

[15] R. Spaemann, Diskussion über Staatskirchensystem, Trennungssystem und Rolle der Kirche, in: P. Koslowski (Hrsg.), Die religiöse Dimension der Gesellschaft, Tübingen 1985, 151–158, hier 157.

[16] Und weil die Theologie der Kirche eine solche theologische Begründung und Notwendigkeit der Diakonie auch kaum von sich aus aufdrängt bzw. abverlangt.

sondern im Zusammenhang ihres moralischen, kirchenrechtlichen und kirchendisziplinären Wohlverhaltens.[17]

c) Kriterien

Theologisch geht es bei den Austauschprozessen zwischen organisierter Diakonie und den Verkündigungssystemen um die entsprechende *Martyrisierung* der Diakonie und um die *Diakonisierung* der Verkündigung.[18] Selbstverständlich ist unter Martyrisierung alles andere als die programmatische Heimholung und Unterordnung der Diakonie zu verstehen, sondern im Kontext der evangelisierenden Kirche verhält sich die Martyria so zur Diakonie, daß sie sie ins gleichstufige Recht zu sich selber setzt und sie gerade auch dann als theologisch höchst bedeutsam und als Kirchenpräsenz anerkennt, wenn sie die Martyria explizit gar nicht beim Namen nennt. In diesem Sinn verhält sich die Martyria zur Diakonie gewissermaßen selbstlos: Es geht also gerade nicht darum, »dem Hilfsbedürftigen unter Ausnützung des Abhängigkeitsverhältnisses eben diese (christliche, O. F.) Weltanschauung aufzuzwingen«[19]. Solche Absichtslosigkeit und damit gerade den Hilfsbedürftigen nicht nur zugestandene, sondern zugehandelte Freiheit sind vielmehr ein integraler Bestandteil der Martyrisierung der Diakonie selbst: Denn die Rede von Gottes Liebe ist ohne die Praxis der Freiheit nicht denkbar.

Im Einzelnen darf im Zusammenhang der Martyrisierung der Diakonie und damit ihres christlichen Profils innerhalb kirchli-

---

[17] Vgl. R. Zerfaß, Die Funktion der Caritas und ihrer Einrichtungen für die Kirche, in: Creatio ex amore. Beiträge zu einer Theologie der Liebe (FS für A. Ganoczy), Würzburg 1989, 154–176, 160ff.

[18] Vgl. Moltmann, Reich Gottes (Kap. 4, Anm. 17), 35f.; im Anschluß an Moltmann auch Mette, Dimension, 63: Beide sprechen allerdings zwar von der Diakonisierung der Gemeinde, nicht aber von der Martyrisierung der Diakonie: Hier sagen sie »Gemeindewerdung der Diakonie«. Da die Koinonia nicht auf dem gleichen, das Wesen der Kirche bestimmenden Seinsniveau angesiedelt ist wie die Diakonie und Martyria, spreche ich lieber von der Martyrisierung der Diakonie, weil darin erst die inhaltliche Geprägtheit der Gemeindewerdung semantisch zum Vorschein kommt (vgl. dazu auch Daiber, passim, der durchgehend aus theologischen, aber auch aus sozialwissenschaftlichen Gründen von der doppelten und spannungsreichen Seinsweise der Kirche zwischen Verkündigung und Diakonie ausgeht. Wo er die Koinonia nennt, bestimmt er sie näher durch die Martyria und setzt beide der Diakonie gegenüber: vgl. 75–76. Auch die in der Liturgie sich vollziehende symbolische Vorwegnahme des Reiches Gottes rechnet er so zum Bereich der Martyria, daß er sagen kann, sie solle im Diakoniebereich deutlicher zum Ausdruck kommen, vgl. 106 und 76).

[19] Daiber, Identität, 115, vgl. auch 75, 3.

cher Wohlfahrtsverbände nochmals auf die Art und Weise zurückgegriffen werden, in der Jesus mit Leidenden und Leiden umgeht und wie er seine Begegnung und Gemeinschaft mit Betroffenen gestaltet (vgl. Kap. 1.2–3).[20] *– In der Art und Weise, wie sich Jesus vom Leid der Menschen anrühren läßt, wie er vom Betroffenen her barmherzig denkt und handelt.*[21] Im nicht-jesuanischen Sprachspiel und damit in »säkularer« Formulierung bedeutet dieses Kriterium das bleibende Getragensein der professionellen Diakonie mit ihren sachorientierten Funktionen in der »Liebe« der Hauptamtlichen in den Systemen. Wenn schon systemtheoretisch darüber nachgedacht wird, dann freilich konsequent: Denn auch der Mensch gilt dann als personales System, und wenn die religiöse Zentralnorm der Liebe für die Systeme der Persönlichkeit gilt, dann bleibt das nicht ohne Bedeutung und Wirkung für die Diakoniesysteme selbst.[22] Nicht nur die sachgerechte Hilfe, sondern auch die Empathie der Helfer/innen ist gefragt, weil sonst in den Diakoniesystemen zur Sozialtechnologie verkommt, was darüber hinaus auch die psychische Erfahrung menschlicher Qualitäten braucht, um als wenigstens annähernd ganzheitliche interpersonale Hilfe wirksam zu werden. Diese Art von »Personalisierung« darf sehr wohl auch die diakonischen Systeme dimensionieren. Das bedeutet gerade nicht, daß die Diakonie »zur Disposition einer freiwilligen Liebestätigkeit« steht[23], sondern verbindet den unbeliebig notwendigen Dienst an der Gerechtigkeit mit der interpersonal notwendigen und deshalb auch funktional unerläßlichen Einstellung der personalen Systeme in den sozialen Systemen, hier der Hauptamtlichen im Caritasbereich. Gerade in dieser Einstellung der Beteiligten liegt wohl die wirksamste Kraft gegen eine nur sozialtechnische Behandlung der Defizite. Mit »Liebe« ist auch nicht das selbsterbauliche Halleluja oder die depressive Selbstlosigkeit gemeint, sondern auf weite

[20] Die hier besprochene Martyria innerhalb der Diakonie benennt selbstverständlich die entsprechende Kommunikation und Gemeinschaftsbildung Jesu; nur ist diese Koinonia nicht deswegen maßgeblich, weil die Autorität Jesu dahintersteht, sondern deswegen, weil sie die Praxis eines heilenden und befreienden Gottes betreibt: Letzteres macht Jesus erst zum Messias, und erst diese praktizierte Martyria macht seine Koinonia zum entsprechenden Maßstab.

[21] Vgl. Mt 9,36; Mk 1,41; 6,34; vgl. dazu Seibert, Diakonie (Kap. 1, Anm. 13), 35.

[22] In Weiterführung zu Daiber, Identität, 25f. und 117ff.

[23] Mette, Dimension, 58.

Strecken die höchst uneuphorische Treue zum Menschen, die es nicht aufgibt, von seinem Leiden her die Welt zu sehen und zu verändern.

- *In der Art und Weise, wie und von wem her er Gerechtigkeit definiert und praktisch verfolgt.* Hier geht es darum, daß der Leitbegriff der Gerechtigkeit die Diakonie bestimmt, damit sie nicht zur Therapie an ungerechten Verhältnissen ausartet, sondern die Probleme um der Leidenschaft für die Betroffenen willen mit leidenschaftsloser nüchterner Analyse an den strukturellen Wurzeln ungerechter Verhältnisse angreift.[24] Gerechtigkeit ist freilich ein hochabstrakter Begriff, der in seiner Semantik kein Handeln ausdrückt und selbst noch von ökonomistischen Tyrannen einer menschenverachtenden wirtschaftlichen Realität übergestülpt werden kann (wer nichts leistet, bekommt auch nichts: Ist das nicht gerecht? - vgl. dagegen das Gleichnis von den Arbeitern im Weinberg Mt 20,1–16). Insofern die Beteiligten in der Diakonie unabhängig von herrschenden Gerechtigkeitsvorstellungen und -funktionen die Opfer bestehender Verhältnisse aufsuchen und von ihnen her lernen, was soziale Gerechtigkeit ist, befinden sie sich am unbestechlichen Ursprungsort jeder aktuellen Gerechtigkeitsdefinition. Deswegen gehört zum Gerechtigkeitsbegriff dieser subjektbezogene Vorgang, denn erst dadurch wird er in seiner konkreten Menschenbezogenheit eindeutig als befreiende Diakonieerfahrung bestimmt. Von Betroffenen sind die praktischen Verkündigungsinhalte bezüglich der konkreten Reich-Gottes-Präsenz zu erwarten: sowohl was das Hilfehandeln selbst wie auch was die Gestaltung der Organisationen und schließlich auch, was die sozialpolitischen Optionen anbelangt.

- *In der Art und Weise, sich öffentlich und damit gesellschaftspolitisch zu solidarisieren.* Bei dieser gesellschaftskritischen Öffentlichkeitsseite der Diakonie zugunsten der jeweiligen Armutsgruppen geht es um die nötigen und unvermeidbaren Risiken von Fronten und Gegnerschaften, aber auch um die Erledigung von aus dieser Perspektive nutzlosen Konflikten. Es gehört zur leideindämmenden Notwendigkeit und damit zum strikt theolo-

---

[24] Vgl. dazu N. Mette, Umkehr zur Gerechtigkeit, in: Katechetische Blätter 113 (1988) 622–628; J. Werbick, Die nach Gerechtigkeit hungern und dürsten. Gerechtigkeit als Grundbegriff einer Befreiungstheologie aus der Perspektive der »ersten Welt«, in: Eicher/Mette, Seite der Unterdrückten (Kap. 1, Anm. 1), 54–89.

gischen Profil des christlichen Wohlfahrtsverbandes, in solcher Strukturverantwortung die personalistische Behandlung struktureller Probleme zu transzendieren. Zu diesem Aspekt gehört auch der intensive Austausch insbesondere mit solchen Zweigen und Ergebnissen der Sozialforschung, die sich um die lokale wie auch internationale Armutsforschung bemühen.[25]

– *In der Art und Weise, für leidende und für leidbekämpfende Menschen Gott selbst als Hilfe anzubieten, »profan« formuliert: »Sinn«-Erfahrungen zu vermitteln.* Denn die Rede vom jüdisch-christlichen Gott kann selbst diakonischen Charakter für die Betroffenen annehmen: und zwar in den diakonischen Organisationen und ihren Handlungen. Auf die Hauptamtlichen der Caritasinstitutionen kommt dann eine Anforderung zu, für die sie oft wenig genug vorbereitet sind, weil sie nicht selten in viel mehr gegenabhängiger als abhängiger Weise die Rede über den christlichen Glauben an die Experten der Martyria (also an die Pfarrer) delegiert haben. Wenn nun die eigenen Klienten innerhalb der Diakoniesysteme ihre Helfer/innen nach Gott fragen, können, dürfen und wollen (mit Recht) letztere die beanspruchte Antwort nicht dem »Experten im Wort« aus dem Bereich der Martyria überlassen (»indem man einen Theologen holt!«); denn die gewordene Beziehungspartnerschaft würde zerstört, weil die importierten Experten wohl wenig Ahnung von der Situation haben können.

So erzählen Helfer in der Begleitung von aidskranken (besonders jungen) sterbenden Menschen, wie in ihrer diesbezüglichen Sozialarbeit selbst die Frage nach Gott aufbricht, wie alte Texte der Bibel neu entdeckt werden, wie die Klagepsalmen von Betroffenen als ihre Gebetsermöglichung erlebt werden usw.[26] Und die Helfer/innen merken, daß sie selbst sich durch Erfahrungen von Enttäuschungen, Indoktrinationen, Gängelungen und mangelnden Solidarisierungen aus dem Martyriebereich (z. B. bezüglich kirchlicher Einstellungsbedingungen) so die explizite Rede von und vielleicht auch mit Gott (in verständlicher Gegenabhängigkeit) haben enteignen und wegmonopolisieren lassen, daß sie keine eigene Glaubenssprache entwickeln konnten. Sprachlos stehen sie oft den Fragen der Betroffenen gegenüber und lernen

[25] Vgl. Daiber, Identität, 145.
[26] Vgl. Fuchs, Umgang (Kap. 1, Anm. 30), 120ff; vgl. ders., »Warum so früh und warum mit solchen Schmerzen?«, in: Katechetische Blätter 112 (1987) 11, 835–842.

selbst allmählich mit ihnen, in neuer, nicht mehr abhängig ge-
haltenen und nicht aufdrängenden, sondern helfenden und befreienden Weise über und mit Gott den Mund aufzumachen,
sich mehr im Mitfragen als in fertigen Antworten auf eine neue
spannende und offene Gottsuche einzulassen, und damit die Rede von Gott nicht nur den Experten zu überlassen und dort zu
belassen. Hier geschieht in der authentischen Spiritualität diakonischer Praxis selbst eine nicht-ideologisch vereinnahmende
»Wortdiakonie«, die beschädigte Menschen oft genauso nötig
haben wie die körperliche und soziale Hilfe. Daiber formuliert
solche Verantwortung der Diakonie folgendermaßen: »Die Diakonie der Kirche lebt davon, daß ihr organisatorisches Handeln
durch Zeichen transzendiert wird, in denen sich der von Christus begonnene Gottesfriede deutlicher Ausdruck verschafft.«[27]
Wichtig ist auch hier, daß von den Betroffenen nicht nur eine
herausragende Kompetenz für die Gestaltung des diakonischen
Handelns erwartet wird, sondern auch in ihren Anfragen und
Antwortversuchen jene Verkündigungskompetenz, die der Spiritualität und insgesamt der Martyria in der Diakonie zugute
kommt.
Diese angesprochenen Kriterien machen ganz bestimmte Infra-
und Extrastrukturen der kirchlichen Diakonieorganisationen er-
forderlich, deren Ausbau zu ihrem zentralen christlichen Proprium gehört. Übrigens: Wenn hier von christlichem Profil die Rede ist, dann sicher nicht profilneurotisch mit jener neidvollen
Exklusivität, die die eigene Identität nur behaupten kann, wenn
sie den anderen abgesprochen wird. Vielmehr werden die Kirchen über jeden nichtkirchlichen Wohlfahrtsverband froh sein,
der ähnliche Ziele im Kontext durchaus anderer konzeptioneller
und religiöser »Sprachspiele« praktisch verfolgt. Nur: Die Kirche selbst kann um ihrer eigenen christlichen Identität willen,
auf die sie sich beruft, auf keinen Fall darauf verzichten, diese
Ziele selbst vehement zu betreiben.

---

[27] Daiber, Identität, 76, vgl. entsprechend 89; zur Wortdiakonie vgl. 150; zur theologischen Kompetenz nichttheologischer Fachkompetenzen vgl. 126ff.

5.2 Christliche Praxis in Pfarrgemeinden

a) *Volkskirchlich vorhandene Diakonie*

Im Folgenden sei nun das Augenmerk auf die »Diakonisierung« der Pfarrgemeinde als bislang dominanten Verkündigungsraum gerichtet. Doch vorerst einige Klärungen zum Gemeindebegriff. Wenn der Kirchenbegriff den Gemeindebegriff determiniert, dann sind alle Sozialgestalten, in denen Vollzüge ihrer Identität, also der Evangelisierung, stattfinden, Gemeinden.[28] Sofern man nicht davon ausgeht, daß kirchliche Gemeinde nur sein könne, wo alle Grundvollzüge der Kirche möglichst manifest vorhanden sind. Bei diesem auf dem Niveau der Leistungsanforderung sehr hoch angesetzten Gemeindebegriff dürften nur wenige Sozialformen der Kirche (wie z. B. manche Ordensgemeinschaft mit gleichermaßen spirituellen und diakonischen Zielsetzungen) als »Gemeinde« übrigbleiben. Die Pfarrgemeinden würden größtenteils ihren Gemeindetitel ebenso verlieren wie die Diakonieinstitutionen. So rigoristisch kann man weder mit dem christlichen Menschen noch mit den kirchlichen Sozialformen umgehen. Für die einen gibt es in der Regel nur Teilidentifikationen mit »der« Kirche (aufgrund ihrer immer begrenzten Charismen), wie es für die Gemeinde in der Regel nur Teilidentitäten des Gesamten der Kirche geben kann (hinsichtlich unterschiedlicher sozialer Systeme mit differenzierten Zielsetzungen).

Auch aus diesem Grund ist die Gegenüberstellung von Diakonie und Gemeinde bzw. Koinonia ungeschickt, weil theologisch ebenso in der Diakonie Gemeinde und Koinonia stattfinden.[29] Auch das Argument, daß die diakonischen Sozialgebilde stark rollengeleitete Organisationen (insbesondere zwischen der professionellen Kompetenz der Hauptamtlichen und dem Adressatenklientel) seien, greift nicht als Einspruch dagegen, sie Gemeinde zu nennen. Denn auch die Beziehungen in den Pfarreien sind bei genauem Zusehen höchst rollengeprägt (traditionell formuliert: zwischen Klerus und Laien, zwischen professionellen und ehrenamtlichen Formen, zwischen Kirchgängern und Verbandsmitgliedern u. ä.). Übrigens ist die Rollengeprägtheit sozia-

---

[28] Vgl. Daiber, Identität, 98.
[29] Kritisch zu Mette, Dimension, 62.

ler Systeme selbstverständlich eine Erleichterung der darin ablaufenden Kommunikationen und nur dann ambivalenzverdäch-
tig, wenn sie durch neue Funktionsanforderungen oder Identi-
tätsbestimmungen nicht mehr plastisch genug veränderbar sind
und vor allem wenn sie Rollenkompetenz als soziales Gefälle
realisieren.[30] Systemtheoretisch handelt es sich beide Male um
soziale Systeme, zwar mit unterschiedlich dominanten (religiösen bzw. caritativen) Funktionszielen in der Gesellschaft, die
zwar von diesen Zielen her differierende, aber doch strukturell
vergleichbare Infrastrukturen für die Kommunikationsbildun-
gen regulieren. Um so mehr gilt der gemeinsame Gemeindetitel
für beide Bereiche, als ihre theologische Gleich-Gültigkeit und
Interdependenz zu vertreten ist. Denn aus dieser Perspektive
handelt es sich um zwei Seiten der Kirche wie um zwei Seiten einer Medaille, letztlich um die Konkretionen der konstitutiven
»spannungsvollen Doppelstruktur« christlichen Lebens und
kirchlichen Organisierens.[31] Freilich stehen sie im ständigen
Kampf gegen ihre sektorale Aufspaltung mit Hilfe entsprechender Austauschprozesse (so daß die Anliegen der anderen Seite
im eigenen Bereich mitvertreten werden) und gegen eine Reduktion der Doppelstruktur durch exklusive Monopol-Beanspru-
chung des Kirchen- und damit Gemeindebegriffs für die eine
oder für die andere Seite.
Wenn dieser weitere Gemeindebegriff geklärt ist, darf jetzt wieder im engeren Sinn vornehmlich von der territorialen Pfarrgemeinde die Rede sein, aber auch von den Personalgemeinden
(Studentengemeinde, Gemeinden im Bereich der Krankenseel-
sorge, der Militärseelsorge, der Gefängnisseelsorge usw., wobei
Kranken- und Gefängnisseelsorge eigentlich zu den spezifisch
diakonischen Einrichtungen zu zählen sind, sofern man die institutionalisierte Betroffenenausrichtung zum Spezifikum diakonischer Organisationen zählt, wie sie ihrerseits auch Anteil an
deren Randsituation zu Pfarrgemeinden haben[32]). Obgleich ich
von einer relativen Berechtigung der Konzentration von kirchlichen Gemeinschaftsformen auf die Martyria oder Diakonia (so-

---

[30] Vgl. Fuchs, Kabel, 156f., 248–251.
[31] Vgl. L. Karrer, Aufbruch der Christen. Das Ende der klerikalen Kirche, München
1989, 151ff.
[32] Zum Verhältnis von Gefängnisseelsorge und Ortsgemeinde vgl. Daiber, Identität,
90–110.

wie auf entsprechende Schwerpunkte in der Liturgie und Koinonia als Gemeinwesenarbeit) ausgegangen bin, möchte ich doch nicht das »Ideal« aus dem Blick verlieren, daß die am Ort des Wohnens und Lebens (zuweilen auch des Arbeitens) ansässige und für die Christen (insbesondere was die Kindheit und Jugend anbelangt) immer noch primäre Sozialform, nämlich die Pfarrgemeinde, eine möglichst vielfältige und im Sinn der Evangelisierung ganzheitliche Darstellung der Kirche sei.[33] Darin muß kein überfordernder Imperativ auf die Hauptamtlichen zukommen, noch mehr zu tun, sondern es geht um die Ermutigung, sich einfachhin einen Perspektivenwechsel zu leisten, der manches Bisherige zur Abrüstung empfiehlt und sich mutig darauf konzentriert, bereits *Vorhandenes zu achten,* wenigstens teilweise Entscheidenderes zu tun und vor allem tun zu *lassen.*[34] Denn gerade bezüglich der Diakonie ist bei den Gläubigen selbst viel wahrzunehmen und zu erwarten, so daß den Hauptamtlichen lediglich die Verantwortung zukommt, deren Ideen und Anliegen, Sorgen und Solidarisierungen im Raum der Gemeinde ihre eigenen Sprach- und Organisationsrechte zu verschaffen.

Repräsentieren die kirchlichen Wohlfahrtsverbände in ihren professionellen Mitarbeitern und in ihrem Klientel weitgehend die »volkskirchliche Gemengenlage«[35], so läge die Chance der Pfarrgemeinde darin, ihre eigene volkskirchliche Basis im Horizont der nicht-professionellen (alltäglichen) diakonischen Verantwortung neu zu gewinnen.[36] Denn ein beträchtlicher Teil der von den zentralen Aktivitäten der Pfarrgemeinde distanzierten Christen sind deswegen »fernstehend«, weil sie dort zu wenig Diakonie bezüglich ihrer eigenen Nöte und Sorgen erfahren haben. Ein anderer, sozialpolitisch und nicht zuletzt theologisch recht sensibler Teil der Distanzierten hat sich deswegen in eigene ökumenische und politische Weggenossenschaften hineinbegeben, weil sie für ihre Solidarisierungswünsche in den Pfarrge-

---

[33] Zur Gemeinde als der primären Sozialbasis der Kirche vgl. auch Daiber, Identität, 69.
[34] Vgl. ausführlicher meine Hinweise in: Dabeibleiben oder Weggehen. Christen im Konflikt mit der Kirche, München 1989, 125–140.
[35] Vgl. zu diesem Begriff und seinem Verständnis J. Degen, Diakonische Kompetenz der Gemeinde vor Ort (unveröffentlichtes Manuskript, zitiert bei Mette, Dimension, 60f), 20f.
[36] Vgl. dazu Daiber, Identität, 89; Ebertz/Schmid, Wohlfahrtsverbände, 299ff.

meinden zu wenig Resonanz und strukturelle Möglichkeiten sehen konnten.

Aber auch an jene »verstreute« Diakonie ist zu denken, die jenseits der kerngemeindlichen Kontrollbedürfnisse im »informellen Sektor« der zur Volkskirche gehörenden Primärgruppen (Familie, Nachbarschaft, Selbsthilfe usw.) geschieht: an aufbauenden und bekömmlichen Umgang miteinander, an Krankenpflege in den Familien, an Diakonie an alten Menschen, im Mittragen gescheiterter, schwachbegabter und psychisch angeschlagener Menschen, im gegenseitig Nicht-Alleinlassen im verwandtschaftlichen Bereich, im vielfältigen persönlichen Engagement in den Alltagssituationen der Arbeitswelt, in kollegialer Hilfe, in sozialpolitischen Einsätzen u. v. m.[37]

Sie alle repräsentieren nicht nur die volkskirchliche, sondern zumindest in dieser Hinsicht auch die inhaltlich-christliche Basis der Kirchengemeinden. Wenn die Subjekte solcher versprengter Diakoniefelder erfahren könnten, daß ihr Tun mit der Kirchengemeinde zu tun hat, indem letztere solche Anliegen selbst hochschätzt und verfolgt (und nicht nur mit der Defizitbrille sieht, daß ein Großteil dieser Christen nicht in die Kirche kommt), und wenn sie dort die entsprechende Anerkennung spüren, dann ergeben sich wohl neue (nicht strategische, sondern inhaltlich ausgewiesene) Vermittlungsformen und Begegnungsmöglichkeiten mit einem beträchtlichen Teil der »fernstehenden« Volkskirche.

Das gilt auch insbesondere für die (von der Pfarrgemeinde) fernstehenden Hauptberuflichen in sozialen Institutionen (nicht nur der kirchlichen Wohlfahrtverbände), insofern es innerhalb der Gemeinde Strukturen gibt, in denen diese mit ihrer Verkündigung von den Betroffenen her zur Sprache kommen (z. B. in der Erwachsenenbildung). Solche Öffnung der Pfarrgemeinde auf die diakonischen Manifestationen der Volkskirche kann natürlich nur möglich sein, wenn sie auch bereit ist, im Zuge dieser Öffnung sich mit unterschiedlichen Meinungen und Motivationen auseinanderzusetzen. Diakoniebegegnung erfordert und er-

---

[37] Vgl. dazu Daiber, Identität, 149ff (Daiber zitiert hier Ernst Lange mit dem Begriff der unübersehbaren Zahl der »Halbkranken«, um die sich kein Arzt kümmert, die aber von den Menschen oft wie selbstverständlich mitgetragen werden); Ebertz/Schmid, Wohlfahrtverbände, 256 und 299ff.

möglicht auch gesteigerte binnenkirchliche Pluralitäts- und Konfliktfähigkeit.[38]
In diesem Zusammenhang ist an die »Nur«-Kirchensteuerzahler zu denken. Denn immerhin bezahlen sie nicht nur große Teile der Diakonie-, sondern auch der Verkündigungsorganisationen, bei gleichzeitig mäßiger Inanspruchnahme ihrer Dienstleistungen, also ganz entgegen einer tauschgeleiteten Konsum- und (Dienst-)leistungsgesellschaft. Ohne eine solche Finanzleistung diakonisch hochstilisieren zu lassen, möchte ich doch betonen: So manche Verächtlichkeit der Hauptamtlichen und der Kerngemeinde gegenüber der volkskirchlichen Mehrzahl der Nur-Steuerzahler/innen ist völlig fehl am Platze und verdunkelt die Einsicht, daß sie nur mit deren Hilfe ihre eigenen zentralen kirchlichen Institutionen aufrecht erhalten können. Abgesehen davon, daß ein beträchtlicher Teil der Getauften gerade aus diakonischen Gründen noch ihre Kirchensteuern zahlen, weil sie gerade den caritativen Dienst der Kirchen hochschätzen und nicht missen wollen.[39] Indem man solcher Motivation eine gewisse christliche Qualität kaum absprechen kann, befindet sich hier – zumindest auf der Ebene der Delegation – eine rudimentäre diakonale Basis in der Volkskirche.

b) Chancen der Pfarrgemeinde

Auf diesem Hintergrund der hier nur andeutbaren volkskirchlichen innergemeindlichen wie außergemeindlichen mitmenschlichen und solidarischen Motivationen, Handlungen und Initiativen relativiert sich das Urteil von der professionalisierten Monopolisierung der Diakonie durch die Wohlfahrtsverbände beträchtlich, wie es gleichzeitig das Urteil von der Auswanderung der Diakonie aus den Pfarrgemeinden revidiert (auch wenn diese zuweilen ihre eigene diakonische volkskirchliche Basis zu wenig wahr- und aufnimmt).[40] Es sei hier ausdrücklich unterstrichen, daß eine solche Verbindung der Pfarrgemeinden mit der vorhandenen Diakonie in der pluralistischen volkskirchlichen Basis in keiner Weise als heimholende Vereinnahmung zu den-

---

38 Vgl. Daiber, Identität, 148–150, auch 120f, wo davon die Rede ist, daß die Diakonie immer »am innerkirchlichen wie am gesellschaftlichen Pluralismus« teil hat.
39 Vgl. zur erheblichen Akzeptanz der Kirchen bei der Bevölkerung aufgrund ihrer sozialen Arbeit Ebertz/Schmid, Wohlfahrtsverbände, 305.
40 Vgl. dazu auch Daiber, Identität, 150.

ken ist, sondern als suchendes Hingehen, Kennenlernen, Lernen wollen, und erst dann als ein ausgesprochenes Anerkennen vom eigenen Sinnhorizont her. Nochmals sei deshalb betont: Auf die haupt- und ehrenamtlichen Mitarbeiter in der Pastoral kommt hier nicht die Aufgabe zu, Diakonie zu »produzieren«; vielmehr geht es zuerst um die perspektivische Schärfung der Wahrnehmung und Achtung bereits vorhandener Diakonie in der Pfarrgemeinde sowie in ihrem volkskirchlichen Kontext zugunsten einer Sensibilität, an Notzonen aufkeimende Solidarisierungsinitiativen (z. B. Selbsthilfegruppen in der Pfarrei) aufzunehmen und ihnen dort Heimatrecht zu verschaffen.

Wo in den Gemeinden zwischen Gläubigen und Betroffenen (unter den Gläubigen selbst wie auch »außerhalb«) Kontakte entstehen und etwa in der Form gemischter Selbsthilfegruppen (z. B. zwischen Einheimischen und Asylsuchenden oder auch zwischen alten und jungen Menschen)[41] wachsen (wie dies in eindrucksvollen Erfahrungen und Beispielen der Verbindung von Gemeinde und Diakonie die Autoren/innen des Buches »Gemeinde und soziale Brennpunktarbeit« nennen), entstehen »Soziotope« von Not und Hoffnung: zunächst punktuell als »Vergesellschaftung von unten« (an den Notzonen selbst und mit den Betroffenen)[42], die sich wiederum regional und überregional miteinander verbinden zu »sozialen Netzwerken«. Ich denke immer noch, daß die bereitstehenden Organisationssysteme der Kirchengemeinden (und nicht wenige publizierte und noch mehr unpublizierte Erfahrungen und Beispiele sprechen dafür) noch nicht gänzlich ihre Chance verspielt haben, sich als institutionelle Ressourcen für die lokale Vernetzung unterschiedlicher Soziotope zur Verfügung zu stellen. Obgleich als »Vergesellschaftung von oben« entstanden, sind sie doch immer wieder zu mancher die Vorzeichen des Systems verändernden Mutation fähig, sofern ihre Exponenten den Beteiligten Entsprechendes zutrauen und sofern sie sich zusammen tatsächlich auf den Weg ihrer Diakonisierung machen und sich in entsprechende Weggenossenschaften hineinbegeben.

Solche Weggenossenschaften beziehen sich dabei sowohl auf in-

---

[41] Vgl. dazu H. Steinkamp, Gleich-geschaltet oder Gleiche vor Gott, in: H. Kramer/ U. Thien (Hrsg.), Gemeinde und soziale Brennpunktarbeit. Soziotop von Not und Hoffnung, Freiburg 1989, 205–214, hier 210f.
[42] Vgl. Steinkamp, ebd. 212.

formelle diakonische Aufbrüche in und neben der Gemeinde (z. B. auf einen sozialen Arbeitskreis mit Obdachlosen) wie auch auf die Verbindung mit den lokalen formellen Organisationen der Wohlfahrtsverbände, wie z. B. mit ihren Sozialstationen. Dabei gibt es zunehmend interessante Übergänge und gemeinsame Anliegen zwischen Pfarrgemeinde und Verbänden, weil auch die organisierte Diakonie sich zunehmend darauf ausrichtet, ihre eigene Verbandsarbeit mit den informellen Diakonieinitiativen- und -gruppen zu vernetzen und darin ihre eigene nicht professionelle Basis im gesellschaftlichen Alltag als Bereicherung und Kritik ihrer eigenen Arbeit einzuholen. Strukturell bietet sich füglich die Pfarrgemeinde als eine zumindest mögliche, weitgehend nicht professionelle und sich im gesellschaftlichen Alltag befindliche *offene* Systemstruktur in besonders kongenialer Weise für die informellen diakonischen Soziotope als ein sozialer Zusammenhang an, der weit weg von der Versuchung verbandlicher Integration deren Vernetzung, deren finanzielle und rechtliche Unterstützung sowie ihre lokale und überregionale Politikfähigkeit schützt. Denn ohne jede vorwurfsvolle Attitüde gegenüber den Wohlfahrtsverbänden darf doch die strukturelle objektive Gefahr nicht verdrängt werden, daß sie in der Befriedigung der Bedürfnisse der Betroffenen, in deren Artikulation und Organisation zugleich deren unmittelbare »spontaneistische« Politikfähigkeit zugunsten eines kompromißlosen Aufdeckens der sozialen Widersprüche reduzieren.[43]

Mit am wichtigsten ist dabei wohl der Schutz der angesprochenen Soziotope davor, daß die Beschäftigung mit den Marginalisierten nicht zur eigenen Marginalisierung führt. Davor kann die relativ stabile lokalpolitische und *gesellschaftliche* Dignität der Kirchengemeinde bewahren, wenn ihre Mitglieder sich mehrheitlich entsprechend solidarisieren, und zwar auch und gerade dann, wenn sie selbst nicht direkt in den sozialen Initiativen beteiligt sind. Aber auch ihre *binnenkirchliche* Dignität wird sie in die Waagschale werfen, indem sie (als traditioneller Ort der Glaubensverkündigung) verkündigt, daß das Hören auf die Armen ein integraler Bestandteil des christlichen Glaubens selber ist.[44]

[43] Vgl. Ebertz/Schmid, Wohlfahrtsverbände, 302ff.
[44] Vgl. Steinkamp, Gleich-geschaltet, 210ff.

Am Beispiel der Beratungspraxis möchte ich die angesprochene Problematik andeuten: Es gehört zum Dilemma und zur beständigen Klage in der Beratung, daß sie deswegen nicht selten auf halbem Weg »verhungert« und manchmal auch zum Scheitern verurteilt ist, weil es außerhalb der Beratung keine sozialen Räume gibt, in denen die helfende und befreiende kommunikative Kultur anzutreffen ist, von der die Beratung selbst lebt. So gibt es kaum mit den inhaltlichen Kategorien und Begegnungsweisen der Beratung kongruierende soziale Umfelder, in welchen die Beratungsvorgänge im Alltag der Menschen Fuß fassen und praktiziert werden können. Die beste Beratung bzw. Therapie in Zweiergesprächen, in Gruppenarbeit, in psychiatrischer Behandlung hängt in der Schwebe exzeptioneller Besonderheiten, wenn nicht außerhalb ihrer selbst ebenfalls besondere alternative Sozialformen vorhanden sind, in denen die Beratenen und Therapierten ihre neuen Einsichten erproben und erfolgreich leben können.

Die zunehmende Austrocknung sozialer Gebilde auf dem sogenannten intermediären Niveau (also zwischen Familie und den gesellschaftlichen Großstrukturen), wie es z. B. eine Kirchengemeinde darstellt, durch die übergreifenden technologischen Informations- und Unterhaltungsmedien auf der einen und durch die Privatisierung »eigentlicher« Freiheit und Beziehungserfahrung auf die Kleinstrukturen der Geschlechterbeziehung und Familie auf der anderen Seite, signalisiert eine Entwicklung, in der immer weniger größere, aber doch noch überschaubare Sozialbereiche die kommunikativen Alltagserfahrungen ermöglichen, die nicht von der technisierten und bürokratisierten Unübersichtlichkeit der Makrostrukturen (die bis in die kleineren Zwischenbereiche der Verwaltungs- und Arbeitsinstitutionen reichen) direkt abhängig sind und die zugleich die überforderten Kleinfamilien entlasten bzw. deren Unfähigkeit oder Unwilligkeit zu menschlicheren Beziehungen in neuen und besseren darüber hinausgehenden sozialen Bindungen überholen. Es geht um die Rettung von Sozialgestalten, in denen Menschen außerhalb ihrer intimeren Beziehungen wie auch relativ frei von ihren Funktionsbeziehungen vis-à-vis miteinander umgehen und darin ihre authentische soziale Kompetenz entdecken und erproben, die dann auch gegenüber den anderen Gesellschaftsbereichen helfende und kritische Potenz entfalten kann.

c) Alltagsdiakonie

Die klinischen und caritativen Einrichtungen von Staat, Kommunen und Wohlfahrtsverbänden sind und bleiben insbesondere für die akuten Stadien höchst notwendig, erweisen sich freilich ihrerseits wieder als relativ hilflos, wenn es darum geht, in welchen sozialen Räumen diejenigen leben und ihre Situation besprechen und bewältigen bzw. aushalten können, die aus den Akutbehandlungen entlassen wurden, aber dennoch mehr oder weniger ambulante Hilfen nötig haben und von ihren Stigmatisierungen sowie von ihrer angeschlagenen Fähigkeit her, im »normalen« Arbeits- und Gesellschaftsprozeß zu »funktionieren«, nur begrenzte Überlebenschancen (bis zur nächsten »Einlieferung«) besitzen, wenn es nicht entsprechend humane und humanisierende überschaubare Sozialräume gibt.

Hier denke ich beispielsweise an Patienten aus dem psychiatrischen Krankheitsfeld, sei es, daß sie bereits als (relativ) geheilt aus den Krankenhäusern entlassen sind, sei es, daß sie als Entlassene dennoch nur in ambulanter Anbindung an therapeutische Institute »draußen« leben können, sei es, daß sie noch unabsehbare Zeit in den psychiatrischen Anstalten verbringen (müssen). Ein Großteil der ersten beiden Gruppen könnte auf Dauer außerhalb der Kliniken leben, und einen weiteren Großteil der letzteren Gruppe könnten die Kliniken möglicherweise entlassen, wenn es in unserer Gesellschaft eine Mentalität und soziale Akzeptanz gäbe, die nicht nur auf die Gesunden und Funktionierenden reduziert wären, sondern auch »andere« Menschen neben und mit sich wohnen und leben ließen. Hier tut sich das ganze Feld der Rehabilitationsproblematik auf mit der Frage danach, welche Ziele sie haben (funktionale Reintegration in die *bestehende* Sozial- und Arbeitswelt, ohne sie zu verändern?), wie die Sozialformen dieser Rehabilitation auszusehen hätten und wo sie angesiedelt sein müßten.

Um nicht mißverstanden zu werden: Auch ich bin nicht der Meinung, daß man auf psychiatrische Anstalten verzichten könne. Wahrscheinlich hätte ein solcher Verzicht tatsächlich eine neue Kriminalisierung kranker Menschen aufgrund ihrer abweichenden Taten zur Folge. Dennoch und gerade deswegen muß die »Gretchenfrage« nach dem Verhältnis von jeweils geschlosseneren zu offeneren Sozialsystemen und nach ihrer gegenseitigen Durchlässigkeit zueinander gestellt werden.

Und hier stehen wir in Anbetracht des bisher Gesagten vor einem Dilemma: Prinzipiell müßte man dafür plädieren, daß aus Akutbehandlungen Entlassene in möglichst offenere soziale Systeme aufzunehmen sind. Dabei soll nicht die Wichtigkeit und Notwendigkeit von Rehabilitationsinstitutionen problematisiert werden, die selber wieder (wenn auch auf einem ganz anderen Niveau als etwa Kliniken) relativ gebundene Systeme darstellen, wie etwa ein Zentrum für behinderte Menschen, die dort (fast wie in einer Welt für sich) nicht nur ihre Freizeit, sondern auch ihre Arbeits- und Kulturbetätigung ermöglicht bekommen. Das ist sehr viel, und dagegen ist nichts zu sagen. Nur dürfte man darüber hinaus das ideale Ziel nicht aus dem Auge verlieren, daß solche Institutionen noch einmal als Durchgangszeiten und Übergangssysteme gesehen und gestaltet werden: in je offenere soziale Felder hinein, in denen die Betroffenen nicht mehr in einer Sonderwelt, sondern in der Alltagswelt der Gesellschaft leben und integriert sein können. Dies wäre z. B. der Fall, wenn psychiatrisch anfällige und behinderte Menschen in der allgemeinen Wohnungslandschaft in Wohngruppen leben und in normalen Firmen ihrer Arbeit nachgehen können.[45]

Ich möchte betonen, daß solche gegenseitige Durchlässigkeit der sozialen und therapeutischen Systeme reziprok und auf jeden Fall ohne äußere oder innere Zwänge, sondern nur in der zuweilen recht schwierigen Verantwortung zu sehen ist, die je größere Freiheit der Patienten an ihre einzuschätzende Möglichkeit und Kraft zu dieser Freiheit zu binden. Deshalb kann ich mir durchaus auch Entscheidungen vorstellen, die im konkreten Fall für ein Zurückgehen in geschlossenere Systeme hinein plädieren, weil sich Rehabilitations- und Integrationsstreß bis hin zur Suizidgefahr verschärfen können.

Die Schwierigkeit besteht nun darin, daß die Durchlässigkeit von geschlosseneren in je offenere Systeme hinein dadurch blockiert wird, daß die dafür nötige soziale und therapeutische »Kapazität« in den offenen Systemen äußerst beschränkt ist. Das

---

[45] Hierfür müßte sich selbstverständlich sehr viel in der Mentalität der Arbeitsbereiche wie auch in der diesbezüglichen Gesetzgebung verändern. Vgl. zu diesen Überlegungen die praktischen Erfahrungen bei H. Luger, KommRum. Der andere Alltag mit Verrückten, Bonn 1989.

beginnt für die Rollstuhlfahrer mit den Stufen vor der Kirchentür, das geht über die defensiven Reaktionen der Arbeitgeber, für die ein behinderter Mensch zugleich eine finanzielle Last bedeutet, und das endet schließlich bei der psychischen Inkompetenz der »Gesunden«, mit behinderten bzw. andersartigen Menschen zusammenzuleben. Natürlich handelt es sich hier nur um recht plakative Andeutungen des Tatbestandes, daß unsere offenen sozialen Systeme (wie auch viele Kirchengemeinden) weitgehend in ihrer defensiven Mentalität wie in ihrer Unfähigkeit zur partizipativen Integration »anderer« Menschen (von fremden Asylsuchenden über HIV-infizierte bis hin zu psychiatrisch kranken Menschen) doch wieder auf anderer, nämlich auf psychologischer und ideologischer Ebene, »geschlossene« Systeme darstellen. Dies wiederum treibt Betroffene in ihre institutionellen Sonderräume zurück.

Ähnliches gilt angesichts der Aidsproblematik: Die helfenden Einrichtungen von Staat und Wohlfahrtsverbänden sind insbesondere für die Akutsituationen der Aidskranken höchst notwendig, sind freilich ihrerseits relativ hilflos, wenn es darum geht, in welchen sozialen Räumen Aidskranke in ihren oft relativ langen symptomfreien Zeiten menschenwürdig, d. h. akzeptiert und zugleich in ihrer Wichtigkeit für die anderen wahrgenommen, leben und ihre Situation aushalten und bewältigen können. Manche Aidskranke können z. B. nach einem Krankenhausaufenthalt nicht mehr in ihre Wohnungen zurück, weil sie ausquartiert wurden oder weil sie durch Verlust des Arbeitsplatzes die Miete nicht mehr zahlen können.[46] Auf diesem Hintergrund könnten und müßten Gemeinden im Horizont der christlichen Diakonie innerhalb ihres weiteren gesellschaftlichen Umfeldes etwas durchaus Alternatives werden: wo Liebe herrscht und nicht Ressentiment, wo z. B. aidskranke Menschen noch Wohnungen bekommen, wo sie in bestehende und auch neue Gruppen der Gemeinde aufgenommen werden, wo Selbsthilfegruppen Raum, Schutz und Unterstützung erhalten.

Es wird die brisante Aufgabe für die Pfarreien wie auch für die Caritasinstitutionen in der näheren Zukunft sein, zueinander die entsprechenden Zwischenstufen offener Hilfssysteme aufzubauen und im eigenen Bereich die nötigen Voraussetzungen zum

---

[46] Vgl. dazu Fuchs, Umgang, 113–118 (mit Literatur).

Übergang in den und zur Aufnahme aus dem jeweils anderen Bereich zu schaffen, damit dieser umfassende diakonale Umgang mit Notleidenden und Benachteiligten von der normalen Lebenswelt bis zur caritativen Akutstation und umgekehrt möglich wird. Das Gegenteil davon wären eine verschärfte Zentralisierung der Wohlfahrtsverbände und Hospitalisierung der Betroffenen auf der einen und massive Abschottungen der bürgerlichen Pfarreien von der Diakonie auf der anderen Seite.

5.3 Gemeinsam gegen die Armut

a) Gegenseitige Ergänzung

Es bieten sich durchaus verstärkte Gemeinsamkeiten zwischen kirchlichem Wohlfahrtsverband (insbesondere in seinen lokalen Manifestationen) und den Pfarrgemeinden an, etwa in der Zusammenarbeit von Pfarreien mit Sozialstationen. Gegenseitige »Eifersucht« ist nicht nötig: weder von seiten der Professionellen in den Verbänden denen gegenüber, die als »Laien« nach anfänglicher Unsicherheit und Einarbeitung dann oft überraschend viel diakonische Kompetenz zeigen und manche Kritik auszusprechen vermögen, noch von seiten der Hauptamtlichen in der Pastoral, wenn sie das Gefühl haben, daß die diakonischen Initiativen möglicherweise »zuviele« ehrenamtliche Mitarbeiter in der Pfarrgemeinde finden (und angeblich von der Kerngemeinde »abwerben«). Damit stehen nicht so sehr neue Zentralisierungen der Hilfeleistung an als vielmehr deren Auffächerungen in verschiedene ambulante Zwischenstufen (zwischen stationären geschlossenen und den offenen Hilfesystemen), in die hinein mehr Ehren- *und* Hauptberuflichkeit zu investieren wäre. In einem solchen Netz zwischen stationärer, ambulanter und sozialer Diakonie könnten auch in ganz anderer Weise die Schwierigkeiten des sozialen Umfeldes der Betroffenen wahrgenommen und im Austausch mit den darin Verantwortlichen (z. B. den Seelsorgern/innen bzw. mit engagierten Christen) mitverändert werden. Diese Entfächerung in der Organisation der Diakonie bis hinein in die kommunikativen Gegebenheiten des Alltags wird dann auch ein »rasches und flexibles Eingehen auf konkrete Probleme« möglich machen: »Die Pfarrgemeinden sollten der erstrangige Ansatzpunkt für die Weiterentwicklung solidarischer Hilfe untereinander und für ›Initiativen von unten‹ sein.«[47]

Für beide Seiten, für die Verbände wie auch für die Gemeinden, stehen dann entsprechende Neuorientierungen und Lernprozesse an: und zwar dergestalt, daß beide Bereiche den Gefahren, Betroffene nur zu betreuen, mit wachsender Sensibilität entgegenwirken. Denn beide Organisationsfelder liegen als Systeme »von oben« prinzipiell (ohne personenbezogene Unterstellung) in der Gefahr, sich von der Basis abzulösen, die Betroffenen zu verwalten oder gar als Mittel für die Aufrechterhaltung der eigenen Herrschaftsstrukturen bzw. des eigenen Image in der Umwelt zu mißbrauchen.[48] Für beide Bereiche steht damit immer wieder die nötige Transformation von der »Kirche für die Betroffenen« zur »Kirche mit den Betroffenen« bis hin zur »Kirche der Betroffenen« an.[49] Damit will ich weder die Betreuungspastoral noch die Betreuungsdiakonie verteufeln, sofern man dem Betreuungshandeln noch gute Seiten abzuringen vermag: Denn immerhin brauchen viele Menschen punktuell und über manche Zeitstrecken hinweg zu ihrer Entlastung auch die Betreuung, in der von den Helfern/innen den Betreuten manches entscheidungs- und verantwortungsstellvertretend abgenommen wird. Nur darf das kein kalkulierter Dauerzustand werden, und vor allem darf ein solches Handeln nie zugunsten anderer Ziele instrumentalisiert werden. Wo die Betreuung in die faktische oder vorsätzliche persönliche und strukturelle Entmündigung hineinführt, muß sowohl der Sozialtechnologie wie auch der Pastoralbürokratie und ihrer beider Innovations- und Wahrnehmungsscheu massiv dadurch entgegengesteuert werden, daß die informellen Betroffenen-Gruppen wie auch die Betroffenen in den Gemeinden bzw. Verbänden selbst nicht nur im persönlichen Austausch, sondern in struktureller Absicherung das Entscheidendere zu sagen und mitzubestimmen haben.

Genau dies ist eine Verwirklichung der »sozialen Akzeptanz«, die Betroffenen gesellschaftlich immer wieder entzogen wird und die sie doch so bitter nötig haben. Gerade die kirchliche Diakonie gibt ihrem Glauben an den unendlichen theologischen

[47] A. Mertens, Gebot der Stunde. Katholischer Dienstleistungsgigant in Atemnot, in: Publik-Forum 16 (1987) 6, 13.
[48] Vgl. Ebertz/Schmid, Wohlfahrtsverbände, 302f; Mette, Dimension, 62.
[49] Vgl. Mette, Dimension, 64; Steinkamp, Gleich-geschaltet, 213.

Wert jedes und insbesondere des benachteiligten und beschädigten Lebens dadurch erfahrbare Gestalt, daß sie durch ihr eigenes soziales Verhalten für die Aufhebung sozialer Benachteiligung sorgt. Innerhalb der Klassifikationsniveaus der Bestimmung von Behinderung beispielsweise ist neben der »Schädigung« und der »Funktionseinschränkung« auch und gerade die »soziale Benachteiligung« der Ort, wo oft am schmerzlichsten die eigene Behinderung erfahren wird. Christliche Diakonie kann sich demnach nicht als Mängelverwaltung an der Behinderung mit dem Ziel organisieren, solche Mängel zu therapieren und technisch zu kompensieren, sondern sie wird sich um eine ganzheitliche Begegnung mit den Betroffenen bemühen, um eben diese neuralgische Stelle in der Sozialerfahrung der Stigmatisierten zu heilen.

Hier hätten die offenen Systeme der Pfarrgemeinden die besondere Chance, die Begegnung mit Beschädigten nicht zur Sonderbehandlung werden zu lassen, sondern den Betroffenen dazu zu verhelfen, in die normalen und alltäglichen zwischenmenschlichen Bezüge hinein einen für sie selbst und für die ganze Gemeinschaft notwendigen Ort zu finden. Der Lebenskontakt mit den Benachteiligten provoziert dann gerade die Kommunikationsstrukturen, die dazu angetan sind, daß sie als »Normale« behandelt werden können, insofern nämlich dann zur Definition und zur Erfahrung der Normalität innerhalb dieser Gemeinschaft die Schwäche und das Beschädigtsein dazugehören, weil alle ihre eigenen Behinderungen und Defizite wahr- und annehmen. Wer verdrängungsverfallen Beschädigung und Leiden aus der insgesamten Bestimmung seines Lebens heraushält, wird immer dazu neigen, auch die Beschädigten und Leidenden auszugrenzen bis hin zur fürchterlichen Versuchung, sie abschaffen zu wollen.

b) Am Beispiel »Kindergarten«

Eine weitere diakonische Verantwortung der Kirchengemeinden liegt besonders darin, die in ihrem eigenen Bereich liegenden und mit ihnen assoziierten diakonischen Institutionen (wie Kindertagesstätten, Altenheime, Krankenpflegevereine usw.) entsprechend (mit-)zutragen und deren eigene diakonische Qualität und Notwendigkeit sowohl theologisch wie auch praktisch zu schützen. Am Beispiel der katholischen »Kindergärten« mag deutlich werden, wie sehr an diesen »Fronten« zwischen Martyria und Diakonia die entsprechenden Probleme hautnah zu erleben und deren Spannungen auszutragen bzw. produktiv zu bewältigen sind.

Nicht wenige Verantwortliche in den Gemeinden und Kirchenleitungen kommen zunehmend mit der Argumentation: Katholische Kindertagesstätten haben nur dann einen pastoralen Zweck, wenn sie etwas für die Pfarrei insofern »bringen«, daß Eltern, Kinder und Erzieher/innen wieder näher an die liturgischen Innenbereiche der Pfarrei herangeführt werden und sich entsprechend in den Vorgängen und Aktivitäten der Gemeinde integrieren. Dahinter steht die kirchenintegralistische Sicht, daß pastoraler Erfolg nur dann gegeben sei, wenn die Anzahl der aktiven Kirchenmitglieder ansteigt. Natürlich ist dieser Wunsch legitim und verständlich; er darf und muß sich aber von der theologischen Identität der Kirche als Evangelisierung gründlich überholen lassen. Danach ist das Ziel der Kirche nicht primär die Kirche, sondern die Verkündigung und ansatzhafte Vergeschichtlichung des Reiches Gottes. Evangelisierung ist kein Kampfbegriff gegen die Welt, in der wir leben, sondern präzisiert die Verantwortung der Christen und der Kirchen in ihr: nämlich zugunsten dieser Welt und ihrer Vermenschlichung den Glauben zu leben. Dabei kann es durchaus möglich sein, daß entsprechende Manifestationen des Reiches Gottes in vielfältigen Formen längst außerhalb der Kirche vorhanden sind und deshalb von ihr in Anerkennung aufgesucht werden. Aus einer solchen nicht-integralistischen, sondern im Bezug auf die eigene kirchliche Institution relativ absichtslosen und uneigennützigen Perspektive ist die Kindertagesstätte nicht (nur) eine Missionsstation der Kirche in der ach so säkularisierten Umwelt, sondern primär ein *Dienst* der Kirche an den Kindern und Familien in unserer Gesellschaft. Natürlich kommen dann im Kindergartenbereich gerade die Fernstehenden zum Vorschein, die ansonsten kaum »auftauchen«. Liegt es dann nicht nahe, diesen gegenüber gerade nicht mit Druck, sondern mit der sicher immer schwierigen Kombination von Liebe und Freiheit zu reagieren?

Das diakonische Kriterium für die Beibehaltung und Gestaltung einer kirchlichen Kindertagesstätte trifft auf tiefliegende Probleme in unserer Gesellschaft: So ist es Kindern in manchen Ehen und Familien zu gönnen, daß sie möglichst frühzeitig in den

Kindergarten kommen, um katastrophalen familiären Verhältnissen zu entgehen. Die erschreckend hohe Anzahl der Kindes-
mißhandlungen ist nur die Spitze des Eisbergs solcher Zustände.
Aus dieser Perspektive ist das allgemeine Recht auf einen Kin-
dergartenplatz nicht nur wegen der allen Eltern strukturell zu
ermöglichenden Erwerbstätigkeit zu vertreten, sondern besonders auch um der Diakonie an den Kindern dieser Gesellschaft
willen, die durch ein Zurückgestopftwerden in die überforderten
Familien um ihre Lebensmöglichkeiten gebracht werden und oft
in höchste Gefahr geraten. Über die Mängelverwaltung unter
dem Aspekt der Verwahrung hinaus sind deshalb gerade auch
die kirchlichen Kindergärten ein notwendiger Dienst an der Gesellschaft. Die positive Seite des gerade innerkirchlich immer
wieder beklagten »Funktionsverlustes« der Familie kann nämlich darin bestehen, daß die Familie zunehmend Verantwortung
an andere soziale Träger abgeben kann und könnte, wenn diese
Träger aufgrund ihrer menschenaufbauenden Praxis verantwor-
tungswürdig sind bzw. wären. Abgesehen davon, daß die Erwerbstätigkeit der Eltern (besonders der beruflich tätigen Frau)
deren Gesamtzufriedenheit und Ich-Stärke aufbaut, was wieder
der Partnerbeziehung und insbesondere auch den Kindern
durchaus zugute kommen kann.[50]
Und in der Frage nach dem »katholischen Profil« des Kindergartens und damit nach seiner menschenaufbauenden Praxis
darf man wohl auf das Vorbild Jesu selbst zurückgehen und an
seine riskante Aufnahme der Fremden und anderer, der Gestörten und Störer, der Kleinen und der Schwachen erinnern. Damit
erschöpft sich die katholische Identität nicht im Lernen von Be-
kenntnissen und Geboten sowie im entsprechenden Lied-, Ge-
bets- und Bildgut. Diese bleiben wichtig, wichtig bleibt freilich
auch ihre notwendige Verbindung mit den realen Vollzügen im
rechten Handeln und Begegnen für- und miteinander. Wenn es
freilich um das Lernen von christlichem Sozialverhalten geht,
dann werden sich gerade christliche Kindertagesstätten in ihren
eigenen Bereichen gegen jegliche Entmischungstendenzen innerhalb der Gesellschaft wehren, wonach gesund und krank, behindert und nichtbehindert, einheimisch und fremd, arm und reich

---

[50] Vgl. insgesamt zu diesen Fragen H. Manderscheid, Kirchliche und gesellschaftliche
Interessen im Kindergarten. Ein pastoraltheologischer Beitrag zur Frage nach dem
katholischen Profil, Freiburg 1989.

zunehmend im Bewußtsein wie auch in der gesellschaftlichen Praxis (beispielsweise im Auseinandertriften der entsprechenden Wohngettos) Platz greifen.[51] Dann freilich müßten soweit wie möglich behinderte, fremde und arme Kinder in den christlichen Kindergarten aufgenommen werden: einmal als Dienst an diesen selbst, zum anderen auch als Dienst an der christlichen Identität der Kindertagesstätte, weil so von Anfang an »starke« Kinder lernen, mit den »schwachen« Kindern solidarisch umzugehen, behinderten Kindern im Alltag des Kindergartens zu helfen, damit man nicht später einen Behinderten auf der anderen Straßenseite als unbekanntes Monstrum ansehen und abstoßen muß, weil man bereits als Kind nicht gelernt hat, entsprechende Auffälligkeiten »normal« in den eigenen Lebensalltag zu integrieren.[52] Zur kirchlichen Identität des katholischen Kindergartens gehört also nicht nur das Glauben-, sondern auch das christliche Soziallernen. Dann wird die Kindertagesstätte selbst zu einer diakonischen Gemeinde, von der die Pfarrei nur lernen kann.

c) Breite Front gegen die Armut

»Armut« ist ein vielschichtiges Phänomen, wenn man sie als negativen Gegenbegriff zur positiven »Lebensqualität« entwirft. Armut ist dann Mangel an Lebensqualität. Letztere ist durch folgende Faktoren bestimmt: 1. durch die Einbindung in ein intaktes soziales Netz, 2. durch eine gesellschaftlich anerkannte wirtschaftliche Tätigkeit, 3. durch die Kongruenz psychischer und struktureller, ichbezogener und äußerlich erlebter Wirklichkeit, 4. durch die Verwurzelung in einer soziokulturellen Tradition mit einem tragfähigen Weltbild und entsprechenden Werten, 5. durch die Einbettung in eine intakte natürliche Umwelt, 6. durch den Zugang zu religiösen und spirituellen Erfahrungen, 7. durch den Zugang zu Bildungsangeboten.[53] (Es fehlt in dieser

---

[51] Vgl. dazu auch U. Bach, »Aber auf Dein Wort!« Plädoyer für eine diakonische Kirche, in: Concilium 24 (1988) 4, 330–335, hier 331.

[52] Zur diesbezüglichen Problematik der Integration von verhaltensgestörten und behinderten Kindern in katholischen Kindergärten vgl. O. Fuchs, Wo Wort und Tat verbunden sind, in: Welt des Kindes 63 (1985) 2, 105–112, hier 110ff; ders., Ein Gott der Blinden und Lahmen. Überlegungen zum Leben mit Behinderten in der christlichen Gemeinde, in: Welt des Kindes 63 (1985) 3, 211–219.

[53] Vgl. Ch. Jäggi/T. J. Mächler, Armut: Ein Mangel an Lebensqualität, in: B. Buhmann

Aufzählung wohl noch der Zugang zu befriedigenden Wohnverhältnissen.) Aus solcher Perspektive hätte die Kirchengemeinde neben ihrer Verantwortung für »extrem« Arme die »normale« diakonische Verantwortung, in ihren eigenen Lebensfeldern zu verhindern, daß Menschen in irgendeiner Form arm werden. In der Mitsorge für die Familien, für die Kindererziehung, für die Generationenbeziehung, in inhaltlichen Orientierungen, in der Freizeitgestaltung usw. gibt es »eben auch die Diakonie an Gesunden, an kaum Kranken, an kaum Schwachen, es gibt die Diakonie auf die Weise, daß Menschen eben einfach einander nicht allein lassen«[54]. Dazu gehören auch die Erfahrung des Zugehörigkeitsgefühls zu einer Gemeinschaft (vgl. Kap. 6.2), die Ermöglichung einer bekömmlichen religiösen Entfaltung (vgl. Kap. 6.1), die Verwurzelung in einem überschaubaren Traditionskontext und die nicht nur funktionale, sondern absichtslos humanisierende Bildung.[55]

Wo aufgrund des von Soziologen apostrophierten »Individualisierungsschubs« in den (post-)modernen Gesellschaften die Glücks- und Erfüllungserwartungen sich besonders auf den mikrosoziologischen Bereich der Freundschaft, Partnerschaft und Familie konzentrieren und diese oft maßlos überfordern und darin gefährden, braucht es darüber hinausgehende dauerhafte soziale Kontexte, in denen die primären sozialen Kleinstformen entlastet und getragen werden.[56] Bietet die Kirche überschaubare Gemeinschaftsformen an, in denen sich die Mitglieder von Familien außerhalb ihrer Familien zur gegenseitigen Bereicherung entfalten können (etwa im Zusammenhang mit Begegnungsnetzen von Eltern im Kontext des gemeindlichen Kindergartens), dann entzerren sie binnenfamiläre Fixierungen in einem weitergehenden sozialen Lernfeld (nicht zuletzt zugunsten einer hoffentlich weniger bedrückenden religiösen Sozialisation) und liefern so einen wichtigen Beitrag zur Humanisierung von Mensch und Gesellschaft überhaupt.

Dazu kommt vielleicht auch der Aspekt: Destruktive und damit

---

u. a., Armut in der reichen Schweiz. Eine verdrängte Wirklichkeit, Zürich/Wiesbaden 1989, 9–114, hier 11.
[54] Daiber, Identität, 150.
[55] Vgl. dazu Fuchs, Kabel, 105ff.
[56] Zum Individualisierungsschub vgl. U. Beck, Risikogesellschaft. Auf dem Weg in eine andere Moderne, Frankfurt a. M. 1986, 86 und 115.

letztlich (z. B. psychisch) armmachende Wirkungen haben auch solche Operationen, in denen *ein* Faktor der Lebensqualität so überhand gewinnt, daß er die anderen verdrängt, ersetzt und ausschaltet: wie etwa die bis in psychotische Formen sich hineinsteigernde »Arbeitswut« von Menschen, die ohne Arbeit überhaupt nicht mehr leben können und deshalb für soziale und spirituelle Erfahrungen keine Zeit und keine Energie mehr aufzubringen vermögen. Hier zeigt sich eine Armut besonderer Art, in deren Horizont manche »Freizeitgestaltungen« der Kirchengemeinden plötzlich diakonische Qualität annehmen. Ähnliches gilt für die entsprechende Eindämmung überbordenden Konsumverhaltens durch interpersonale soziale Einbindungen, insbesondere im Zusammenhang mit dem Fernsehkonsum.[57] Weiterhin läge eine besondere Verantwortung der Kirchengemeinden darin, die Verflachung der Geschichte auf die Gegenwart, die »Verengung der Zeithorizonte« durch die Anbindung an ein geschichtliches Netzwerk von Vergangenheit und Zukunft, von Erinnerung und Verheißung aufzufangen und darin die Fähigkeit überhaupt wieder zu steigern, geschichtlich zu denken und zukünftige Konsequenzen der Gegenwart mit in den aktuellen Handlungshorizont aufzunehmen.[58] Denn gerade die Aufhebung des »Erinnerungs-Verlustes« und die ermöglichte Chance zur Wiederaneignung biblischer und kirchlicher Hilfeerfahrungs- und Befreiungstraditionen sind nicht nur für Notleidende, sondern für alle Menschen (damit sie Not nicht in irgendeiner Form fatalistisch lesen) ein diakonischer Dienst besonderer Art: zur Erweiterung ihrer Horizonte und zugunsten der Kompetenz, Not wahrzunehmen, ideologiekritisch zu denken und geschichtliche Veränderung in Angriff zu nehmen.[59]

---

[57] Vgl. Fuchs, Kabel, 91–128.
[58] Vgl. Beck, Risikogesellschaft, 216f.
[59] Zum Erinnerungs-Verlust vgl. Steinkamp, Gleich-geschaltet, 211; zu fatalistischen Lesarten der Armut vgl. G. Enderle, Unterschiedliche Haltungen zur Armut in der heutigen Gesellschaft, in: Buhmann, Armut, 150–160: Enderle unterscheidet hier die sozialtechnische Reaktion (es gehört zur Technik der Wirtschaftssysteme, daß es Armut immer gibt, deswegen ist sie auch technisch zu therapieren), die sozialdarwinistische Haltung (die Armen sind immer die Untüchtigen), die Haltung des Selbstinteresses (das sich mit der Hilfeleistung jeweils verbindet und die Armen instrumentalisiert) und die Reaktion der Schuldzuweisung (die das eigene Nichts- oder Wenig-Tun entschuldigt). Als humane Reaktion formuliert Enderle, daß die Armut als Verletzung der Menschenwürde die Haltung verlangt, die Armen in ihrer Betroffenheit ernst zu nehmen, sie in ihrem aufrechten Gang zu bestärken und ihnen ihre Rechte zurückzugeben (vgl. 157).

6. Diakonische Praxis im kirchlichen Selbstvollzug

6.1 Helfende Gottesverkündigung

a) *Quelle des Selbstvertrauens*

Im Zusammenhang mit einem Erinnerungsbild aus meiner eigenen Kindheit, das mich, so glaube ich, in seinem Inhalt bis heute geprägt hat, möchte ich das einführen, was mir im Folgenden wichtig ist. Abstrakt formuliert geht es um die Diakonie Gottes uns Menschen gegenüber. Die konkretere Versprachlichung fällt hier bei weitem nicht so leicht wie das Aussprechen von zwischenmenschlichen diakonischen Handlungsanleitungen. Und doch darf man nicht schweigen von dem, der uns die Geborgenheit und Energie schenken kann, die all die Angst im Vertrauen aushalten und bewältigen hilft, die der zwischenmenschlichen Diakonie oft so destruktiv im Wege steht.

Wenn ich mich an meine frühere Kindheit erinnere, erinnere ich mich zugleich an ein ganz bestimmtes Bild, das über meinem Bett hing: Ein überdimensional großer Schutzengel führt und beschützt darauf einen Knaben, der über einen Steg geht. Das ästhetische Urteilsvermögen, es als Kitsch einzustufen, war mir noch fremd. Für mich war das Bild der Ausgangspunkt und bildhafte Ausdruck eines Vertrauens, das ich haben durfte, wann immer ich es ansah: Da ist einer, zwar unsichtbar, aber dennoch so real wie auf diesem Bild, der mich begleitet, der auf meiner Seite steht und der mein Bestes will. Ich kann mich noch an mein Erstaunen erinnern, als die Eltern erzählten, daß jeder Mensch einen solchen Schutzengel habe: Eine solche verschwenderische Investition Gottes für alle Menschen, eine solche »Verdoppelung« der Menschen im Himmel schien mir sagenhaft.

Dieses Schutzengelbild war für mich ein Symbol der Geborgenheit und des Vertrauens. Und indem ich dieses Bild erinnere, wird mir klar, daß es eingebettet war in ganz bestimmte Begegnungen und Handlungen zwischen Eltern und Kind. Denn erst, indem die Eltern von den Engeln und Gott erzählten und durch ihre eigene Zärtlichkeit und schützende Sorge die Verheißung des Bildes gegenwärtig machten, wurde es glaubwürdig auch in bezug auf den Engel Gottes.

Die innere Struktur dieses Bildes ist mir, so glaube ich, wenn auch in der Ausdrucksform immer wieder verändert, als Grundmatrix meines Glaubens geblieben: Da ist einer, ein Unsichtbarer und nicht Greifbarer, auf den man sich verlassen kann. Daß später der Schutzengel immer mehr durch Christus bzw. Gott ausgewechselt wurde, verändert ja nichts an der einmal innegewordenen Grundbegegnung des Vertrauens. Und wenn ich diesen roten Faden weiterspinne, dann fällt mir ein, daß mich an den Geschichten der Bibel immer wieder die fasziniert haben und betreffen, in denen Glauben als ein »sich festmachen in Gott«[1] verkündet wird, in denen die Freiheit der Gläubigen darin besteht, daß sie in der Sorglosigkeit der »Vögel des Himmels« im Grunde nichts festzuhalten und krampfhaft zu sichern brauchen, sondern »loslassen« können, weil ihre Sicherheit in Gott selbst zuverlässig festgemacht ist. Bis in meine Beschäftigung mit der »Klage als Gebet« hinein blieb mir dieses Thema, denn im Klagegebet geht es um die Krise des Vertrauens und – nach dem Durchgang durch den Klageprozeß – um eine noch einmal größere Vertrauensöffnung des Menschen auf Gott zu, gerade in einer Notsituation, wo Gott fern zu sein scheint.[2] Hier reinigt sich der Glaube von jeder Magie, von jedem Zugriff, Wohlergehen und Erfolg mit der Zuneigung Gottes zu kalkulieren.

Und in diesem Zusammenhang kommt mir, daß mich immer schon die Gestalten in Bibel und Kirchengeschichte angerührt haben, die, ohne ihren Ausgang berechnen zu können, auf eine Verheißung oder auf eine biblische Geschichte hin sich auf den Weg gemacht und ihr Leben verändert haben (Abraham, Franz von Assisi usw.). Im Horizont der Friedensthematik ist mir in den letzten Jahren aufgegangen, daß ein solches Gottvertrauen auf keinen Fall nur etwas Individuelles ist, sondern massive politische Konsequenzen haben könnte: Denn wer seine Sicherheit in Gott festmacht, der braucht weder individuelle noch kollekti-

---

[1] Vgl. Artikel 'mn, fest, sicher, in: E. Jenni/C. Westermann, Theologisches Handwörterbuch zum Alten Testament, Bd. 1, München/Zürich 1978, 177–201.
[2] Vgl. O. Fuchs, Die Klage als Gebet. Eine theologische Besinnung am Beispiel des Psalms 22, München 1982.

ve Aufrüstung. – Natürlich gibt es in meiner Glaubensgeschichte auch viele und zum Teil sehr lange Passagen der Wüste, des Nicht-glauben-Könnens und manchmal auch des Nicht-Wollens, der Ausgelaugtheit und der Enttäuschungen: Wenn etwas mich dann wieder erholen ließ, waren es Menschen oder Erinnerungen oder erzählte Geschichten, die es Gott abnehmen konnten und sich darauf verließen, daß er uns und jeden von uns unbedingt will und liebt. Die Grundmatrix des Schutzengelbildes konnte dann wieder Leben gewinnen.

Die Erfahrung des Gottes-Glaubens im vitalen Leben und Leiden ist bislang vielleicht in der Evangelisierungsdebatte zu kurz gekommen. Kritiker haben wohl recht, wenn sie betonen, daß vieles daran hängt, wie unter uns Gott zur Rede und zur Erfahrung gelangt. Ein wichtiger Aspekt wird sein, daß wir darauf vertrauen lernen, daß Gott vorhanden ist: in meinem Leben und im Leben der anderen. Dies ist ein Moment dessen, was wir theologisch »Indikativ der Gnade« nennen. Ein weiteres wird sein, daß Gebete, Sakramente und Gottesdienste als Ausdruck dessen erfahren werden, daß Gott den Weg der Menschen mitgeht, durch Positives und Negatives, durch Höhen und Tiefen, und daß er gerade darin jederzeit in Bitte, Lob, Dank und Klage ansprechbar ist. Daß sich Gott den Menschen gibt und daß er in allen Situationen mitgeht, ist ein Tatbestand seiner Universalität in den Gebrochenheiten unserer Geschichte. Diese Anwesenheit des Heils in unserem Unheil darf ausfindig gemacht werden, indem wir uns gegenseitig auch in der »Mystagogie« helfen und lernen, Geschichten von unserem Gottvertrauen zu erzählen. Wenn Hauptamtliche in Pastoral und Pastoraltheologie selbst verlernt haben, untereinander und mit den Mitchristen von Gott zu reden, davon, wie sie ihn erfahren oder auch nicht erfahren, dann ist das eine traurige Sprachlosigkeit. Dabei haben gerade sie die spezifische Aufgabe, diesen lebendigen, für das Leben hilfreichen Glauben zu schützen und zu stützen: »dann stärke deine Brüder« und Schwestern! (Lk 22,32). Mag eine solche Sprachlosigkeit über weite Strecken angebracht und immer wieder aus Intimitäts- und Schutzgründen notwendig sein: Ebenso notwendig sind die ständigen Versuche, die Ausdrücklichkeiten dessen zu wagen und auszutauschen, den wir aufgrund unserer Erfahrungen und Theologie Gott nennen. Ein Doktorand in der Theologie hat mir vor einiger Zeit gesagt: »Während meines ganzen Studiums habe ich am wenigsten davon gehört, inwiefern und wie meine theologischen Lehrer an Gott glauben.« »Gotterfahrung« scheint ein wenig gefragtes Thema der Theologie und Pastoral zu sein. Es ist aber gar nicht gut, dieses »Thema« nur den sogenannten charismatischen Gruppen zu überlassen und dort nur zu kritisieren. Denn für sich und mit anderen der unbedingten Liebe Gottes innezuwerden, um aus ihr heraus eine helfende und befreiende Praxis zu gestalten und in dieser Praxis von Gott reden zu lernen, damit Menschen dazu eingeladen werden, selbst dieser Liebe Gottes innezuwerden: Eben darin besteht der heilvolle und heilbringende »Regelkreis« christlicher Existenz!

In der Beziehung zu Gott »löst« sich für die Menschen die Angst- und Anerkennungsproblematik, die ja entwicklungs- und tiefenpsychologisch[3] der entscheidende Raum ist, worin die Identität des Menschen entsteht. Entängstigende Anerkennung schafft Freiheit, positive Selbsterfahrung, Vertrauen auf Selbstbestimmung, ermöglicht Mut zum Wagnis und Demut zur Opferbereitschaft. Auf solche Anerkennung darf sich der Mensch verlassen und sich eben darin davon erlösen lassen, seine Anerkennung narzißtisch produzieren und gegen andere durchsetzen zu müssen. Wer derart vertrauen kann, kann auch in Freiheit etwas riskieren, der wird fähig werden auch zum Verzicht, weil er sich im Angesicht eines solchen Gottes nicht mehr als einer verstehen kann, der zu kurz gekommen ist. Nicht wenige Menschen kommen wohl deswegen immer wieder tatsächlich in bedrängender Weise zu kurz, weil sie, die alles Nötige und darüber hinaus noch viel mehr haben, das unersättliche Gefühl nicht losbekommen, sie kämen trotzdem (im Vergleich mit noch Reicheren und Mächtigeren) ständig zu kurz. Sozialexperten haben der bundesrepublikanischen Gesellschaft eben diesen Charakterzug bescheinigt. Wenn Menschen ihre unerschöpfliche, ja unendliche Sehnsucht nach Angstfreiheit und Anerkennung nicht in der Unerschöpflichkeit und Unendlichkeit eines sie bergenden und akzeptierenden Gottes suchen, sondern in den immer begrenz-

---

[3] Vgl. zum Folgenden E. Drewermann, Strukturen des Bösen, Bd. I-III, Paderborn 1977/78; vgl. dazu G. Fehrenbacher, Heilung als Erlösung? Strukturen der theologischen Hermeneutik Eugen Drewermanns (Diss.), Bamberg 1990. Zur heilenden Seelsorge vgl. auch W. Fürst/I. Baumgartner, Leben retten. Was Seelsorge zukunftsfähig macht, München 1990.

ten Möglichkeiten irdischer Leistungen, Besitztümer und Mächte, können sie diese ihre Unersättlichkeit gar nicht anders denn auf Kosten der Schwächeren durchsetzen. Gott ist sich nicht zu schade, »Blitzableiter« zu sein, indem er die Unbefriedigtheit menschlichen Lebens in Vertrauen und Hoffnung auf sich selbst zulenkt, was verhindern kann, daß die unstillbaren Sehnsüchte destruktiv umschlagen und alles andere als Befreiung und Heilung schaffen! Verlassen sich Menschen auf die unendliche Liebe und Verheißung Gottes, dann können sie aus solcher Be-Gabung auch den Mitmenschen »unendlich« viel gönnen. – Indem ich dies niederschreibe, spüre ich, wie strohig das alles ist, und spüre doch auch, daß in solche Richtung unser Glaube gehen und dann für unser Helfen in vitaler (nicht nur behaupteter) Weise hilfreich sein könnte.

Wenn man die verschiedenen Bücher des Alten Testaments liest, strömt einem noch über die Zeit hinweg und durch die Texte hindurch vitales Leben entgegen! Liebe und Haß, Ausschweifung und Sühne, Sünde und Strafe, Entzweiung und Versöhnung, Freude und Klage werden erzählt; und in allem ist Gott beteiligt. Die Begegnung mit Gott meidet keineswegs die heftigen Höhen und Tiefen menschlicher Existenz, sie begibt sich in die konkreten geschichtlichen und biographischen Situationen hinein und provoziert dort Widerstand und gewagte Entscheidungen. Dies zeigen die Psalmengebete, in denen er in allen möglichen und unmöglichen Situationen als der Gott angesprochen wird, der durch alles hindurch seinen Treuebund hält. Dafür steht der Bogen in den Wolken: das Zeichen des Gedenkens Jahwes an seinen unbedingten Bund mit den Menschen (Gen 9,12–15). Glaube und Verkündigung fungieren nicht als Eindämmung von Leben. Vitale Höhen und Tiefen menschlichen Lebens sowie konzentrierte Optionen weichen dann nicht der Routine, der emotionalen Gleich-Gültigkeit und der Langeweile.

Zuinnerst hängt die Diakonie Gottes mit der Diakonie der Menschen zusammen: Sich als begrenzte und angewiesene Geschöpfe aus der Hand Gottes annehmen und zugleich im Vertrauen auf Gott sich in diese Hand hineinbegeben ist das »A und O« biblischer Gottesbeziehung. In ihr begegnet der Mensch einem derart Leben und Liebe gebenden Gott, daß er seine reale Angewiesenheit auf ihn in der vertrauenden Begegnung mit ihm ein-

lösen kann. *Abhängigkeit* allein wäre noch kein Grund für eine solche bekömmliche Gottesbeziehung. Würde uns Gott zu seinem grausigen Vergnügen abhängig halten wie, um ein schreckliches Bild von Georg Büchner in »Dantons Tod« aufzunehmen, Zier- und Raubfische, an deren »Farbenspiel des Todeskampfes« sich Gott »ewig freut« («... und die seeligen Götter lachen ewig, und die Fische sterben ewig ...«), oder würde Gott seiner Schöpfung gleichgültig gegenüber stehen (wie das allerdings sein soll, bliebe dunkel, denn wozu sollte er sie denn geschaffen haben, wenn nicht zum Haß oder zur Liebe), dann müßten ihn die Geschöpfe um ihrer Selbstachtung und Selbstbestimmung willen »töten« oder seine Belanglosigkeit ausrufen. Wir Christen glauben dagegen, daß Gott in Jesus Christus das Leiden der Menschheit buchstäblich an den eigenen Leib herangelassen und bis zum äußersten, bis zum Kreuz, ausgehalten hat. Gott solidarisiert sich derart mit seiner bedrängten Schöpfung, daß er darin als Mensch insbesondere den bedrängten Menschen gegenüber Liebe und Freiheit, Hilfe und Befreiung verwirklicht und indem er gerade aufgrund dieser Menschenachtung Ohnmacht und Leiden erfährt. »Seitdem« existiert Gott selbst nur noch mit den Wundmalen, die der Auferstandene in ihm trägt. Und eben dieser Auferstandene bleibt gerade deswegen der, der in seinem Geist in den Leidenden der Schöpfung »mitseufzt« (vgl. Röm 8,22) und der in den hungrigen, fremden, obdachlosen, nackten und kranken Menschen begegnet (vgl. Mt 25,32–43). Die Leidensgeschichte der Menschheit *ist* der geschundene Leib des Auferstandenen in Gott selbst. Weil der christliche Glaube sich auf diesen Gott beruft, der seine unbedingte Liebe in unbedingter Ganzheitlichkeit von Wort und Tat manifestiert, deshalb können Menschen auf ihn bauen, ohne dabei ihre eigene Authentizität und Selbstachtung verlieren zu müssen. Im Gegenteil: In Jesus geht Gott so reziprok mit den Menschen um, daß sie sich selbst in einer neuen Achtung und Wichtigkeit gewinnen. Wie Gott mit der auf ihn angewiesenen Schöpfung umgeht, zeigt sich in der Art und Weise, wie Jesus angewiesenen Menschen begegnet.
Indem sich Menschen im Umgang mit stigmatisierten, behinderten und schwachen Menschen von diesen abhängig machen und so selbst riskieren, ihre eigenen Behinderungen zu entdecken und sich zusätzlich behindern zu lassen, verschaffen sie ihrer

Bindung an den Gott Jesu und an Jesus Christus eine sichtbare Gestalt in den Bindungen der Diakonie. Die Angewiesenheit des Menschen auf Gott wird in der Nachfolge Jesu (der sich selbst derart im Vertrauen auf Gott angewiesen weiß und deshalb den Angewiesenen entsprechend begegnen kann) in der Tat eingelöst und menschendienlich verwirklicht (und nicht mehr nur im Wort behauptet).[4] Je mehr man sich in solche Bindungen hineinbegibt, desto mehr gewinnt man sich, sein Leben und seine Identität aus der Hand der Menschen und Gottes »zurück« (vgl. Mk 8,34; 10, 29 f).

Menschen machen die »Rechnung« ohne den »Wirt«, wenn sie sich gegenseitig unter den Imperativ der Diakonie stellen und nicht gleichzeitig nach den Ressourcen suchen, die diese Diakonie ermöglicht: gegen die Angst vor Gefährdung und Verlust und für Liebe und Freiheit unter den Menschen. Christen glauben an einen gastwirtlichen Gott, der umsonst gibt (vgl. Jes 55,1). Nicht etwa, daß Menschen, die nicht so an Gott glauben, nicht diakoniefähig wären: Denn diese Gottgegebenheit gibt es vielerorts in anderen Religionen und außerhalb ihrer expliziten Benennung, ebenso vielfach vermittelt durch zwischenmenschliche Geborgenheits- und Vertrauenserfahrungen. Aber Christen kapieren nicht viel von ihrem »eigenen« Gott, wenn sie ihn nicht diakonisch erfahren und weitergeben. Um so mehr bürden die in der Verkündigung Verantwortlichen den Gläubigen unverantwortliche Lasten auf, wenn sie den »gnädigen Gott« durch ihre eigene Ungnade in Wort und Tat verdunkeln (vgl. Lk 11,46).

b) Heilende Ermöglichung zum Helfen

Der Liturgiekonstitution des II. Vatikanums ging es um das Anliegen der Erfahrbarkeit dessen, was im Gottesdienst vor sich geht, um die aktive Partizipation aller am symbolischen Geschehen. Auch dies ist eine Verbindung von Wort- und Tatebene, von Worten und Symbolhandlungen innerhalb der Liturgie und deren existentiellen Bedeutsamkeit, die weniger als Anforderung denn als geschenkter Zuspruch auf den Menschen zukommen. Die Verbindung von Wort und Tat meint also nicht nur das (vor-

---

[4] Vgl. ausführlicher dazu meinen Beitrag: Entsicherung statt Entmythologisierung, in: Una Sancta 45 (1990) 1, 28–38, hier 34 ff.

wiegend imperative) Verhältnis von Gottes Wort und menschlicher Praxis, sondern ist in der Martyria, in Verkündigung und Glaube selbst anzusiedeln: als die Frage nach der ganzheitlichen Erfahrbarkeit des Gotteswortes im Leben der Menschen und damit nach der Tatebene im Sinn der tätig-aktiven Annahme des Dienstes Gottes an den Menschen im Glauben selbst. Die Behauptung Gottes im Glaubensbekenntnis bildet lediglich die Wortebene innerhalb dieses ganzheitlichen Glaubensvorgangs (und ist nicht mit letzterem identisch!). So meint die Verkündigung von Wort und Tat nicht nur (schon gar nicht ausschließlich) die diakonische Praxis als tätige Antwort auf das Wort Gottes (im Sinn der ethischen Umsetzung des Glaubens), sondern auch und grundlegend die spirituelle Praxis als Suche nach der Erfahrung der Diakonie Gottes im menschlichen Leben.

J. Werbick hat den Dienst Gottes am Menschen im Horizont der Rechtfertigungslehre präzis zum Ausdruck gebracht: Wenn Gott es ist, der die Menschen, die Elenden, die Verlorenen und die Sünder ohne deren Zutun rechtfertigt, sind die Menschen davon erlöst, sich selber rechtfertigen zu müssen, was sie dazu bringt, menschliche Rechtfertigungen der Kritik auszusetzen. »Die geläufigen Rechtfertigungsstrategien sind allesamt Versuche, zu rechtfertigen, was nicht zu rechtfertigen ist: das der Liebe Widersprechende zu rechtfertigen; Versuche, den anderen die Verantwortung für ihre Not und ihre Abhängigkeit zuzuschieben. Wer sich rechtfertigt, desolidarisiert sich. Sollte etwa nicht, wer sich in Gott in erwählender Liebe gerechtfertigt weiß und deshalb die Liebe als das allein zu Rechtfertigende erkannt hat, durchschauen können, wo solche Selbstrechtfertigung die wahren Verhältnisse verschleiert; weil sie die Mechanismen verschleiert, die die Reichen auf Kosten der Armen immer reicher werden lassen?«[5] Die Selbstrechtfertigung des Menschen bezüglich seines eigenen Vorteils läßt sich dann überholen durch den unüberbietbaren Vorteil der unerschöpflichen und immer wieder in neuer Versöhnung angebotenen Gerechtigkeit Gottes. Indem sich die Täter der Ungerechtigkeit nicht mehr selbst rechtfertigen, sondern sich von Gott rechtfertigen lassen, akzeptieren sie, daß an ihnen der entscheidende Paradigmenwechsel stattfin-

---

[5] Werbick, Gerechtigkeit (Kap. 5, Anm. 24), 85–86.

det: Ohne Vorleistung, ja obgleich sie es in keiner Weise verdient haben, nimmt Gott sie bedingungslos in seine Gerechtigkeit auf und pflanzt so in die Herzen der Menschen jene Umkehr, die die zwischenmenschlichen Rechtfertigungen heilloser Taten und Strukturen zerbröselt und damit den Blick freimacht, die Opfer wahrzunehmen und von ihnen her geschichtliche Gerechtigkeit zu definieren.

So ganz möchte ich also das Wort »Erbauung« nicht ins Negative abschieben, sondern befinde mich vielmehr auf der Suche nach einer Erbauungsspiritualität, die »ohne Halleluja« auf Gott baut und von dieser Hoffnung her sich der Not und den Betroffenen zu stellen vermag. Auch die Gottesbeziehung darf nicht der Ideologie der Selbstlosigkeit anheimfallen. Die Bedingung der Möglichkeit, daß Christen sagen können: »Ich glaube«, ist wohl, daß sie sagen können: »Ich glaube, daß Gott mich liebt!«[6] So plädiere ich für eine Entprivatisierung des Sprechens von und mit Gott in wohl auf breiter Basis noch zu entdeckende nicht-intime, aber doch relativ öffentliche Bereiche kirchlicher Sozialformen hinein. Die Spiritualitätsgeschichte der Kirche weist übrigens eine Entwicklung auf, die in diesem Zusammenhang bemerkenswert ist: nämlich die weitgehende Verdrängung und Kriminalisierung der Konfliktgebete mit Gott insbesondere als unerlaubtes, ja blasphemisches Hadern. Daß sich solche Reduktion nicht auf die bedeutend sprechaktreichere biblische Gebetskultur berufen kann, zeigt allein die Tatsache, daß ca. 40 Prozent der Psalmen Klagepsalmen sind. In ihnen thematisieren kranke und bedrängte Menschen im Du zu Gott ihre Krisenerfahrung als Konflikt mit Gott. Denn warum geht es dem Menschen so schlecht, wo doch von Gott erzählt wird, daß er das Beste des Menschen will? Oder ist die Not ein Zeichen, daß sich Gott abgewendet hat? Warum dann aber, wegen seiner Schuld? Warum haben die Feinde so viel Erfolg? Solche und ähnliche Fragen werden in zum Teil heftigen Klagen und Anklagen Gott entgegengebracht, mit dem Erfahrungsergebnis, daß am Ende des Betens Gott in neuer Weise als der erlebt wird, der gerade leidende Menschen solidarisch begleitet und ihnen nahe ist. Der Notleidende erlebt, daß er von Gott auf keinen Fall allein gelassen bleibt. Ich kann hier nur andeuten, wie sehr die kirchliche

---

[6] Kritisch zu Mette, Dimension (Kap. 4, Anm. 15), 63.

Spiritualität den Menschen die Diakonieerfahrung Gottes als beklagbaren Partner des Lebens mit der Verweigerung des Klagegebets und mit der »spirituellen« Forderung, ungefragt sein Los in Hingabe anzunehmen, entzogen hat. Was man in der Kirchenbildung nicht oder zu wenig zuließ, nämlich die Entstehung, das Aushalten und die Bearbeitung von Konflikten, mußte man konsequenterweise auch aus der Gottesbeziehung heraushalten.[7] In dieser Unterwerfung unter Gott spiegelt sich die Unterwerfung unter das Kirchenregiment. Daß übrigens Klagepsalmen im Brevier, im Gotteslob und insbesondere in der Karwochenliturgie vorkommen, beruhigt nicht: Denn hier haben sie meist nicht viel mit der Situation der Beter zu tun bzw. beziehen sich hier zitathaft auf das Beten Christi selbst. Auch die Veralltäglichung nichtalltäglicher Gebete entschärft ihre Aussagefähigkeit für tatsächliche Noterfahrungen. Außerdem eignet man sich bis zur Selbstverständlichkeit hin die Sprache der Leidenden an, obgleich man mit deren Situation herzlich wenig zu tun hat, statt daß in den Klagepsalmen die Rufe derer gehört werden, die es in der Gegenwart wahrzunehmen gilt.[8] Die Unterdrückung der Klage durch Kriminalisierung und Normalisierung dämpft ihre Vitalität und enteignet sie von den Betroffenen weg, die gerade eine solche Sprache als Selbsterfahrung ihrer Situation und Gottesbeziehung oft bitter nötig haben.

Demgegenüber gilt: Es gibt nichts, insbesondere keine Not- und Krisenerfahrung mit Menschen oder auch mit Gott, die man in der Gebetsbeziehung verheimlichen oder aus ihr heraushalten müßte. Auch bezüglich dieser Gottesbegegnung gilt die Universalität der göttlichen Annahme des ganzen Menschen, aller seiner Erfahrungen der Not, der Schwäche und der Sünde. Wer Menschen zwingt, sich Gott gegenüber in ihrer Vitalität zurückzunehmen, betreibt Gottes eigene Reduktion bis hin zur Belanglosigkeit. Die Psychologie spricht von Psychohygiene, die Theologie davon, daß sich Menschen Zeit nehmen dafür, ihr Leben, wie es sie trifft, mit Gott auszutauschen. Wieviele Feinde hätten

---

[7] Zur Kirche als Konfliktgemeinschaft vgl. Daiber, Identität (Kap. 2, Anm. 5), 57–60, auch 193–198; zum relativen Ausfall der Klage in der kirchlichen Spiritualität vgl. Fuchs, Vergessene Gebetsform (Kap. 1, Anm. 17), passim; ders., Die Klage als Gebet, München 1982, 354–359.

[8] Vgl. dazu ausführlicher meinen Beitrag: Die Armen in den Psalmen – sind wir das?, in: Religionsunterricht 18 (1988) 4, 131–135.

Christen in der Vergangenheit nicht töten müssen, hätten sie die Erlaubnis gehabt, sie in den ach so unchristlichen Fluchpsalmen mit aller affektiv ausgehaltenen Vehemenz dem Gericht Gottes zu überlassen?[9] Hier tut sich eine bis an die Wurzeln menschlicher Affektivität gehende (Un-)Tiefe im Verhältnis von Gottesbeziehung und Diakoniefähigkeit der Menschen auf, wie sie noch viel zu wenig theologisch und humanwissenschaftlich reflektiert, geschweige denn praktisch ausgelotet wurde: wie sie aber im biblischen Glauben bis hin zum Psalm 22 im Munde Jesu am Kreuz ausgelebt werden durfte.

So ist es ein Akt der Diakonie, daß sich Menschen austoben können: Denn Gott stellt sich selbst gerade für diesen Dienst bereit! Dann freilich wird der soziale Raum der Kirche zum turbulenten Ort, wo seismographisch in den Widersprüchen der Betroffenen die dafür verantwortlichen Widersprüche der Verhältnisse zum Vorschein kommen. Solche Konfliktgespräche zwischen Menschen im Angesicht Gottes führen durch die Heftigkeit hindurch zu neuen Einsichten der Hörenden wie auch der Klagenden, so daß man gemeinsam in abkühlender Sachlichkeit das Nötige in Angriff nimmt. Kirchliche Sozialgebilde sind oft wenig geeignet, solche tumultartigen und explosiven Vorgänge von Menschen in die Formen ihrer Spiritualität und Gemeinschaftsbildung aufzunehmen. Solche Unterdrückung dämpft die Vitalität, läßt sie aber an scheinbar (für das Kirchensystem ungefährlichen) »erlaubten Stellen« um so destruktiver ausbrechen (beispielsweise in der fundamentalistischen Herzlosigkeit Andersdenkenden gegenüber oder in der Mentalität, der Durchsetzung moralisch-sittlicher Normen die Diakonie zu opfern).[10]

So wird man die spezifisch christliche Art und Weise des Diakonievollzugs auch daran zu messen haben, inwiefern er sich als lebendige »Klagemauer« entfaltet, in der Christen auf die Klage der Menschen hören! Die Bedingung dieser Möglichkeit ist aber nur gegeben, wenn die Lebensweise der Betroffenen nicht kriminalisiert und ihr Zustand nicht in der Ideologie der Strafe auf die Betroffenen selbst zurückgeworfen werden. Denn wo Schuld und Leid zu glatt aufgehen, hat die Klage keine Berechtigung mehr und keine Luft zum Atmen.

---

[9] Vgl. Fuchs, Vergessene Gebetsform, 972–976.
[10] Vgl. Fuchs, Umgang (Kap. 1, Anm. 30), 102–107.

Überhaupt könnten nicht wenige Dimensionen und Traditionen christlicher Spiritualität aus dem Perspektivenwechsel der Diakonie Gottes zugunsten der Diakonie der Menschen neu rekonstruiert werden: z. B. innerhalb der Ablaßtheologie das diakonische Aufarbeiten der persönlichen und strukturellen Sündenfolgen.[11]

c) Gott im Leben zulassen

Gott im Leben zulassen setzt ein Doppeltes voraus: einmal die Einsicht, daß Gott im Leben und in der Geschichte der Menschen *vorhanden* ist, noch bevor die Menschen etwas getan haben. Die zweite Einsicht kommt in der Aufforderung zum Vorschein, Gott *zuzulassen*. Eine solche Aufforderung bekommt ihre Brisanz und Notwendigkeit erst auf dem Hintergrund, daß Christen offensichtlich selbst Blockaden solchen Zulassens aufbauen: wohl besonders dadurch, daß sie mehr oder weniger mit Gewalt Gott unter die Menschen bringen wollen und darüber allzu leicht übersehen, daß er längst vorhanden ist. Wenn man freilich überall mit Gottes Gegenwart rechnet, riskiert man in den Begegnungen mit ganz unterschiedlichen Gottesgegenwarten immer auch Überraschungen, die dem Bedürfnis nach Machbarkeit und Kontrolle gründlich zuwiderlaufen. Dann zeigt sich nämlich, daß der Glaube an Gott nicht in der Form von Besserwisserei von Wissenden auf Nichtwissende zukommt, sondern daß diejenigen, die von Gott etwas zu kennen beanspruchen, immer erst einmal und bleibend auf das *Hören und Zuhören* angewiesen sind.

Eine höchst wichtige Weise, Gott im Leben der Menschen zuzulassen, ist deshalb die Offenheit dafür, seine unterschiedlichen Gegenwarten in den Gotteserfahrungen und Gottesfinsternissen unterschiedlicher Menschen zuzulassen und in der Begegnung mit ihnen von der Lebensfülle und der Abwesenheit Gottes unter den Menschen etwas mitzubekommen. Solche Begegnungsoffenheit bezieht sich nicht nur auf lebende Menschen, sondern auch auf die Beziehung zu den Lebensäußerungen verstorbener Menschen. Indem sich die Kirche auf die Geschichten der biblischen und jüdisch-christlichen Überlieferung beruft, holt sie

---

[11] Vgl. dazu meinen Versuch: Christlicher Umgang mit den »Folgen der Sünde« im Horizont von Geschichte und Gesellschaft, in: H. U. v. Brachel/N. Mette (Hrsg.), Kommunikation und Solidarität, Münster 1985, 179–197.

eben diese vielfältige gott-menschliche Begegnungswelt in die Gegenwart hinein.

In diesen Geschichten geht es immer wieder darum, daß Gott jede und jeden in der je eigenen Qualität, Hilflosigkeit und Sündenanfälligkeit in seine Hand geschrieben hat. Ihm geht es um den einzelnen Menschen in seiner Begrenzung, aber auch in seiner Möglichkeit. Gott im eigenen Glauben zulassen, das bedeutet, *ihm abzunehmen,* daß er uns ohne Bedingungen und mit ständiger Versöhnungsbereitschaft annimmt und liebt. Dies muß nichts Euphorisches und Enthusiastisches sein, wie auch die Liebe unter den Menschen über die längsten Wegstrecken hinweg wohl durch eine ebenso nüchterne wie tiefgreifende Vertrauensbereitschaft charakterisiert ist. Gerade dafür sind die Rede von Gott und der Glaube an ihn wohlfeil. Vielleicht ist gerade das die Wurzel der Sünde gegenüber dem Geist Gottes, daß es dem Menschen so schwerfällt, sich derart unbedingt lieben zu lassen und Gott diese Annahme abzunehmen. Lieben kann, wer sich lieben läßt. Helfen kann, wer sich auch helfen läßt. Dienen kann, wer Dienst annimmt. Die Füße kann der waschen, der sich die Füße waschen läßt: »Wenn ich dich nicht wasche, hast du keinen Anteil an mir« (Joh 13,8). Gott ist immer größer, als der Mensch ihm zutraut, weil er sich und seinesgleichen so wenig zutraut.

Diesen Glauben zuzulassen ist freilich der schärfste Gegensatz zu einem Gott, der mit Strafängsten vermittelt wird. Letzterer ist nur durch Uniformität und hemmungslose Unterordnung zu besänftigen und bedeutet alles andere, nur nicht des Menschen Hilfe und Befreiung. Daß die Beziehung zu Gott für nicht wenige Menschen mit Angst besetzt ist, zeigt deutlich, wie sehr innerkirchlich Menschen dazu versucht waren und sind, die Rede von Gott nicht zur Überwindung der Angst und nicht zur Ermöglichung von Vertrauen und Vielfalt freizugeben und zuzulassen.

Wenn man vor Hauptamtlichen in der Kirche insbesondere über die Tatseite der Evangelisierung spricht, begegnet man häufig der Reaktion: »Aber wir müssen doch auch von Gott reden!« Ich stimme diesem Satz uneingeschränkt zu, will freilich noch einmal nach dem Bezugspunkt dieses »Müssens« fragen. Warum müssen wir von Gott reden? Von der Beantwortung dieser Frage hängt letztlich ab, ob die Rede von Gott als Indoktrination und Herrschaftswissen oder selbst als Hilfe und Befreiung bei den Menschen ankommt.

Die Rede von Gott ohne Strafängste bei sich selber zu erleben und anderen zu vermitteln, ist für manchen von uns von seiner religiösen Erziehung her gar nicht so leicht. Ein Beispiel: Wenn ich in den ersten Jahren meiner Kaplanszeit zu Versehgängen gerufen wurde, habe ich dies meist unter einem außerordentlichen psychischen Druck getan. Dahinter steckt (im Kopf abgelehnt, aber im Bauch festsitzend) die fast unausrottbare Angst, daß ohne den Versehgang der Betreffende weniger Chancen zur ewigen Seligkeit hat. Ich habe einige Zeit gebraucht zu lernen, daß auch über diesbezügliches pastorales und sakramentales Handeln hinaus der Satz gilt: Deus semper major! Gottes Liebe ist immer größer! Und daß es ein wahnwitziger Gotteskomplex der Pastoral selber wäre, in solcher Form Gottes Handeln vom menschlichen Handeln abhängig zu machen. An dieser Stelle zeigt sich in der kirchlichen Hauptamtlichkeit, was auch bei vielen Gläubigen der Fall ist: daß die *Beziehung zu Gott* und zur Kirche in vieler, jedenfalls in »letzter« Hinsicht auch ein *Synonym für Angst,* letztlich für die Angst vor der *Hölle* ist. Aus dieser Perspektive »müssen« wir von Gott reden, um ewige Strafen zu verhindern. Nicht selten war gerade die pervertierte »diakonische« Intention, nämlich die Menschen vor der Hölle zu retten, die Ursache für mannigfaltige Unterdrückung und Leidzufügung (um die Menschen zu ihrem Heil nach dem Tod zu zwingen).

Hier zeigt sich eine schreckliche Sackgasse unserer Gottesverkündigung. Und es gibt nur einen Ausweg: von solchen Vorstellungen abzurüsten und sich im Glauben in das Geheimnis der Liebe Gottes fallen zu lassen, die zwar nicht ohne Gericht, aber über dieses hinaus ohne Grenzen ist.[12] Selbstverständlich ist es mir nach wie vor wichtig, zu einem Kranken und Sterbenden möglichst schnell zu kommen, aber nunmehr vor allem mit der Begründung, bei ihm zu sein und ihm beizustehen, ihm die Krankensalbung zu spenden als das Symbol jener unendlichen Solidarität Gottes vor allem mit leidenden und kranken Menschen. Dann wird die Diakonie dieses Sakramentes nicht zugunsten fragwürdiger »theologischer« Verhütungsstrategien (zugun-

---

12 Vgl. Fuchs, Entgrenzung (Kap. 2, Anm. 5), 260–301.

sten der Integration in den künftigen »Himmel«) instrumentalisiert, sondern gewinnt ihren Selbstzweck zurück, jenen Selbstzweck, den Gott in Jesus einem solchen Handeln selbst gegeben hat. Alles andere kann dem Gott überlassen bleiben, bei dem Gerechtigkeit und Barmherzigkeit identisch sind.

Warum also müssen wir von Gott reden? Nicht damit sich die Menschen in die Kirche hinein integrieren und auch nicht tautologisch dafür, erreicht zu haben, daß sie an Gott glauben, sondern weil und damit die Menschen den Glauben an Gott als Hilfe, Heilung, Befreiung und Bereicherung ihres Lebens erfahren können. Die Rede von Gott hat in dieser Welt selbst diakonischen Charakter und will für das geschichtliche Heil der Menschen und für ihre Hoffnung auch über diese Geschichte hinaus wirksam werden. Für Menschen, die in ihrem Leben Liebe und Freiheit zu verwirklichen suchen, wird die Rede von einem Gott, der an ihrer Seite bleibt und sie durch Enttäuschungen und Erfolglosigkeiten hindurch begleitet, eine Lebenshilfe eigener Art sein.

Gott also in der Rede von Gott zuzulassen bedeutet: ihn als Anerkennung und nicht als Verurteilung, als Lebensfülle und nicht als Vitalitätsbeschränkung, als Ermöglichung und nicht als Überforderung, als göttliches Mitgehen mit den Sündern (denn Gott ist keiner, der sich jemals von den Sündern abwendet) in die Lebens- und Gemeinschaftsgestaltung der Menschen einzubringen bzw. darin entsprechend zu entdecken. Eine solche Rede von Gott kommt nicht mehr als einseitige Belehrung und Rekrutierungsgehabe bei den Menschen an, und vor allem nicht mehr als unendliche Sanktionsquelle zur angstbesetzten und zwanghaften Reglementierung der Menschen. Dann wird von seiten der Kirche nicht mehr das wohl größte Heer der Fernstehenden produziert, die sich irgendwann einmal in ihrem Leben von all diesen Beengungen und Unterwerfungen befreien und solche Befreiung nicht anders bewerkstelligen können, als daß sie sich von der Kirche, die sie als menschen- und freiheitsverachtend erfahren, entfernen.

Warum glauben Christen selbst? In ihrem Herzen werden sie aufzusuchen haben, wieviele Anteile an Angst und damit verbundener Bemächtigung gegenüber Gott und den Menschen mitspielen und/oder wieviel hemmungsloses Vertrauen sie tatsächlich in den Gott setzen, der der Schöpfer, Versöhner und

Retter aller ist und gerade von daher das zwischenmenschlich beansprucht, was er selber zuspricht und schenkt. Ein solches Vertrauen wäre die Ressource dafür, gerade die Ängste produktiv zu bewältigen, die dem direkten Umgang mit leidenden und stigmatisierten Menschen im Wege stehen. Denn in der Begegnung mit ihnen wird den Starken klar, daß auch für sie das Leben zu ertragende Grenzen hat und daß sie ihre Allmachtsphantasien verabschieden können. Im Grunde geht es um den alten Gegensatz: Bringen Christen Gott als Gesetz oder als Gnade ins Leben und unter die Menschen?

Die kirchliche Pastoral wird demnach, noch bevor sie christliches Handeln einfordert, dieses ermöglichen wollen und damit vor die Anforderung den Zuspruch und vor das Gesetz die Gnade stellen. Dann nimmt es wirklich Maß an dem Gott, der die Sünder als solche in seine Versöhnung hinein annimmt, damit sie sich aus diesem Geschenk der Liebe heraus verändern *können*.

Pastorales Handeln unterscheidet sich demnach von christlichem Handeln, dem Handeln der Christen und der Kirche im Sinn ihrer evangelisierenden Identität dadurch, daß es in besonderer Weise dafür verantwortlich zeichnet, christliches Handeln in Wort und Tat, Glauben und Leben aufzuzeigen und zu wekken, zu entdecken und zu identifizieren, dazu zu ermutigen und zu provozieren, also insgesamt die Bedingungen dafür zu besprechen und zu verwirklichen, die in Kirche und Gesellschaft christliches Handeln und Leben ermöglichen: etwa durch entsprechende Gemeindebildung, durch Reflexion und Meditation, durch die Befreiung der Unterdrückten, durch die Diakonie an den Notleidenden u. ä., aber auch durch die Veränderung und Verbesserung der gesellschaftlichen Verhältnisse und »Rahmenbedingungen« kirchlich-christlicher Sozialisation. »Pastorales« Handeln wirkt dagegen immer kontraproduktiv, wo es diese Ziele nicht angeht oder gar be- und verhindert. Pastoral notwendig ist also all das, was der christlichen Identität von Christ und Kirche nutzt bzw. was sie steigert.

Im Unterschied zu christlichem Handeln präzisiert pastorales Handeln die explizit kirchliche Sendung für christliches Handeln in der Welt. Institutionssoziologisch schlägt sich dieser Tatbestand besonders in den vielen haupt-, neben- und ehrenamtlichen pastoralen Verantwortungen von Christen (Klerikern und Laien) nieder.

Im Anschluß an R. Köster sollen unter pastoralem Handeln also die »Befähigungsprozesse« verstanden werden, »die der Christenheit helfen, ihr Leben im Sinne des Glaubens zu gestalten.«[13] Damit ist insbesondere das Handeln derer gemeint, die innerhalb der Kirche eine besondere Verantwortung dafür tragen, daß die Inhalte der Kirche in von diesen Inhalten entsprechend geprägter Kommunikation und Gemeinschaft zum Zuge kommen und so durch die Geschichte hindurch für die immer wieder neu gegenwärtigen Menschen gerettet werden. Auch aus solcher Perspektive hat die Kirche also keinen Selbstzweck, sondern Dienstcharakter, oder besser: Ihr Selbstvollzug besteht in diesem Dienst. Auch das institutionelle Handeln der Kirche (in ihrer Organisations- und Rechtsstruktur) kann sich demnach nie legitim aus dem pastoralen Handeln herausschälen, als könnte es andere Gesetzmäßigkeiten und Maßstäbe für sich in Anspruch nehmen als die inhaltlichen Kriterien, die das pastorale Handeln selbst ausmachen. Ebenso selbstverständlich ist, daß pastorales Handeln immer zugleich christliches Handeln sein muß, insofern die Mittel vom Zweck und die Methoden vom Ziel bestimmt sind. Umgekehrt kann christliches Handeln durchaus immer auch pastorales Handeln sein, insofern jedes Glaubenszeugnis und jede helfende Tat implizit eine Lebens- und Lernerfahrung des Christlichen konstituieren und somit die Bedingung der Evangelisierung verbessern. Der Unterschied ist lediglich: Im pastoralen Handeln wird thematisiert, daß christliche Praxis auf Prozesse ihrer Ermöglichung und Befähigung nicht verzichten kann, will die Leistung nicht die Gnade verschütten, will der Indikativ auch in dieser sozialen Hinsicht erfahrbar sein. Eben das ist die besondere Verantwortung der Kirche. Deshalb gibt es besondere »amtliche« Verantwortliche in der Pastoral, die sich in diesen expliziten Dienst an der Christlichkeit von Christ und Kirche in Wort und Tat hineinbegeben, unbeschadet der Einsicht, daß jeder Christ, handelt er christlich in Wort und Tat, auch zugleich an den anderen implizit pastoral

---

[13] R. Köster, Was ist praktische Theologie?, in: ders./Helker (Hrsg.), Lernende Kirche. Ein Leitfaden zur Neuorientierung kirchlicher Ausbildung, München o.J. (1975), 251–270, hier 258; vgl. dazu N. Mette, Praktische Theologie als Handlungswissenschaft, in: Diakonia 10 (1979) 3, 190–203. Zur notwendigen Einbindung der Institution in die pastorale Verantwortung vgl. H. Peukert, Was ist eine praktische Wissenschaft?, in: O. Fuchs (Hrsg.), Theologie und Handeln, Düsseldorf 1984, hier 78 f.

handelt, insofern er dann dem christlichen Glauben und Leben eine Erfahrungs- und damit Ermöglichungsbasis verschafft.

6.2 Heilende Gemeindebildung

a) Diakoniegegenwärtigkeit für Christen

Die Kirche kann nach außen nie etwas sein, was sie nicht auch nach innen ist. Die Evangelisierung betrifft das Innere der Kirche selbst, will sie tatsächlich heilend und befreiend nach außen wirken. Die zur Freiheit der Christenmenschen befreiende Kraft des Evangeliums ist auch dem einzelnen als Glied der Kirche zu gönnen: in der Befreiung seines Charismas zur Mündigkeit und Wichtigkeit nicht nur für die Verantwortung in der Welt, sondern eben auch in der Kirche! Auch die Christen selbst haben ein »Anrecht« darauf, daß man mit ihnen helfend und heilend umgeht, wie sie die Aufgabe haben, entsprechend mit ihresgleichen umzugehen! Alle Christen befinden sich in je unterschiedlichen Bereichen ihrer christlichen Existenz in fragmentarischen Verhältnissen, die einen mehr im Bereich des expliziten Glaubens und der Liturgie, andere mehr im Bereich der sozialen Diakonie, wieder andere mehr im Bereich des Mitlebens in christlicher Gemeinde. Nur auf der Basis eines diakonalen Umgangs miteinander in der Annahme der gegenseitigen Grenzen können sich Christen dann auch um so mehr ernst nehmen, als sie sich gegenseitig der Kritik aussetzen.

Je mehr in allen Bereichen kirchlichen Selbstvollzugs und kirchlicher Sozialgestalten die dann je unterschiedlichen Dimensionen der Diakonie wirksam werden dürfen, desto mehr wird die Kirche im Innenbereich selbst zum sozialen Lernfeld der Diakonie, die sich nach außen gegenüber jedermann/frau dann um so wirksamer und erfahrungshaltiger einbringen kann. Die Koinonia wird so zur Basis der universalen Diakonie von Christ und Kirche den Menschen gegenüber. Sie wird zum Ort für das Entdecken eigener und fremder Not sowie für das Besprechen helfender und befreiender Handlungen für die Betroffenen und für die Helfer/innen. Wenn demnach die Pastoral der Kirche nicht nach innen diakonal ist, wird sie auch schwerlich für die Diakonie nach außen die entsprechende Erfahrungsbasis bereitstellen.

Auch die Art und Weise, wie der Glaube, also die Martyria, innerhalb der Kirche zur Vermittlung und Vergewisserung gelangt, kann aus sich heraus die Ängste gegenüber Andersdenkenden und Hilfsbedürftigen verstärken und gerade darin die universale Diakoniefähigkeit schwächen, wenn die Inhalte des Glaubens in seinem System eingespannt werden und in der jeweiligen Institution von entsprechenden Experten (mit der Gefahr der Von-oben-nach-unten-Vermittlung von Herrschaftswissen) gelehrt werden. Jede gemachte und verordnete Einheit von oben nach unten zieht Grenzen, wo gerade Öffnungen nötig wären, in denen die Überraschung und Spannung des Gottesgeistes im Neuen und Anderen der anderen aufbrechen könnten.[14] Wie sollte sich auch die Fülle und Kreativität Gottes in der Gebrochenheit der Geschichte anders äußern können als in der spannungsreichen Vielfalt unterschiedlicher Menschen und Charismen? Mit der verhinderten Pluralität, Partialität und kommunikativen Austauschbarkeit der Glaubensinhalte auf der Basis der unterschiedlichen Charismen und Glaubensbiographien der Christen selbst geht dagegen die Fähigkeit verloren, fremddenkende und aufgrund ihrer Not fremdlebende Menschen aus diakonalen Gründen in die eigene soziale Mitte zu nehmen und in solchen zugegeben gewagten Kontakten neue Ideen und Infragestellungen »von außen« wahrzunehmen. Gerade unter dem Kriterium des gemeinsamen Christusbezugs muß die Einzigartigkeit und damit Unterschiedlichkeit der jeweiligen Begegnungsgeschichte eines individuellen Gläubigen mit dem auferstandenen Herrn behauptet werden. Ekklesiologisch bedeutet dies: Wir sind nicht zur Einheit berufen, weil wir einer Meinung wären, sondern weil wir einen Gott haben! Wo Christen bereits innerhalb dieses gemeinsamen Glaubens nicht mit ihren Unterschiedlichkeiten und Hilflosigkeiten konsens- bzw. konfliktfähig miteinander umgehen (lernen), werden jeder andere außerhalb ihrer Glaubensgemeinschaft sowie die Hilfsbedürftigen und Gezeichneten auch innerhalb ihrer Gemeinschaften um so mehr Angst machen und um so weniger die Chance eines paritätischen diakonischen Umgangs erhalten.

Die Diakonie klagt demnach die unbegrenzte Reichweite, die sie

---

[14] Vgl. O. Fuchs, Umgang mit der Bibel als Lernschule der Pluralität, in: Una Sancta 44 (1989) 3, 208–214.

im Bezug auf die Leidenden nach außen hin beansprucht, auch in besonderer Weise nach innen, nämlich in der Gemeinschaft (Koinonia) der kirchlichen Sozialformen selbst ein. Wiederverheirateten Geschiedenen den Empfang von Sakramenten zu verweigern, das ist demnach ein diakoniefeindliches Verhalten im Bereich der Liturgie bzw. ihrer kirchenrechtlichen Zulassungsbedingungen. Ebenso diakoniefeindlich ist die menschenverachtende Art und Weise, wie seit Jahren (um eines theologisch ohnehin fragwürdigen Gesetzes willen) mit Laisierungsgesuchen von Priestern umgegangen wird: mit der entsprechenden Produktion von inhaltlich unnötigen Konflikten und bedrückenden Unmenschlichkeiten. Und wenn in einem »Schreiben der Kongregation für die Glaubenslehre über die Seelsorge für homosexuelle Personen«[15] letzteren der Würdetitel »Christgläubige« (wie er sonst in solchen Texten getauften und gefirmten Christen zukommt) verweigert wird, dann bremst hier ein Verdikt aus der Sexualmoral einen menschenwürdigen Umgang mit Betroffenen einer »Randgruppe«, die von sittenstrengen Katholiken dann nicht einmal um der Diakonie an HIV-infizierten und Aidskranken Menschen willen in die Hilfsbereitschaft der Gemeinde aufgenommen werden.

Von diesen nur wenigen Andeutungen her kann ich deshalb nicht der Behauptung zustimmen, daß die unbegrenzte Reichweite der Diakonie »beispielsweise nicht unmittelbare Konsequenzen für die Zulassungsbedingungen zur Eucharistie« habe[16]. Hier zeigt sich eine bedenkliche Trennung von Diakonie und Liturgie, die von Jesu Verhalten nicht zu legitimieren ist. Denn sein Abendmahl war äußerster Ausdruck und letzte Besiegelung all seiner bisherigen Mahlgemeinschaften mit Abseitigen und Sündern sowie seiner darin gelebten Diakonie. Letztere kann vom Sakrament der Eucharistie genauso wenig getrennt werden wie der in den Evangelien erzählte Jesus vom geglaubten Christus.

Ich spreche hier nicht von der Einladung zur Eucharistie an alle Leidenden bzw. an alle Menschen guten Willens, was auch als Vereinnahmung gegenüber »nichtchristlichen« Helfern bzw. Hilfsbedürftigen verstanden werden kann. Die Eucharistiefeier

---

[15] In: Verlautbarungen des Apostolischen Stuhls Nr. 72, Bonn 1986.
[16] Lehmann, Caritas (Kap. 1, Anm. 28), 11.

ist ein spezifischer Raum der Koinonia der Kirche, wo sich die Christen der unbedingten Gnade und Liebe Gottes zu den Menschen vergewissern und sich in der Kraft dieses Gottesgeistes zu eben solcher unbedingten Diakonie den Menschen gegenüber ermutigen. Nichts anderes jedoch als Taufe und Glaube sind die Grenzen des Raums der Teilhabe am sakramentalen Leben der Kirche und der darin geschenkten Ressourcen zur Weitergabe des Empfangenen: nicht mit der Strategie des hürdenbestückten Hereinholens, sondern in der Liebe des entriegelnden Hingehens.[17]

Deshalb ist es zu wenig und zu beliebig, nur von einem »analogen Interdependenzverhältnis« zwischen Diakonie und Eucharistie zu sprechen[18]. Im Horizont christologischer Paradigmatik handelt es sich vielmehr um eine gleichstufig-unvermischte Einheit von Eucharistie und Diakonie, von sakramentaler und diakonaler Realpräsenz Christi in der Gemeinschaft der Christen und damit durch die Kirche.[19] Christen folgen der Diakonie des Jesus nach und machen gerade darin Christus in seiner diakonalen Realpräsenz für andere geschichtlich gegenwärtig, und: In eben solchen Begegnungen treffen sie auf den, dem sie nachfolgen, nämlich auf den Christus in den Leidenden. In diesem Sinn treffen sich in der Diakonie der helfende und der hilfsbedürftige Christus und konstituieren darin die nicht mehr nur geistig-spirituelle, sondern durch und durch realistische und materiale Manifestation des Christusbezugs. Wie Jesus Christus in seiner eigenen Existenz Helfer und zugleich Hilfebedürftiger ist, so elementar und gleich wichtig sind sich beide in der Gestaltung ihrer Existenz und ihres Lebens, ihrer Freiheit und Authentizität. Dies gilt prinzipiell, so lange es auf dieser Erde Not und Sünde gibt. Solche interaktive Christopraxie zwischen helfenden und leidenden, zwischen annehmenden und abgelehnten, zwischen gerechtfertigten und sündigen Menschen verschafft der Christologie im Bereich des Glaubens und der Christodoxologie im Bereich des Gottesdienstes ihre das Leben ganzheitlich erfassende Dimension. Die Diakonie orientiert sich folglich an der ver-

[17] Vgl. Zerfaß, Herausforderung (Kap. 4, Anm. 5), 344.
[18] Vgl. Lehmann, Caritas, 11.
[19] Vgl. O. Fuchs, Jugend und Liturgie im Horizont der Evangelisierung, in: Liturgisches Jahrbuch 37 (1987/3) 156, 187, 182 ff.

zeihenden, heilenden und befreienden konkreten Proexistenz des Messias für die Menschen.[20]

Wie die Sakramente die unbedingte und zuverlässige Gegebenheit der Liebe Christi im Bereich der Liturgie realisieren, so verwirklicht die Diakonie diese diakonische Liebe Christi als soziale Erfahrung des Indikativs seiner Mitmenschlichkeit. Sakramentale, kerygmatische[21] und diakonale Christusbegegnung sind gleichwertige Modi der Vergegenwärtigung Christi durch die Kirche in dieser Welt.

Innerhalb des Glaubens an Christus im Sinn der spirituellen Begegnung des Gläubigen mit Christus (in Gebet und Sakramenten) lebt der Gläubige selbst in der täglichen Diakonie und Versöhnungsbereitschaft des Herrn: indem Christus z. B. im Bußsakrament nicht anders denn diakonal mit dem Sünder umgeht und ihm trotz bleibender Sündhaftigkeit sein Vertrauen und seine heilende Solidarität nicht entzieht.

In der Konsequenz gerade solcher Spiritualität, die mit Recht dem Glauben der Kirche so am Herzen liegt, läge es, ebenso barmherzig gerade mit denen umzugehen, die man für Sünder hält (vgl. Mt 18,23–35; Lk 6,36). Glaube und Gottesdienst wirken sich dann nicht mehr als Blockade unbegrenzter Diakonie aus, sondern werden als Ermöglichungsgrund und Horizont einer Diakonie erlebt, die sich ohne »wenn und aber« um Benachteiligte und Sünder kümmert.

Die spezifischen Merkmale der Diakonie (unbegrenzte Reichweite, reine Absichtslosigkeit, helfende Sachlichkeit[22]) entfalten demnach mit Recht eine kritische Potenz gegenüber der Verkündigungs- und Sakramentenpastoral. Hier ist dem Anliegen von Zauner und Schuster, Pastoral und Diakonie integrativ zu sehen, zuzustimmen.[23] So deckt das Entgrenzungsmerkmal der Diakonie entscheidende »blinde Stellen« bei der »seelsorgerlichen« Gemeindebildung auf und führt zu der »Katharsis« ihrer eige-

---

[20] Zum Begriff der Proexistenz bei Jesus von Nazaret vgl. H. Schürmann, Jesu ureigener Tod. Exegetische Besinnungen und Ausblick, Freiburg 3/1979; ders., Jesu Todesverständnis im Verstehenshorizont seiner Umwelt, in: Theologie und Glaube 70 (1980) 2, 141–159, bes. 157f.

[21] Zur »Realpräsenz« Christi im erzählten Wort der Verkündigung vgl. Fuchs, Von Gott predigen (Kap. 2, Anm. 3), 51 f.

[22] Vgl. Lehmann, Integration, 247.

[23] Vgl. Zauner, Diakonie (Kap. 1, Anm. 8), 155 ff; Schuster, Sakrament (Kap. 4, Anm. 20), 283–291.

nen Identität[24]: insofern dieses Kriterium der Diakonie sein Pendant in den pastoralen Bereichen zu entdecken, zu provozieren und einzuklagen hat. Welchen Aggregatzustand hat etwa »unbegrenzte Reichweite« in der sakramentalen Verkündigung? Wie offen ist das Sakrament der Eucharistie für die Ökumene konfessionsverschiedener Ehen und Familien?
Für alle Christen sollten füglich die Heilsuniversalität und damit diakonische Dimension der Verkündigungs- und Liturgieräume erhalten bleiben, damit in der Kirche erfahren werden darf, daß sie in ihrem eigenen Bereich mit den Sündern (bzw. mit denen, die sie für Sünder hält) genauso umgeht, wie Gott in unendlicher Versöhnungsbereitschaft den Sündern begegnet, nämlich in voraussetzungsfreier Liebe, nicht erst nachdem sie sich entsprechend verändert haben, sondern zuvor und damit sie sich im Rahmen ihrer Möglichkeit ändern können. Gottes Gerechtigkeit stellt keine Leistungsbedingung, sondern rechtfertigt die Gottlosen und die Sünder. Alle Christen haben ein Anrecht auf eine diakonale Praxis aller binnenkirchlichen Vollzüge: wo man Gnade vor Recht ergehen läßt und wo die Liebe aus dem Gefängnis der Moral entlassen wird.

c) Dienst an den Berufungen

Wenn schon die Texte des II. Vatikanums in erstaunlicher Weise die Berufung des einzelnen hervorheben und zum Angelpunkt des Glaubens überhaupt machen[25], dann dürfen wir Christen gegenüber manchen innerkirchlichen Entmündigungstendenzen ausrufen »Wir sind das Volk!« Erst wenn sie untereinander die Gleichstufigkeit aller Beteiligten verwirklicht und ausgehalten haben, kann von der dementsprechenden Verantwortung des kirchlichen Amtes und der Hauptamtlichen die Rede sein. Wir brauchen kirchliche Gemeinschaften, in denen Menschen das ausbilden können, was in der Theologie des II. Vatikanums »Berufung« aller Christen genannt wird. Dann werden Menschen nicht durch Jasagen und Abhängigkeit bei der Stange gehalten, dann wird eine andere Meinung nicht mit Anerkennungs- und

---

[24] Vgl. Albert, Diakonik (Kap. 4, Anm. 4), 172 (hier zur kathartischen Bedeutung der Diakonia im 19. Jahrhundert); Philippi, Diagnose (Kap. 1, Anm. 8), 181 (hier zum »blinden Fleck« bisherigen theologischen Nachdenkens).

[25] Vgl. Klinger, Glaube (Kap. 2, Anm. 23).

Gemeinschaftsentzug bestraft, sondern die Unterschiedlichkeiten mündiger Menschen sind die kreative Basis, in der alle Beteiligten gemeinsame Lösungen erstreiten, suchen und finden. Wer demnach den Glauben an Gott nicht auf den Glauben an die Berufung der Menschen (durch Gott) auslegt, leistet sich einen spirituellen Luxus, weil ein gottautistischer Glaube kaum eine kommunikative Kraft für die mitmenschlichen Begegnungen entfaltet.

Eben dies spricht für die Gemeinde als Ort der Freigabe des Glaubens der einzelnen, um gerade darin die Gegebenheit Gottes in den Menschen ernst zu nehmen und zu erfahren. Nur so können Gemeinden Orte der Solidarisierung für »andere« werden, weil in ihnen selbst solche Erfahrungen zugelassen sind. In der Pastoral Verantwortliche sind also nicht nur Funktionäre des Glaubens an Jesus Christus bzw. an Gott, sondern stehen in dem Zuspruch und Anspruch, Christus und seinen Geist in konkreten Menschen aufzusuchen und zur Entfaltung kommen zu lassen.

Es läge gerade in der Chance unserer Kirchengemeinden, solche identitätsbildenden Erfahrungen durch gegenseitige Anerkennung und Hochschätzung zu ermöglichen. Indoktrination, Unmündigkeit und Abhängighalten wären genau das Gegenteil dazu, weil sie soziale Akzeptanz nur unter dem Preis des Wohlverhaltens und der Zustimmung zu geben bereit sind: ein »Mistbeet« für die Züchtung von Abhängigkeit und von kollektivistischen Identitätsanleihen. Wo freilich soziale Akzeptanz auch und gerade in unterschiedlichen Lebensweisen und -auffassungen kultiviert wird, können Menschen lernen, das bei sich selbst Unbewußte, Verdrängte und Nicht-Akzeptierte nicht auf die Fremden und Nicht-dazu-Gehörigen zu projizieren und in deren Ausgrenzung nochmals von sich selber abzuspalten; sie lernen, das eigene Fremde, das in der Begegnung mit Leidenden durchaus schmerzhaft evoziert werden kann, im Spiegel des anderen zu sehen und auch anzunehmen. Genau diese personinterne Akzeptanz ist die Bedingung für die interpersonale Akzeptanz von Schwäche, Grenzen und Fremdheit.

Christen können mit Andersgläubigen und Notleidenden nicht besser umgehen, als sie miteinander umgehen gelernt haben. Die Fähigkeit zur Entgrenzung nach außen beginnt bereits in der gegenseitigen Entgrenzung innerhalb der eigenen Lebens-

und Gemeinschaftsbereiche. Die Begrenztheit und Einseitigkeit aller Gläubigen in ihrer Situation und in ihren Begabungen verweist auf ihre Unterschiedlichkeit. Diese relative Fremdheit zueinander verweist zugleich auf ihre grundsätzliche Angewiesenheit aufeinander: insbesondere in ihren eigenen Nöten. Wenn Menschen lernen, sich gegenseitig wichtig zu nehmen, auch wenn sie zueinander unterschiedlich und widersprüchlicher Meinung und auch wenn sie nicht stark, sondern schwach sind, entsteht ein sozialer Raum, wo das wachsen kann, was in der Sozialpsychologie »Ichstärke« genannt wird und was als grundlegende Bedingung für die Fähigkeit zur Notleidenden- und Fremdenbegegnung vorauszusetzen ist.[26] Mit diesem Wort »Stärke« ist nichts Martialisches gemeint, es geht vielmehr darum, daß die Menschen identitätsstiftende Erfahrungen brauchen, in denen sie die Grenze zwischen sich und anderen sehen und zugleich die kommunikativen Überbrückungen dieser Grenzen nicht als Gefährdung erfahren, sondern im vertrauensvollen Spiel von Distanz und Nähe gestalten lernen. Jede Offenheit anderen Menschen gegenüber (die auch als Stigmatisierte wirklich anders sind) braucht solche Ichstärke, die sich auch darin zeigt, daß man die eigene Schwäche realistisch einschätzt, weil sonst zuviel Angst vor dem Zukurzkommen der eigenen (meist überichhaft) überschätzten »Identität« vorhanden ist. Die Folge solcher Ängste ist meist, daß die Menschen entweder sich selber den anderen unterwerfen oder die anderen sich unterwerfen (müssen).

Unterwürfigkeit und Unterdrückung sind die zwei verschiedenen Seiten ein und derselben Medaille. Deswegen funktionieren sie auch immer so »gut« (z. B. durch die Allmachtsphantasien der Gläubigen, die sie auf den Priester übertragen, und durch dessen die eigene Ichschwäche kompensierende Machtausübung, wenn er solche Phantasien ausnützt und nicht seinerseits durch gleichstufige Begegnung korrigiert). Hier ist vor allem die angedeutete Ichstärke auf seiten der Hauptamtlichen selbst notwendig, damit sie gleichstufig mit den Gläubigen umgehen lernen, weil der Mangel an Ichstärke zumeist das Problem dieser Gläubigen selber ist. So besteht gerade hier die helfende und be-

---

[26] Vgl. Ch. Büttner/Ä. Ostermann, Bruder, Gast oder Feind? Sozialpsychologische Aspekte der Fremdenbeziehung, in: Fuchs, Die Fremden (Kap. 2, Anm. 5), 104–119.

freiende Aufgabe darin, durch entsprechende Anerkennung und Wichtignahme authentisch-aufbauende Erfahrungen zu ermöglichen und zu vermitteln. Das Wort »authentisch« bezieht sich auf die Unterscheidung zwischen Überich- und Ich-Identität. Erstere ist auf Identitätsanleihen angewiesen, die sie von einem Kollektiv (z. B. einer Nation, einer Religionsgemeinschaft, einem Sportverein u. ä.) und seiner mythisch aufgeladenen totalitären Ideologie bezieht.

Der einzelne kann sich dann nur noch als wichtig erfahren, wenn und insofern er sich als entsprechend integriertes und in dieser Zustimmung akzeptiertes Mitglied erfährt. Wer er oder sie selbst aus eigener Subjektivität, Authentizität und Selbstbestimmung sein könnte, bleibt weitgehend auf der Strecke bzw. wird in entsprechender Funktionalisierung zugerichtet: »Ich bin stolz, ein Deutscher zu sein!« Das Problem ist, daß dabei der einzelne für sich einen angeblichen »Mehrwert« gegenüber anderen Nationalitäten behauptet, der zugleich die Wertschätzung seines eigenen Ich in dem Maße blockiert, als es in diesem »Mehrwert« aufgeht. Dahinter steht die Flucht vor den eigenen Begrenzungen, Schwächen und Fehlern hinein in die idealisierte Totalität und in die als schwächefrei bzw. »rein« projizierte Fiktion eines vergöttlichten Kollektivs! Wenn sich beispielsweise die Kirche unvorsichtig als »societas perfecta« mit dem Reich Gottes identifiziert und sich mit entsprechenden totalitär-exklusiven Integrationsansinnen dem Subjekt anbietet, kann kaum mehr wahrgenommen werden, daß die unterschiedlichen Berufungen der Gläubigen die primäre Grundlage der Kirche ausmachen: mit all ihren Möglichkeiten und Grenzen, mit ihren Stärken und Schwächen, mit ihrer Authentizität und Singularität, in ihrer Pluralität und Partizipation.

Ohne Zweifel hat der bereits beschriebene relative Verzicht der Pfarrgemeinden auf unmittelbare Kommunikation mit stigmatisierten Menschen auch zur Privatisierung dieser Kommunikation mit dem Leid geführt. Es gibt unzählige Erfahrungen des »Alleingelassenwerdens« von Menschen, die in Not und Bedrückung geraten. Mir geht es dabei nicht um irgendwelche Schuldzuweisungen, zumal dafür in der Regel die Angst mehr verantwortlich zeichnet als die Bosheit. Dies ist auch kein Vorwurf gegenüber den Hauptamtlichen, die oft noch eher vom Leid und von Krankheit der Mitchristen erfahren als die Christen selbst. So erzählt ein Vater in der Beichte seine tiefgreifenden Sorgen darüber, daß sein Sohn in die »Homosexuellen-Szene« geraten ist, und sucht deswegen nach eigener Schuld. Ansonsten freilich kann er seine Sorgen kaum jemandem in der Gemeinde mitteilen und deshalb auch nicht zutreffende Kriterien des Umgangs mit diesem Problem in helfenden Gesprächen mit unterschiedlichen Leuten (auch mit Fachleuten) entdecken, Kriterien, die sein »Unglück« beträchtlich, nicht zuletzt schon durch eigene Einstellungsveränderung mildern könnten. Aber die zum Teil mörderische moralistische Verurteilungsmentalität und/oder Tabuisierung solcher und ähnlicher Probleme verhindern gründlich, daß (und hinter der Behauptung stehen belegbare konkrete Erfahrungen) eine Mutter im Raum christlicher Gemeinde darüber den Mund aufmachen kann, daß ihr homophiler Sohn HIV-infiziert ist.

Oder ein anderes Beispiel: Bei einem Kongreß für Angehörige psychisch kranker Menschen erzählt eine Mutter: Über viele Jahre hat sie in der Gemeinde mitgetan, war Wohnviertelhelferin und hat das Pfarrblatt ausgetragen; dann ist es passiert, daß ihr Sohn in der Pubertät in die Psychose geriet. Durch diese Leiderfahrung höchst sensibilisiert, entdeckt sie Angehörige mit ähnlichen Problemen in der Pfarrei, die bisher davon schwiegen, und will mit ihnen eine Selbsthilfegruppe bilden, um in gegenseitiger Hilfe die vielfältigen Schwierigkeiten zu bewältigen und zu ertragen. Sie geht zum Pfarrer und bittet ihn um einen Raum. Dieser freilich weiß zu antworten, daß »das« nichts mit der Pfarrei zu tun habe, und sie sollten doch lieber zur Caritas gehen.

Sicher ein extremer Fall, der allerdings wie die Spitze eines Eisbergs die gesamte Mentalität und Problemlage signalisiert: Viele Christen können ihre *eigenen* Nöte untereinander nicht kommunizieren[27], wenn diese Nöte ganz bestimmte Grenzen übersteigen, von den Grenzen der sogenannten kirchlichen Moral bis zu den Grenzen, die durch jene Pfarreien-Mentalität gesetzt sind, die von den »Starken« und »Gesunden« gemacht werden. Im Familienkreis einer Pfarrei werden sicher z. B. gemeinsame Beziehungs-, Berufs-, Kinder- und Schulsorgen ausgetauscht, aber meist doch nur, solange sie sich auf einem bestimmten Niveau

[27] Vgl. dazu auch Steinkamp, Wahrnehmung (Kap. 1, Anm. 8).

der Normalität von Alltagssorgen befinden, die jede(r) Mann/ Frau hat. Solche Kreise sind erst gut genug, wenn darin auch extreme Noterfahrungen zu Wort kommen können: also nicht nur die Probleme, die jemand mit seinem Beruf hat, sondern auch die Probleme, die er hat, wenn er arbeitslos wird und bleibt! Gerade die Sensibleren unter den Hauptamtlichen spüren, wie sehr sich Menschen immer wieder aus den Bereichen der Kerngemeinde zurückziehen, wenn sie von einer besonderen und extremen Not getroffen sind.

Die direkte Begegnung mit entsprechenden Schwachen, Armen und Kranken auch aus den eigenen Reihen wird damit nicht nur an die überregionalen Institutionen delegiert, sondern auch an die kleinsten sozialen privaten Einheiten, auf die Familien, abgeschoben, was in der Tat aus der Perspektive der Gemeindeöffentlichkeit eine gewisse Privatisierung des Leidens bedeutet. Durch die Abgabe oder auch durch das Abdrängen direkter und dauerhafter Begegnung mit beschädigten Menschen an die sozialen Kleinstformen wie auch an die größeren Sozialstrukturen der Verbandsdiakonie findet der entsprechende Sozialkontakt nicht mehr in dem sozialen Bereich auf mittlerem Niveau statt, der die Familien und die helfenden Großorganisationen durch den »dazwischen« liegenden sozialen Kontext entlasten könnte (vgl. Kap. 5.2).

Innerhalb dieses Zusammenhangs darf auch auf die Klage vieler haupt-, neben- und ehrenamtlicher Helfer/innen hingewiesen werden, daß sie in den Pfarreien für ihre Arbeit viel zu wenig Rückhalt finden. Auch dies wäre eine Form der Rückbindung an die Diakonie in unseren Gemeinden, wenn solche Helfer darin den Rückhalt der tiefen Anerkennung ihrer Arbeit, des Darüber-Reden-Könnens, der Erholung, der Verarbeitung ihrer mit ihrer Tätigkeit verbundenen umwerfenden und tiefgreifenden Erfahrungen finden könnten. Es wäre schon viel geholfen, wenn unsere Helfer/innen in den verschiedenen Bereichen akuter Noterfahrung wenigstens in den christlichen Pfarreien nicht mit den Verkleinerungen ihrer Arbeit und mit Vorurteilen gesteinigt würden, die ihnen ohnehin schon allenthalben zusetzen.

Wer sich innerhalb der Diakonie für Leidende und Außenseiter verausgabt, Berührungsängste nicht zuletzt im Vertrauen auf Gott überwindet und direkte Beziehungen nicht scheut, wer aus der Radikalität solcher Erfahrung heraus ebenso radikale politische Positionen bezieht, wird es nicht leicht in der Gesellschaft und auch nicht leicht in der Kirche und in den Pfarreien haben. Denn im Kontext dieser »anderen« Begegnungen erfolgen gegenseitig freie Erfahrungs- und Veränderungsgeschichten, in welchen sich die Helfer/innen oft so mitverändern, daß sie bei den anderen leicht als die »Verrückten« dastehen und sich selbst als die Stigmatisierten und Benachteiligten erfahren. Dafür stehen nicht wenige Beispiele betroffener Hauptamtlicher, die gerade im kirchlichen Bereich dann Schwierigkeiten bekommen, wenn sie ihre Arbeit für Hilfsbedürftige nicht nur als Therapie und Integration auffassen, sondern ihrerseits die inhaltliche und kreative Kraft (z. B. für neue Kommunikations- und Sozialformen in Kirche und Gesellschaft) der Leidenden entdecken und ihre Begegnung mit ihnen insgesamt als Ferment und Kritik für die Neugestaltung menschlicher Beziehung und Gemeinschaft reklamieren. Ihr Wort stünde, würde es zugelassen, der kirchlichen Expertenverkündigung durchaus kritisch und zugleich bereichernd gegenüber und würde *in* ihr die Thematisierung der Diakonie einfordern.

Auf der anderen Seite benutzen Exponenten der Kirche die Leistungen aus dem Diakoniebereich und ganz bestimmter Personen darin durchaus gerne für als unerläßlich deklarierte Kirchen- und Glaubensansprüche. Die gesellschaftlich akzeptierte Dignität der Diakonie wird so ganz gerne auf das übertragen, was man innerkirchlich dann doch für das »Eigentliche« hält. Wenn Mutter Teresa auf Massenveranstaltungen des Deutschen Katholizismus öffentlich wiederholt, was »man« in der kirchlichen Hierarchie in Glaube, Sitte und Disziplin akzeptiert haben will, dann kommt die beeindruckende Kraft überzeugender Diakonie der Glaubensbelehrung der Institution zugute. In welcher Weise sich freilich Mutter Teresa in den Vereinigten Staaten gegen die Kasernierung von Aids-kranken Menschen und für ein diesbezügliches radikal diakonisches Verhalten der kirchlichen Institutionen eingesetzt hat – davon kann man hierzulande kaum etwas hören.

Ein weiteres Hindernis, den direkten Umgang mit eigenen Nöten und mit den Nöten anderer aufzunehmen, besteht wohl in der komplexen spirituellen Ideologie, die diesen direkten Umgang mit Leidenden auf das Niveau höchster »Selbstlosigkeit« hievt. Etwa nach dem Motto: Wer einen solchen Beruf (z. B. einer Krankenschwester) ergreift, wer in der Sozialarbeit direkt mit Drogenabhängigen zu tun hat, wer mit jungen sterbenden Aids-Kranken in der Seelsorge zu tun hat: Das alles müssen fast Heilige selbst sein, die solche Opfer auf sich nehmen. Indem man solche Berufe und die darin verbundenen direkten Begegnungen mit Betroffenen ethisch so hoch ansetzt, versetzt man sie zugleich in relative Unerreichbarkeit, was den raffinierten Effekt hat, daß man sich solche Begegnungen durch derartige Idealisierung gut vom Leib halten kann, insofern man sich für diesbezüglich normal, sprich nicht so selbstlos und heilig hält. Die Abdrängung der normalen Begegnung mit betroffenen Menschen in die exklusive Besonderheit bestimmter Berufe bzw. bestimmter selbstloser Menschen hat damit ideologischen Legitimations- und Entlastungswert für die beanspruchte Unfähigkeit zum (eigentlich normalen!) direkten diakonischen Umgang im Alltag.

Kommt man mit solchem Ansinnen auf die in dieser Ideologie so hoch angesetzten selbstlosen Helfer/innen zu, dann können diese sich nur heftig wehren; und oft haben sie gründlich »die Nase voll« von solchen Sprüchen. Denn bei allem, was sie persönlich ihr Beruf und ihre Tätigkeit kosten, wissen sie auch intensiv davon zu berichten, wie sehr die direkten Begegnungen mit gefährdeten und geschädigten Menschen für ihre berufliche und persönliche Existenz sowie für ihre Lebenssicht wichtig, vertiefend und bereichernd geworden sind. Eine heroische Opferideologie ist hier gerade nicht am Platz. Wenn Helfer/innen ihre diakonischen Begegnungen z. B. als Zulassungsschule ihrer eigenen Wunden erleben, klärt sich die menschengerechte Einsicht, daß der Zustand des Leidens und der Behinderung genauso zuständig und entscheidend für menschliches Leben und menschliche Sinnerfahrung ist wie die Existenz des Gesunden und Normalen.

6.3 Leitungs-Diakonie des Amtes

a) Amtliche Verantwortung der Gemeindeleitung

Aus der Perspektive der Diakonie fällt auch den Hauptamtlichen in der Gemeindeleitung und hier besonders den Priestern eine unveräußerliche soziale Verantwortung für die Gemeindebildung zu. Vieles wurde dazu bereits in den anderen Kapiteln gesagt. Ich möchte darüber hinaus betonen: Es handelt sich um einen Auftrag, der in der Priesterweihe mit der aufgetragenen Sorge für die Armen ausdrücklich genannt wird. Hier geht es tatsächlich um eine Aufgabe, die »hierarchische« Qualität hat, insofern sie sich nicht von der demokratischen Majorität ableitet, sondern dieser in einer deutlich definierten Weise prophetisch-kritisch »gegenüber« steht. Denn die bürgerliche Majorität der Gemeinden kann selbst so geartet sein, daß sie gerade die Minoritäten nicht zum Zuge kommen läßt oder gar bedrängt, die diakonische Beziehungen mit Betroffenen und entsprechende politische Optionen vertreten bzw. selbst Betroffene sind. In solchen Konflikten zwischen diakonieferner Majorität und diakonienaher Minorität, zwischen »Kirche von unten« und Kirche von »ganz unten«, hat das kirchliche Amt (sofern es sich auf der Basis der Evangelisierung als kirchlicher Identität realisiert) sein »hierarchisches« Gewicht zugunsten der letzteren einzusetzen. In *diesem* Horizont ist der kirchlichen Lehre beizupflichten, daß die letzte und erste Basis der Kirche nicht auf dem demokratischen Paradigma beruht, sondern auf dem inhaltlich (von der Offenbarung) vorgegebenen Paradigma des »Reiches Gottes«, in dem die Hungernden beschenkt werden und die Reichen leer ausgehen, wo die Niedrigen erhöht und die Mächtigen gestürzt werden (vgl. Magnifikat Lk 1,51–53). Nimmt man indessen in die Bestimmung der Demokratie die inhaltliche Option auf, daß es in ihr keine sozialen Widersprüche geben dürfe und daß deshalb, solange das nicht der Fall ist, der ziel- und strukturbestimmende »Mehrwert« der Armen zu vertreten sei, dann muß es keine Spannung zwischen Fundamentaldemokratisierung und Fundamentaloption geben, weil diese Spannung in einem solchen inhaltlichen Demokratiebegriff selbst enthalten ist. In jedem Fall gilt: Die angesprochene Spannung muß ausdrücklich thematisiert werden, sei es im Demokratieverständnis selbst, sei es zwischen dem Demokratie- und Optionsbegriff, um Mißverständnisse zu vermeiden.[28]

Wenn das kirchliche Amt von den Armen her die Wirklichkeit begreift und sich von daher die »Zeichen der Zeit« interpretie-

---

[28] Ähnliches gilt für die Konzeption eines formalen oder ethischen Pluralismusbegriffs: vgl. Fuchs, Dimension (Kap. 2, Anm. 24), 56.

ren läßt, gerät es leicht unter den Vorwurf, es lasse dann die Reichen aus dem Spiel. Doch ist genau das Gegenteil der Fall. Ein Bischof in Brasilien hat dies einmal so formuliert: Selbstverständlich gehe ich auch zu den Reichen, aber ich komme zu diesen, nachdem ich bei den Armen war. Ich besuche die Reichen von den Armen her! Die Option für die Armen verhindert, daß Arme und Reiche unterschiedslos in einen Topf geworfen werden, über deren Situation hinweg die Verkündigung des Evangeliums »laufen« könnte. Die Option sondert die Reichen nicht aus, sondern präzisiert ihren Stellenwert in dem realen Beziehungsgefüge und damit deren Aufgabe innerhalb der Evangelisierung. So handelt es sich nicht um eine Option »gegen« die Reichen, sondern gerade diese Option kümmert sich realistisch um sie: Denn die Botschaft erreicht sie selbst gemäß ihrer spezifischen Rolle, die sie im Beziehungsgeflecht realer Verhältnisse einnehmen. Wer diese Verhältnisse aus der Bekehrung heraushalten will, hält auch die Evangelisierung aus den sozialen Widersprüchen und ihrer Geschichte heraus und reduziert sie nur noch auf beliebige Worte.

Was nämlich Gerechtigkeit, Barmherzigkeit oder Menschlichkeit ist, definiert sich hinreichend immer erst von denen her, die diesbezügliche Mängel am eigenen Leib erfahren müssen und deshalb einzuklagen haben. Wer diese Begriffe praktisch abgetrennt von den Betroffenen definieren will, entmündigt sie in ihren eigenen vitalsten Interessen. Wenn das kirchliche Amt dagegen von den Betroffenen her denken und leben lernt (wie z. B. die amerikanischen Bischöfe 1986 in ihrem Wirtschaftshirtenbrief[29]), dann verändert und radikalisiert sich allmählich und unausweichlich die Lebens- und Menscheneinstellung, dann verändert sich auch die Gemeindeleitung. Leidende haben nicht nur Anspruch auf Hilfe, sondern haben immer etwas Wichtiges zu sagen! Das kirchliche Amt hat dafür Sorge zu tragen, daß sie in christlicher Gemeinde auch etwas zu sagen haben: und dies auch und erst recht gegen eine diesbezüglich taube Majorität von Gläubigen. Wohl verstanden: Es geht nicht nur darum, daß das kirchliche Amt lobbyhaft für die Betroffenen spricht, sondern daß es über solche ambivalente Fürsorglichkeit hinaus für

---

[29] Vgl. Mette, Dimension, 58 f; Werbick, Gerechtigkeit, 62. Zum sozialpolitischen Hören auf die Betroffenen als dem christlichen Proprium vgl. auch Daiber, Identität, 146.

Sozialformen sorgt, in denen diese direkt ihren Mund auftun können. Der sogenannte soziale »Rand« hat für die »Mitte« höchste Bedeutung und qualifiziert ihr tatsächliches Verhältnis zum Evangelium. Auf seiten der Betroffenen wird dies wiederum mehr Vertrauen und Bereitschaft zur Kooperation ermöglichen, weil sie durch soziale Anerkennung und partizipative Integration die Wichtigkeit ihres eigenen Lebens und Weiterlebens erfahren.

Es ist in den europäischen, näherhin bundesdeutschen Kirchen und Gemeinden davor zu warnen, hierzulande allzu flüssig von einer »Theologie der Befreiung« und von »Basisgemeinden« zu sprechen.[30] Denn wenn »wir« (Christen) nicht aus unserer eigenen geschichtlichen Herkunft und jetzigen Situation der sogenannten Ersten Welt heraus unseren Glauben entfalten und entsprechende Sozialformen der Kirche aufbauen, holen wir uns Identitätsanleihen (von den Kirchen in der sogenannten Dritten Welt) ins Haus, die uns bei aller Faszination auch daran hindern könnten, unsere eigene kirchliche Identität in unserem Land wie auch den Kirchen anderer Länder gegenüber zu entwickeln. Ein Beispiel: Selbst wenn in unseren Gemeinden die Gleichberechtigung aller Getauften sozial eingelöst und verwirklicht würde, wäre dies eben noch keine Basisgemeinde im Sinn der kirchlichen Wirklichkeit jenseits der »großen Teiche«, weil dort die Basis nicht primär durch diese bürgerliche Freiheitsbeanspruchung gekennzeichnet ist, sondern durch Menschen in Not und Ungerechtigkeit (sowie durch Menschen, die sich mit ihnen solidarisieren), die ihr eigenes Geschick in die Hand nehmen, ihre Situation vom Evangelium her definieren und mit entsprechenden Befreiungsforderungen risikohaft ihr Handeln gestalten.

Wer anders sollte auch die vorzügliche Definitionsmacht über Gerechtigkeit haben als diejenigen, denen Gerechtigkeit fehlt? Über deren Köpfe und Herzen hinweg jedenfalls gibt es keine Befreiung. Oder anders, biblisch formuliert: *Ohne das Hören auf die Botschaften der Armen* (hier als Sammelbegriff für benachteiligte Menschen überhaupt verstanden) *gibt es keine Praxis des Evangeliums,* weil sonst das Reich Gottes keinen Fuß in die zer-

---

[30] Vgl. H. Steinkamp, Selbst »wenn die Betreuten sich ändern«, in: Diakonia (1988) 7, 78–89.

störerischen Widersprüche der Geschichte hineinbringt. Wer den Armen das Evangelium verkündigen will, der kann das nur, wenn er sich mit diesen in ein Lebensverhältnis bringt, indem er sich von den Armen selbst her die Konkretion des Evangeliums sagen läßt. Deshalb gibt es zum offiziellen kirchlichen Amt so etwas wie ein ebenso bedeutsames »besonderes Verkündigungsamt« derer, die in Not und Ungerechtigkeit leben. Sucht die Verkündigung der Hierarchie »von oben« nicht diese Verkündigung der Hierarchie von »ganz unten« auf, dann können die Leidens- und Erlösungsgeschichten der jüdisch-christlichen Tradition gar nicht mit den Leidensgeschichten der Gegenwart zugunsten ihrer »Wende« in Befreiungsgeschichten wirksam verbunden werden. Die spirituell-prophetische Aufgabe des kirchlichen Amtes besteht folglich darin, die politisch-prophetische Verkündigung der Armen zum Zuge kommen zu lassen: Denn ihr Wort hat mit Gott zu tun.[31]

Denn ebenso wie die Erinnerung an die Leiden und Befreiungen im Horizont des biblischen Gottesglaubens, wie sie die Tradition überbringt, sind auch die Leidensgeschichten und nötigen Erlösungserfahrungen der Gegenwart bürgerlich-demokratisch nicht »verfügbar«, sondern vorgegeben: Über ihre Existenz und ihren inhaltlichen Anspruch kann nicht eine Allgemeinheit abstimmen, die nicht gleichzeitig die Perspektive dieser Betroffenen vertritt. Solche Geschichten also sind für die Existenz von Christ und Kirche privilegiert wahr- und ernst zu nehmen: in der Freiheit der Liebe und in der Solidarisierung mit ihnen. Über die Gegebenheit vergangener und gegenwärtiger Opfer- und Befreiungsgeschichten kann nicht machthaft (auch nicht durch die »Herrschaft des Volkes«) verfügt werden: Vielmehr darf kein Jota ihrer Erzählungen und Einklagen verlorengehen. Das Wort der Leidenden und Solidarischen in der Gegenwart gibt dem Wort der leidenden und solidarischen Menschen in der Tradition erst seine gegenwartsbezogene praktische Entfaltung. Wir haben hierzulande noch zu wenig entdeckt, daß diese direkte Verbindung der Armen zur Kirchenbildung notwendig (für die Betroffenen selbst wie auch gerade darin für die Kirche) dazugehört. Hierzulande fehlt diese »andere Hälfte« der Verkündigung ziemlich.

---

[31] Vgl. Mette, Dimension, 58.

Deshalb muß entgegen jeder oberflächlich verstandenen gleichmacherischen »Demokratisierung« die herausragende Wichtigkeit leidender und benachteiligter Menschen für den Aufbau kirchlicher Gemeinschaft herausgestellt werden: Nicht alle haben (in fiktiver Absehung von ihrem sozialen Status und ihrer persönlichen Situation) die gleiche Wichtigkeit zu beanspruchen. Vielmehr haben die Armen aus Vergangenheit und Gegenwart nicht nur genauso viel zu sagen wie etwa die Reichen, sondern sie haben *mehr* zu sagen als diese anderen. Erst das ist die Bedingung der Möglichkeit, daß sie einmal gleichgestellt sein werden. Den Situationsbeschreibungen und -analysen aus ihrer Perspektive sowie ihren Erzählungen und Veränderungsforderungen ist vornehmlich Gehör zu schenken. Solches »Sich-etwas-Sagen-Lassen« hat den ganzheitlichen Charakter des Teilens von Leben: So geschieht Kirche. Ansonsten verliert sie das Leben und sinkt in die Langeweile des Belanglosen zurück, weil sie keine direkten Lebenskontakte mit den konkreten Nöten hat. Auch die Nöte der Christen selbst haben dann zuwenig Einfluß auf die Art und Weise der Gemeindebildung. Die Kompetenz zur diakonischen Lebensform beginnt indessen in der zugelassenen Pluralität und Notwahrnehmung im eigenen Haus selbst.

Entscheidend ist bei alledem die Universalität der angedeuteten Armutskompetenz: Alle Armen haben aufgrund ihrer praktischen Nachteile diesen inhaltlichen Vorteil, nicht nur die Christen, die zu den eigenen Reihen gehören. Solches Recht auf Gehör bezüglich der Benachteiligten ist nicht teilbar. Erst die Verwirklichung dieses Tatbestandes befreit die Kirchenbildungen von indoktrinierenden und herrschaftlichen Allüren und konstituiert eine befreiende, sich entgrenzende Katholizität, einen missionarischen Übergang der Kirche »über sich hinaus«, wie er der »Welt« gut tut.

b) Spezifische Verantwortung des Diakonats

Schon 1957 hat Karl Rahner darauf hingewiesen, daß die Diakone sich nicht »als sekundäre Betriebsangestellte des Klerus, sondern als Träger der heiligen Funktion der Kirche in ganz bestimmten Bezirken der Kirche« auffassen mögen.[32] Im II. Vati-

---

[32] K. Rahner, Sendung und Gnade, Innsbruck 1959, 283.

kanischen Konzil hat sich die Kirche in neuer und intensiver Weise daran erinnert, daß nicht nur die Verkündigung, die kirchliche Gemeinschaft und die Liturgie Wesenselemente ihres Selbstvollzugs sind, sondern daß auch die Diakonie zur wesentlichen Berufung der Kirche gehört.[33] Es geht demnach um die personale Repräsentanz der Diakonie im kirchlichen Amt. Die praktischen Vollzüge der Diakonie sind dann die Manifestationen der Einsicht, die die Kirche von sich selber hat: nämlich daß sie Sakrament des Heiles für die Welt sein darf. Die Diakonie bringt die Soteriologie (die Heilslehre) der kirchlichen Verkündigung auf die Soteriopraxie (den praktischen Heilsdienst) zwischenmenschlicher Erfahrbarkeit.

Mit der Wiedereinrichtung des Diakonats als eines eigenen Berufungsstandes innerhalb der Kirche war und ist die große Chance gegeben, diesem Wesensvollzug der Kirche innerhalb des Weiheamtes selbst eine neue Ausdrücklichkeit zu verleihen. Was damit bewußt wird, ist in seiner Bedeutung nicht zu überschätzen: Denn mithin wird in neuer Weise klar, daß die Diakonie nicht nur eine »Anwendung« der Verkündigung und der Liturgie (des »Eigentlichen«) darstellt, sondern zum Eigentlichen der Kirche selbst gehört. Denn das kirchliche Amt spiegelt in seiner Funktion und Verantwortung eben die wesentlichen Dimensionen wieder, die als solche zum Selbstvollzug der ganzen Kirche gehören. Der Diakon wird damit in einer besonderen, nämlich sakramentalen Weise zu der Verantwortung berufen und beauftragt, die in der gleichen unerläßlichen Weise zum Selbstvollzug der Kirche als Sakrament des Heiles für die Menschen gehört. Zutreffend bringt deshalb Altana ein ebenfalls relativ frühes Wort (1953) von Y. Congar in Erinnerung, nämlich daß »der Verknüpfung von Diakonie und Diakonat äußerste Signifikanz zukommt...«[34]

Damit wird augenscheinlich, daß Abendmahl und Fußwaschung, Heilige Messe und sozialer Dienst, Priester und Diakon auf gleichstufigem Niveau von der gleichen sakramentalen und

---

[33] Vgl. A. Altana, Die Wiederentdeckung des Diakonates und seine Entwicklung bis heute, in: Diaconia Christi 24 (1989) 3–4, 45–64, hier 50 ff.

[34] Vgl. Altana, Wiederentdeckung, 49. Dieser Signifikanz entspricht die sozialwissenschaftliche Einsicht, daß »für die Wahrnehmung des kirchlichen Auftrags nach innen und außen seine Vertretung durch eine Person« wichtig ist: Daiber, Identität, 149.

ekklesiologischen Qualität sind. Der Diakonat als »Vorstufe« zum Priesteramt hat diese Einsicht jahrhundertelang verdunkelt.[35] Das bedeutet z. B.: Wer sich in der Sozialarbeit zugunsten der Hilfe für benachteiligte Menschen einsetzt und für ihre Befreiung (auch politisch) kämpft, der bzw. die hat die Praxis, die ihn oder sie in Verbindung mit dem entsprechenden Glauben dazu befähigt, die Diakonenweihe zu empfangen.[36] Nicht die Frage, ob Mann oder Frau, ob aus akademischer oder aus natürlicher Kompetenz heraus (u.ä.), ist hier theologisch und ekklesiologisch wichtig, sondern allein die Frage nach der jeweiligen diakonischen Qualität des Handelns.

In der Entwicklung des Diakonats war und ist dies nicht immer deutlich. Ich schließe mich hier der Klage Zauners[37] darüber an, daß mit der Rehabilitierung des ständigen Diakonats in der bisherigen Weise die Chance vertan wurde, die Diakonie innerhalb der Verantwortung auch des Weihesakraments und damit des kirchlichen Amtes in besonderer Weise zu rehabilitieren. Die diakonischen Vollzugsformen hätten dann auch eine spezifische Verwurzelung im Weihesakrament, was die besondere Verantwortung des kirchlichen Amtes für die Diakonie in der kirchlichen Ämterstruktur realisiert hätte. Diesem Tatbestand ist sehr wahrscheinlich eine gewisse Profilschwäche des Standes zu verdanken.[38] Aufgrund von Umständen, die den Betroffenen selbst nicht zur Last zu legen sind, gab es immer wieder Versuchungen zur Symbiose von Priester und Diakon, wobei das Diakonische nicht etwa verschwand, aber doch sein diesbezügliches Profil »der Signifikanz« verlor.[39]

[35] Vgl. dazu auch die Überlegungen von R. Zerfaß, Wenn Gott aufscheint in unseren Taten, in: P. M. Zulehner, Das Gottesgerücht. Bausteine für eine Kirche der Zukunft, Düsseldorf 1987, 95–106, hier 101.

[36] Vgl. dazu auch H. Vorgrimler, Diakon und Diakonat – Fragmente einer Besinnung, in: Diaconia Christi 24 (1989) 3–4, 20–25, hier 25: »Es gibt solche Menschen in der entsprechenden Tätigkeit, in den genannten Arbeitsfeldern, und sie sollen für die Weihe gewonnen werden und durch die Weihe Gott für eine dauerhafte Selbstverpflichtung anempfohlen werden in jenem Gebet, in dem die Kirche ständig mit ihren Geweihten solidarisch ist.«

[37] Vgl. Zauner, Diakonie (Kap. 1, Anm. 8), 150.

[38] Demgegenüber ist besonders erfreulich, daß die Handreichung der Diözese Rottenburg-Stuttgart (hrsg. vom Bischöflichen Ordinariat – Arbeitsstelle Diakonat im Januar 1984) »Der ständige Diakon« eine schwerpunktmäßige Affinität des ständigen Diakonats zur Diakonie und zur Caritas konzipiert und einfordert (16–20).

[39] Vgl. M. Friedli/H. Kramer/M. Morche, Ergebnisse, Folgerungen, Probleme und offene Fragen, in: Diaconia Christi 24 (1989) 3–4, 144–152, hier 147: In Abschnitt 5.1

Selbstverständlich darf die Diakonie der Kirche nicht (nur) regionalisiert verstanden werden, als wäre sie nur in bestimmten Sektoren (z. B. im Caritasverband) fällig und als könnte sie nur dort verwirklicht werden.[40] Die Diakonie ist vielmehr eine Perspektive und Qualität des gesamten kirchlichen Selbstvollzugs und hat diesen in allen seinen Bereichen zu durchdringen. Aus dieser Perspektive darf man wohl auch nicht den Diakonat dahingehend fixieren, daß nur soziale Dienste dafür tauglich seien. Wenn demnach schon Diakone in der Verkündigung tätig sind, liegt darin ihre besondere Aufgabe, einen helfenden und entängstigenden Gott in die menschlichen Beziehungen und ihre Glaubensmöglichkeiten einzubringen. Nur darf über die spezifische Aufgabe des Diakonats, innerhalb aller Funktionen der Kirche die Diakonie wichtig zu nehmen und, wenn nötig, einzuklagen, nicht vergessen oder verdrängt werden, daß der direkte Umgang mit hilfs- und befreiungsbedürftigen Menschen der elementare Vollzugsort des Diakonats sein wird. Erst von dieser Erfahrungsbasis her können dann die Optionen authentisch in die anderen Bereiche des kirchlichen Lebens kritisch eingebracht werden, die die Armen tatsächlich darin zu Wort bringen und kommen lassen.

Auf solche Weise wird der Diakonat zum Ferment der Kirche: Mit seinem Standbein in der »unmittelbaren« Nächstenliebe findet er seinen entsprechenden Wächter-Stand für ein in die anderen kirchlichen Selbstvollzüge durchaus irritierend und zugleich ermutigend hineingehendes Spielbein, um auch dort die Belange der Diakonie in Erinnerung zu bringen.[41]

Freilich dürfte vielerorts eine quantitative Verlagerung des Diakonats in den spezifisch-diakonischen Lebensbereich der Kirche hinein von Nöten sein, damit der Diakonat nicht den direkten Kontakt mit Betroffenen verliert und folglich inhaltlich austrocknet. Mit anderen Worten: Es gibt im Caritasverband zu wenig Diakone (und Diakoninnen: Letztere werden ja leider von den Zulassungsbedingungen verhindert, obwohl dies theo-

---

die ersten beiden Spiegelstriche: Unterordnung unter dem Pfarrer im liturgisch-sakramentalen Bereich und Priesterersatz bei herrschendem Priestermangel.

[40] Von dieser Überlegung her wird wohl eine vorsichtige Korrektur des obengebrachten Zitates von Karl Rahner notwendig sein, der bezüglich der Diakone von ganz »bestimmten Bezirken« der Kirche spricht.

[41] Vgl. ähnlich Altana, Wiederentdeckung, 54.

logisch und ekklesiologisch völlig unberechtigt ist)! Um nicht
mißverstanden zu werden: Diese Aussage würde kontraeffektiv
zu dem verstanden, was mir am Herzen liegt, wenn dahinter eine
Klerikalisierung des Caritasverbandes angestrebt oder vermutet
würde. Das Umgekehrte ist der Fall: Es geht um eine Diakonisierung der gesamten Kirche einschließlich des Klerus! Und
dies geschieht auch dadurch, daß die Diakonie der Kirche über
den sakramentalen Diakonat im Weiheamt selbst den entsprechenden Ort findet.

c) Verkündigung tragender Gottesbeziehung

Das kirchliche Amt hat im Horizont des diakonischen Selbst-
vollzugs der Kirche auch eine stützende Verkündigungsaufgabe.
Letztere vollzöge sich völlig undiakonisch, bombardierte die
Verkündigung die Christen permanent nur mit Imperativen zur
Diakonie. In Wiederaufnahme der Einsichten zur Diakonie Gottes (vgl. Kap. 6.1) obliegt es vielmehr der kirchlich-amtlichen
Verkündigung, den göttlichen Ermöglichungsgrund zwischenmenschlicher Diakonie mitzugeben. Vor der Forderung zum
Menschen- und Gottesdienst steht der Indikativ, also die Gegebenheit des heilenden und befreienden Dienstes Gottes an den
Menschen. Jede Ethisierung des Gottesbegriffs raubt der Ethik
ihre Ressourcen in der Gnade. Die johanneische Fußwaschung
bedeutet demnach nicht zuerst, daß die Menschen sich gegenseitig die Füße waschen, sondern daß Christus ihnen diesen Dienst
tat und tut (vgl. Joh 13,12–13). Alle biblischen Geschichten, in
denen Gott bzw. Christus mit dem Menschen gut umgeht, dürfen als realpräsentische Handlungen seiner Diakonie uns gegenüber gelesen werden. Der erzählte Jesus ist zugleich der Auferstandene, der mit uns jetzt genauso umgeht wie »damals«.[42] Mit
solcher Hilfe Gottes »im Rücken« können Christen die diakonische Kirche tun. Erst auf dieser Basis erfolgt der Anspruch an
die Christen, sich eher die Füße als den Kopf zu waschen. Für
eine solche Vergewisserung der letztlichen Geborgenheit in Gott
über den »Genuß« der indikativischen Anteile biblischer Geschichten braucht man Zeit: Jesus ist deshalb ganze Wochen in
die Einsamkeit gegangen, um mit dem in Israel erzählten Gott

---

[42] Zu dieser »narrativen Realpräsenz Christi« vgl. O. Fuchs, Beten als Gabe und Aufgabe, in: Lebendige Seelsorge 31 (1980) 4, 185–193.

bis hinein in die »Abba«-Beziehung zu gelangen. Solche Mystik oder Kontemplation gehören zur diakonalen Verkündigung genauso wie die Aufrufe der Politik und Aktion.

Wenn es die christliche Verkündigung ernst nimmt, daß die erzählten Interaktionsprozesse zwischen Gott und Mensch reale Begegnung möglich machen, dann kann von Gott nicht nur in der Weise geredet werden, daß er eine Chiffre für humanere Kommunikation unter den Menschen bedeutet, sondern auch so, daß die konkrete menschliche Beziehung zu Gott zum Thema wird. Wäre Gott in biblischer Tradition nur eine Idee, ein Abstraktum, ein Absolutes, ein Neutrum, ein Ideal, eine idealistische und intellektualistische Größe, dann könnte man mit Recht sagen: »Gott – das heißt, daß wir gut zueinander sind!« Der biblische Gott kommt in seiner Konkretheit und Personalität, ja in seiner durchaus anthropomorphen Partnerschaftlichkeit zum Menschen durch solche Rede in Vergessenheit.[43] Demgemäß müßte man sagen: »Gott – das heißt, daß er gut zu den Menschen ist und dies auch zeigt!« Erst ein solcher Indikativ ermöglicht den Anruf Gottes und erlöst ihn von Gesetzlichkeit und die Menschen von Leistungswahn und Verzweiflung.

So geht es nicht an, in christlicher Rede die Rede von Gott voreilig auf die Rede vom Menschen umzulegen, beispielsweise mit Sätzen folgender Struktur: »Gnade, das bedeutet, daß wir miteinander gnädig umgehen sollen!«, »Auferstehung bedeutet, daß wir nicht fallen, sondern immer wieder aufstehen sollen!«, usw. In solchen Sätzen wird gerade der Handlungszusammenhang gelöscht, der den Bezugspunkt und Rahmenkontext des Imperativs, seine Gültigkeit und Möglichkeit ausmacht: Gnade bedeutet, daß Gott dir gnädig ist: Mit solcher Glaubenserfahrung kann auch der Mensch »gnädig« sein. Auferstehung bedeutet, daß Gott einen Menschen, der um seiner Liebe zu Menschen und ihrer Befreiung willen gestorben ist, auferweckt und damit sein Leben weiterführt und zugleich legitimiert: So wird es dem Menschen möglich, gegen Erfolglosigkeit und Sinnlosigkeitsverdacht »gratis« ein ähnliches Leben zu riskieren. Wo Gott in homiletischer Rede auf Dauer nicht als solcher Kommunikationspartner des Menschen besprochen wird, verflüchtigt sich sein Handeln auf das Plakat einer Gesetzlichkeit des

---

[43] Vgl. G. Otto, Rhetorisch predigen. Wahrheit als Mitteilung, Gütersloh 1981.

»Exemplarischen«. Die Entpersonalisierung Gottes führt zur Moralisierung des Menschen! Gott wird aufgeladen mit Handlungsanweisungen, die der Mensch selbst zu leisten hat. Gott wird als Leistungsbegriff des Humanums, nicht als der kommunikative Ermöglichungsgrund menschlicheren Lebens und menschlicherer Geschichte verkündigt: eine traurige Anpassung an die Leistungsstruktur spätkapitalistischer und hochindustrialisierter Gesellschaften und ihrer Allmachtsphantasien.

Biblische Theologie dagegen beansprucht, daß die Rede von Gott nicht eine mythische Aussage rein menschlicher Qualitäten, Hoffnungen und Aktionen ist, sondern daß der biblische Mythos die Wirklichkeit und Begegnungsrealität dessen, den er zur Sprache bringt, voraussetzt. Dadurch verbietet sich jede »Bumerang-Homiletik«, die den Vektor menschlicher Beziehung zu Gott auf die Beziehung des Menschen zu sich selbst (Gebet als Selbstgespräch) und mit den anderen (Gott als Menschenliebe) zurückkrümmt.

Eine diffizile Frage kann nicht dadurch beantwortet werden, daß einfachhin Identitäten geschaffen werden: »Gott ist mit Mitmenschlichkeit identisch«, »Das Bekenntnis zu Jesus Christus ist im Grunde identisch damit, daß man im Bezug auf die Mitmenschen lebt, wie Jesus gelebt hat«. Solche Gleichsetzungen lösen nicht das »Problem« zwischen Mensch und Gott, sondern vernichten es. Gegenüber manchen Trends zur Moralisierung des biblischen Gotteshorizonts gilt es, Gott als eigenständige Begegnungswirklichkeit wahrzunehmen und ihn dadurch als den inhaltlichen Beziehungsort ernst zu nehmen, von dem her solche Aktivitäten um der Menschen und ihrer Gesellschaft willen über lange Durststrecken hinweg möglich und zugleich inhaltlich kritisierbar werden.

7. Auf dem Weg

7.1 Zur diakonischen Kirche insgesamt

a) Grunddimensionen

In der Diskussion der in Kapitel 4.1 dargelegten Verhältnisbestimmung Martyria und Diakonia wurde ich immer wieder darauf aufmerksam gemacht, daß zum einen die Koinonia, zum anderen die Liturgia in einer Darstellung der Grundfunktionen der Kirche explizit vorkommen müsse. Ich nehme diese Anregung nicht zuletzt aufgrund der in den bisherigen Überlegungen gewonnenen Einsichten auf und verfolge nun zusammenfassend ein zweischichtiges Modell, das die beiden herrschenden dreiteiligen Modelle der kirchlichen Grundvollzüge (Martyria, Liturgia und Diakonia bzw. Martyria, Koinonia und Diakonia[1]) in sich aufzunehmen vermag, ohne daß dabei mein Grundanliegen verloren zu gehen braucht. Letzteres besteht in folgender Überlegung: Es ergeben sich für die an der Evangelisierung orientierte Identität der Kirche zwei nicht mehr hintergehbare Grunddimensionen, die ihre Sendung charakterisieren: die Martyria und die Diakonia, die Verkündigung in Wort und Sakrament und der heilende und befreiende Dienst an den Menschen, die Frohe Botschaft von der Erlösung durch Gott und das Handeln der Befreiung durch die Menschen. Liturgia und Koinonia (Gemeinschaft) gehören darin selbstverständlich ebenfalls zum Selbstvollzug der Kirche, sind freilich für sich nicht »Selbstzweck«, sondern Vollzugsweisen und Vollzugsräume der Martyria und der Diakonia. Die Koinonia (die Kommunikation der Menschen in Begegnung und Gemeinschaft) ist der Ermöglichungsraum, gleichsam das Element (wie die Luft zum Atmen), in dem sich Martyria und Diakonia zugunsten ihrer selbst ereig-

---

[1] Vgl. zum ersteren Vorschlag L. Bertsch, Die Rolle der praktischen Theologie bei kirchlicher Entscheidungsfindung, in: ders. (Hrsg.), Theologie zwischen Theorie und Praxis, Frankfurt a. M. 1975, 179–230, hier z. B. 180; zum zweiten Vorschlag vgl. Zerfaß, Handlungswissenschaft (Kap. 4, Anm. 2).

nen. Letzteres ist wichtig, damit die Koinonia nicht anderen Zwecken dient als denen der Martyria und der Diakonia. Gemeinschaftsbildung für sich (ohne die inhaltliche Bestimmung der Martyria und Diakonia) ist noch nicht Kirche, ja kann durchaus ambivalent sein. Denn Menschen können sich (auch in der Kirche) zu Vorhaben und Lebenseinstellungen zusammentun, die nichts mit der Frohen Botschaft und mit heilendem Handeln zu tun haben, ja diesem sogar widersprechen.

Auch der Kult ist nach religionsgeschichtlicher und religionspsychologischer Erfahrung durchaus etwas Ambivalentes, weswegen christliche Liturgie immer nur dann gegeben ist, wenn sich darin Martyria und Diakonia ereignen. Die Liturgie vollzieht dabei die Koinonia vornehmlich zugunsten der Dimension der Martyria-Erfahrungen, nicht nur im Wort, sondern in der Symboldramatik der Sakramente. In ihr zeigt sich auch, daß Martyria und Diakonia nicht voneinander getrennt existieren, sondern in perichoretischer Weise unvermischt und ungetrennt miteinander vernetzt sind. Denn in der Liturgie erfährt der Mensch die Diakonie Gottes, nämlich sein helfendes und befreiendes Handeln sich selbst gegenüber, das ihn befähigt, solche Diakonia auch an die Menschen weiterzugeben. Zugleich ereignet sich in der liturgisch-symbolischen gegenseitigen Vergewisserung der heilenden Zuneigung Gottes die wohl notwendigste Glaubensstärkung der Gläubigen.

Darauf möchte ich also nicht verzichten: Die Martyria und Diakonia bleiben die Fundamentalkategorien kirchlicher Identität, die inhaltlich und praktisch *zusammen* so eindeutig von Jesus Christus her definiert sind, daß sie keinem Ambivalenzverdacht ausgesetzt werden müssen. Denn es handelt sich um seine Frohe Botschaft, *wenn* sie in seiner diakonischen Praxis zum Vorschein kommt. Liturgie und Koinonia sind in ganz anderer Weise ambivalenzgefährdet, es sei denn, man definiert in sie hinein, daß es sich um die Koinonia handelt, die Jesus verwirklicht hat. Hier stellt sich dann doch wieder die Frage in der näheren Bestimmung dieser Koinonia: Warum handelt es sich um die Kommunikation Jesu? Und die Antwort lautet dann: eben deswegen, weil sie sich im unbeliebten Ineinander von Gottesverkündigung und Menschenliebe zeigt. Der Koinonia (Kommunikation und Gemeinschaft)-Begriff gibt semantisch nicht her, was die Grundstruktur dieser Koinonia inhaltlich kennzeichnet.

Man kann das Problem auch nicht dadurch autoritativ beantworten, daß man sagt: »Koinonia Jesu« ist genug an Definition, weil dahinter die legitimierende Autorität Christi selbst steht. Aber die Praxis selbst des Messias ist nicht deswegen richtig, weil er der Messias ist, sondern er ist der Messias, weil er die Verkündigung Gottes durch heilende Praxis bringt. Ähnliches gilt für die Liturgie, die wohl als Jahwekult und (synagogale) Gottesdienstpraxis eine beträchtliche Rolle in der Bibel spielt, am wenigsten allerdings bei dem Jesus der Evangelien als »Grundvollzug« seiner Wirksamkeit ausgeprägt zu sein scheint. Durchaus in der Linie der prophetischen Kultkritik verabscheut er die Vermarktung des Tempels für gottlose Belange, weil das Gebet, also die Begegnung zwischen Mensch und Gott, den einzigen Zweck dieses Ortes ausmacht (vgl. Mt 21, 12–13). Im synagogalen Gottesdienst ergreift er das Wort, um (bezeichnenderweise!) davon zu sprechen, daß seine Sendung mit der Heilung der Blinden und der Befreiung der Gefangenen zu tun hat (vgl. Lk 4,15–20). Und in die geprägte Form der Paschafeier hinein feiert er sein letztes Abendmahl. Jesus hat kein »feindliches« Verhältnis zu den unterschiedlich dicht geprägten Formen gottesdienstlicher Veranstaltungen und Feiern. Zugleich besitzt er die Souveränität, diese geprägten Formen in Zeit und Kult um seiner Gottesverkündigung und des damit verbundenen heilenden Handelns willen entsprechend zu gestalten: Der »Sabbat« der Liturgie ist für die Menschen da! Jedenfalls darf Gottes befreiende Gegenwart nicht durch Sabbat und Tempeldienst verhindert werden (vgl. Mt 12,8 ff; Mk 2,27 bzw. Lk 10,31–32). *Dann* können symbolgeprägte Räume zu Orten werden, wo Gottes Menschenfreundlichkeit erlebt und gefeiert wird. Wenn man also sagt, man meine ja genau diese von Jesus Christus akzeptierte »Liturgie«, wenn man die Liturgie als Grundvollzug der Kirche annimmt, wird man dennoch nicht umhin kommen, auf die Frage »warum?« die Auskunft zu geben, weil sich hier Diakonia und Martyria ereignen.

Was für die Bestimmung der Existenz Jesu Christi gilt, gilt auch für die Bestimmung der Grundvollzüge der Kirche: Weder das Wortfeld der Koinonia (Gemeinschaftsbildung, Kommunikation usw.) noch der Liturgia (Kult, Gottesdienst, geprägte Feiern usw.) können dafür als ausreichende Kennzeichen bemüht werden. Selbst wenn man sie auf Jesus Christus bezieht, muß man sagen können, warum sie christlich sind, damit der Bezug nicht als reiner Autoritätsbeweis fungiert (der seinerseits wiederum jede Praxis zu legitimieren vermag). Deshalb genügt es nicht, daß Petrus die Autorität des Messias anerkennt, aber damit dann doch ein praktisches Messiasverständnis verbindet, das Jesus gerade deswegen nicht autoritativ bestätigen kann, weil seine Sendung durch das Ineinander von Martyria und Diakonia definiert ist (vgl. Mk 8,29 und 33). Aus diesen Gründen halte ich an dem beschriebenen kategorialen Unterschied zwischen Martyria und Diakonia auf der einen und Koinonia und Liturgia auf der anderen Seite fest. Denn ohne die nähere Bestimmung der letzteren beiden durch die ersteren beiden bleiben die letzteren ambivalent.

Da allerdings die an den Basisvollzügen der Martyria und Diakonia orientierten Funktionen der Liturgie und Koinonia ganz ohne Zweifel kirchliche Selbstvollzüge kennzeichnen, extrapoliere ich beide aus dem zugrunde liegenden Doppelkreis der M und D als eigene Dimensionen und nehme beide ausdrücklich in eine dadurch entstehende Vierzahl der Grundfunktionen auf. Nicht zuletzt auch, damit der heilsame Zwang besteht, beide um so bewußter an die Diakonie und Martyrie zu binden und explizit von den letzteren her zu verstehen und zu gestalten.

Dazu wird hinsichtlich der Liturgie anerkannt, daß sie in der Tat ein eigener Vollzug von Martyria und Diakonia darstellt, mit eigenen Schwerpunktsetzungen insbesondere in der Symboldramatik, die die »normale« Koinonia nicht besitzt bzw. nicht haben muß. Zugleich kann die Liturgie auf Vollzüge verzichten, die besser in der Koinonia aufgehoben sind. So kann die Liturgie die Plausibilisierung ihrer symbolischen Vollzüge in diesen selbst nicht restlos bewältigen, sondern wird der Koinonia überlassen, die sozialen Verstehensbedingungen ihrer selbst aufzubauen.[2] Wo nämlich das Symbolgeschehen in seiner eigenen Selbstauslegung an die Grenzen des Verständlichmachens stößt, beginnt die Zuständigkeit der Christen und ihrer Sozialformen, durch sich selbst die Verstehensbedingungen von Wort und Sakrament bereitzustellen. Wenn Christen Not bekämpfen, Unterdrückung anprangern und dabei eigene Ohnmacht riskieren, dann stellen sie selbst die (zu anderen Plausibilitäten oft durch-

---

[2] Vgl. dazu meine Überlegungen: Jugend (Kap. 6, Anm. 19), 132 ff.

aus gegensätzliche und alternative) »Plausibilität« und Attraktivität dessen dar, was in der vorgegebenen Symboldramatik der Eucharistie an Erinnerung gefeiert wird. Gegen manche Tendenzen marktgerechter Veräußerung liturgischer Vollzüge sei deshalb betont: Viel entscheidender, als das liturgische Symbolgefüge rational, ästhetisch und kommunikativ zu überfrachten, wäre der kritische Blick darauf, welche Beziehungen *zwischen* der Liturgie und den anderen Räumen des kirchlichen Selbstvollzugs bestehen, welche Wirkungen die Liturgie als solche auf die kirchlichen Sozialgestalten ausübt: ob sie (ähnlich wie das verkündigte Wort) für die Kirche eine alternative und prophetische Kraft zu entwickeln vermag, oder ob sie jede mögliche und beliebige gemeindliche Praxis kultisch zu überwölben geeignet ist. Zunehmend legen Gläubige mehr Wert auf menschenfreundliche Verhältnisse in kirchlichen Beziehungsverhältnissen und Institutionen als auf überaktivierte liturgische Inszenierungen.

b) Liturgie und Gemeinschaft

Das *Spezifikum der liturgischen Versammlung* liegt in der hier symbolverdichteten Koinonia der Menschen und ihrer Gemeinschaft *mit Gott,* während die christliche Gemeindebildung außerhalb der Liturgien die Koinonia der Menschen realisiert, die an Christus glauben und von daher gut miteinander umgehen (können). Es handelt sich hier nicht um die Gestaltung von Alltagskommunikation, wenngleich freilich die Probleme des Alltags darin durchaus zu Wort kommen können (etwa in der Wortverkündigung vor der Eucharistiefeier). Im Schutzraum symbolischer Kontinuitäten (etwa in der konstanten Grundstruktur der heiligen Messe, aber auch aller anderen sakramentalen Liturgien) wird die zuverlässige Gegebenheit der Treue Gottes in der zuverlässigen Vorgegebenheit liturgischer Vollzüge erfahrbar. Weil der erinnerte Jesus zugleich der auferstandene Christus ist, der in der gleichen Weise mit uns umgeht, wie er »damals« mit den Menschen umgegangen ist, deshalb können bestimmte Handlungen Jesu nicht nur erinnert, sondern derart in einem geprägten Symboldrama vergegenwärtigt werden, daß das, was damals geschah, jetzt geschieht. Selbstverständlich beinhaltet auch die sakramentale Liturgie eine nicht-supranaturalistische, sondern geschichtliche und zwischenmenschliche kommunikative

Praxis, allerdings in Vorzüglichkeit die Kommunikation mit dem Menschen und dessen Gottesbeziehung, von dem die Kirche glaubt, daß er der Christus ist. Damit thematisiert und dramatisiert die Liturgie den gemeinsamen Gottesbezug der Christen (einschließlich der darin vor allem in der Wortverkündigung aufgehobenen Kommunikation mit den dabei erinnerten Menschen aus Bibel und Tradition sowie ihren Gottes- und Menschenerfahrungen) als gemeinsame Vergewisserung. Und sie tut dies am dichtesten im Bereich der Ich- bzw. Wir-Du-Relation zu Gott selbst und damit im liturgischen Beten. Dies ist der Akt, in dem sich die lebenden Christen auf den selben Gott verlassen, auf den sich die erinnerten Menschen verlassen haben!

Im Selbstvollzug der Kirche von Wort und Tat befindet sich die Liturgie in einem eigenartigen Zwischenbereich: Sie ist nicht mehr nur Wort, sondern liturgisches Drama des Wortes, also ein tatsächliches Begegnungsgeschehen zwischen Mensch und Gott und zwischen den Menschen selbst, aber sie ist doch nicht einfachhin und noch nicht das Begegnungsgeschehen, welches die Lebenszusammenhänge der Menschen in Kirche und Gesellschaft und insgesamt ausmacht. Die Feier der Liturgie ist etwas anderes als der innerkirchliche soziale Umgang der Christen miteinander und mit den Mitmenschen überhaupt, wie es noch einmal etwas anderes ist, in welcher Verbindung die Feier der Liturgie und das entsprechende Sozialverhalten (in) der Kirche zueinander stehen. Und hierin kann es dann zu ähnlichen Widersprüchen kommen, wie sie zwischen Wort und Tat möglich sind: So kann sich eine modern gestaltete Liturgie durchaus mit einem autoritären Führungsstil in der Gemeinde verbinden. Im liturgischen Vollzug wird dann »aufgeführt«, vielleicht sogar vorgetäuscht, was in den anderen Lebens- und Begegnungsbereichen der Gemeinde um so mehr ausfällt. Unter diesem Aspekt dürfte der liturgische Vorgang mehr der Verkündigung durch Zeichen (Wort, Symbol und Symbolhandlung) zuzurechnen sein als der Verkündigung durch das Tun (des Gesagten bzw. des Symbolisierten) im gesamten Leben und Alltag.

Aus der Perspektive freilich, daß die Symbolhandlung der Sakramente die Begegnung mit dem unsichtbaren Gott »materialisiert« und darin die leibliche Erfahrung seiner Liebe und Versöhnung bereitstellt und ermöglicht, ereignet sich in nicht überbietbarer Sicherheit ihrer sakramentalen »Selbstwirksamkeit« (die Sakramente enthalten die Gnade, die sie bezeichnen) nicht »nur« das heilende Wort, sondern auch die heilende soziale Praxis den Menschen gegenüber. Auf der Erfahrungsbasis einer solchen in der sakramentalen Liturgie vermittelten zuverlässigen Gegebenheit der Liebe Gottes kann dann auch (durchaus in den liturgischen Vollzügen selbst) von den vielen unterschiedlichen Imperativen die Rede sein, die das christliche Handeln im Alltag benennen. Das Beziehungsproblem zwischen sakramentaler Liturgie und außerliturgischer Koinonia entspricht durchaus den oft erheblichen Vermittlungsschwierigkeiten zwischen Zuspruch und Anspruch, Gabe und Aufgabe, Gnade und Leistung. Für den Innenbereich der Liturgie bedeutet dies, daß sie niemals durch den Imperativ ersetzt werden darf, sondern ihr primäres Ziel darin findet, sich als Ort des Gebets, als Quelle des Gottvertrauens und als Erfahrungsraum gegenseitiger Vertrauensvergewisserung verwirklicht: der Vergewisserung nämlich, in Gott unbedingt geliebt, angenommen und versöhnt zu sein, was sich wohl am dichtesten in den doxologischen Elementen der Liturgia ereignet, im Lob eben dieses Gottes, der so heilend und befreiend mit den Menschen umgeht. Hier findet sich der vorzügliche »Lernort« für die Lebens- und Glaubenshaltung, sich von Gott lieben zu lassen und auf ihn zu vertrauen. So ist die Liturgie nicht nur die Feier der Martyria von der Diakonie Gottes uns gegenüber, sondern sie vergegenwärtigt diese Diakonie selbst als praktische Erfahrung.

An solcher Sinnbestimmung sakramentaler Liturgie hat sich auch das darin ergriffene Wort zu orientieren: So darf in den Predigten nicht nur ständig und schon gar nicht in moralisierender Weise davon die Rede sein, daß die Christen so miteinander umgehen müssen, wie Jesus den Menschen begegnet ist, sondern es darf auch und besonders die Rede davon sein, daß so, wie sich Jesus etwa gegenüber der Ehebrecherin verhält, er jetzt in diesem Symboldrama (z. B. der sakramentalen Sündenvergebung) auch auf die Gläubigen zugeht: nämlich nicht verurteilend, sondern zukunftseröffnend. Die Diakonie Jesu kommt in der Liturgie nicht zuerst als Imperativ, sondern als Indikativ auf die Menschen zu, insofern sie darauf vertrauen dürfen, daß Gott selbst ihnen genauso begegnet, wie Jesus den Menschen begegnet ist. Diese Erfahrung in Wort und Sakrament zu vermitteln und zu vergewissern, das markiert den Profilkern der Liturgie. Das in solcher Liturgie ergriffene Verkündigungswort steht damit in der Verantwortung, diesem inhaltlichen Ziel seinerseits zu dienen: durch eine entängstigende befreiende Rede von Gott sowie durch den Grundsatz, keine Forderungen auszusprechen, ohne wenigstens den Versuch zu machen, die dafür in Gottesbegegnung und -verheißung bereitliegenden »Ressourcen« mitzugeben.

Von diesen Gedanken her kann man wohl ein relatives Gegenüber der Liturgie zur Koinonia behaupten. Im Raum sakramental ermöglichter Gottesbegegnung begegnen sich die Menschen in einer vom Alltag relativ abgesetzten spezifischen Weise, nämlich vornehmlich als solche, die Gottes Liebe verbindlich zusprechen und im Symbolgeschehen darstellen, als solche, die diesen Zuspruch empfangen, als solche, die die Gottesvergegenwärtigung miteinander in der (Mit-)Gestaltung und Beteiligung feiern. Ein solcher Begegnungsraum hat nichtsdestoweniger mit dem gesamten Leben der Beteiligten in Kirche und Gesellschaft zu tun. Seine Symbolerfahrungen üben eine ganz bestimmte Wirkung aus, die man knapp folgendermaßen formulieren kann: Wer Gottes Wort hört und seine Liebe erfährt, der lebt anders! Liturgie hat insofern einen wirklichen Symbolwert für das Leben und ersetzt es nicht. In der Koinonia versuchen die Christen, aus der Gnadenerfahrung der Liturgie heraus miteinander zu leben und ihre Gemeinschaft(en) zu gestalten. Selbstverständlich geht es gerade in dieser Koinonia vorzüglich darum, die in der Liturgie empfangene Diakonie Gottes zwischenmenschlich fruchtbar werden zu lassen. Hier ist auch der Ort, wo die zugunsten einer menschlicheren Kirche und Gesellschaft notwendigen Wort-Tat-Verbindungen (Optionen) zu erstreiten, zu entscheiden und praktisch in Angriff zu nehmen sind.

Ich erkenne an, daß die kirchliche *Koinonia* als erstes notwendiges »Lernfeld« christlichen Lebens und Handelns der Gläubigen »unter sich« einen Grundvollzug der kirchlichen Identität ausmacht und deshalb nicht nur als impliziter Raum von Diakonie und Martyria unbenannt vorausgesetzt werden darf. Mit ihrer expliziten Aufnahme in die kirchlichen Grundvollzüge möge das zum Ausdruck kommen, was bereits zur Wichtigkeit menschenachtender Gemeinde- und Institutionsbildung nach innen (durch Pluralität, Partizipation und entsprechender Leitungskompetenz) gesagt wurde. Bei solcher spezifischen Bemühung um kirchliche »Gemeinwesenarbeit« und um entsprechende Umgangs- und Führungsstile handelt es sich tatsächlich um einen eigenständigen Faktor in der Evangelisierung, der übrigens in seinem Bezug nach »außen« in analoger Weise zum Verhältnis von Liturgie und Koinonia gesehen werden kann: insofern nämlich die kirchliche Koinonia durch entsprechende Pastoral gerade den Erfahrungsraum ermöglicht und provoziert, der Menschen dazu befähigt und kräftigt, auch in die gesellschaftlichen Existenzbereiche hinein christliche Inhalte und Praxis zu vertreten und zu verwirklichen. Ein entscheidender Brückenschlag zwischen »innen« und »außen« werden dabei jene diakonischen Entgrenzungen sein, in denen bedrängte Menschen in die Koinonia aufgenommen werden, auch wenn sie glaubensmäßig nicht »dazugehören«, bzw. in denen man sich mit Nicht-dazu-Gehörigen zusammensetzt, weil auch sie sich faktisch mit Notleidenden solidarisieren.

Wo dagegen die Liturgie die Diakonie Gottes unverkündigt läßt und verdunkelt, und wo die Koinonia (dann um so mehr) Gottes Wort nicht mit der zwischenmenschlichen Diakonie nach innen und außen verbindet und letztere behindert, bricht die Kirche in ihrer ganzen Identität zusammen. Und ihre Außenwirkungen können nur katastrophal sein, weil dann der Gottesbegriff und das gesamte damit verbundene kultische und inhaltliche Autoritätsmaterial einer beängstigenden, unterwerfenden und zerstörerischen Praxis »zugute« kommen. Demgegenüber gilt die massive Mahnung des Apostels Paulus, die rechte Feier des Herrenmahls unmittelbar an die zwischenmenschliche diakonische Praxis zu binden (vgl. 1 Kor 11,17–34, bereits 1 Kor 10, 14–33).

c) Überblick

Folgende graphische Skizze schlage ich vor:
Die beiden sich vertikal schneidenden Kreise Liturgia (= L) und Koinonia (= K) liegen nicht auf der gleichen Ebene wie die sich horizontal schneidenden Kreise Diakonia (= D) und Martyria (= M), sondern sie befinden sich schichtenhaft oder stockweise über den letzteren. Daß D und M das Grundniveau angeben, sei in der Graphik zusätzlich durch ihren gesteigerten Umfang angezeigt. Zu der bereits in Kapitel 4.1 gebrachten Beschreibung des Verhältnisses der fundamentalen kirchlichen

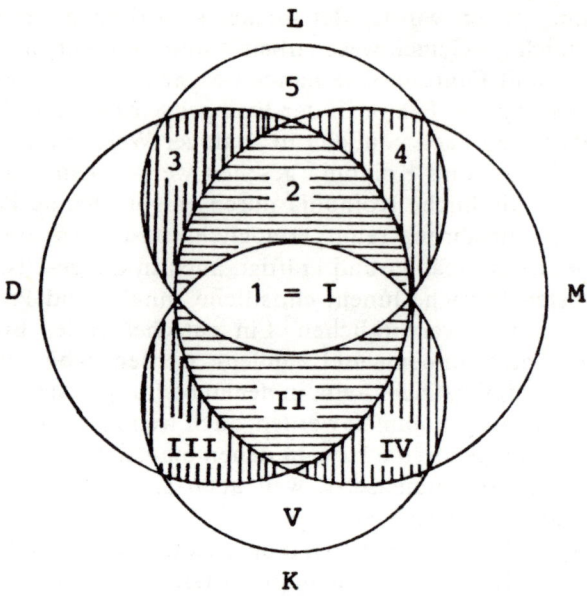

Grunddimensionen M und D füge ich nun eine ähnliche Beschreibung der Grundfunktionen L und K sowie ihres Zusammenhangs mit der sie tragenden D- und M-Basis hinzu.

Wo L und K ineinanderfallen (Fläche 1), bezeichnen sie solche Vollzüge, wo beide Funktionen annähernd gleichermaßen verwirklicht sind: am deutlichsten wohl im Abendmahl Jesu, das er im jüdischen Pascha und damit in einem symbolisch geprägten Erinnerungsmahl zugleich als dichtes Begegnungs- und Abschiedsmahl mit seinen Jüngern feiert. Auf dem Untergrund der sich hier ebenfalls überschneidenden M- und D-Kreise zeigt sich der Sinn dieser Feier: Darin ratifiziert er bis zum äußersten seine Gottesverkündigung durch seine eigene unüberbietbare Diakonie für die Menschen bis hin zum Kreuz. Hierin liegt wohl der dichteste Erfahrungsraum von Kirche in ihrem eigenen Zentrum. Allerdings kann eine solche gleich intensive Erlebbarkeit gottbezogener und menschenbezogener Kommunikation bei liturgischen Feiern nicht postuliert werden. Sie ist vielmehr etwas »besonderes«, wenn sie deswegen auch nicht selten sein müssen: Eine Gruppenmesse beispielsweise kann ähnlich zusammenfallende Erfahrungen der Gottes- und Menschenbeziehung aufkommen lassen.

Wegen der begrenzten kommunikativen Kräfte und entsprechender Rahmenbedingungen findet jedoch ein Großteil der liturgischen Feiern in der Weise statt, daß zwar Menschen zusammenkommen und nebeneinander sitzen, stehen oder knien, daß sie sich aber dabei weniger an einem vis-à-vis-Zueinander orientieren denn gemeinsam auf das Symbolgeschehen der sakramentalen Gottesvergegenwärtigung ausrichten und konzentrieren. Zu diesen im engeren Sinn liturgischen Feiern (Feld 2) gehören beispielsweise die Gottesdienste in unseren Großkirchen. Auf dem Hintergrund der D und M kann man sich vorstellen, daß es liturgische Vollzüge gibt, in denen beide Dimensionen gleichermaßen verwirklicht werden: etwa in einer Beichtbegegnung, wo sich die Verkündigung der Sündervergebung zugleich in einer Gesprächskultur ereignet, die zwischenmenschlich erfahren läßt, was im Gotteswort zugesprochen wurde. Die Überlappungen (Felder 3 und 4) deuten mögliche Dominanzen der Verkündigung bzw. Diakonie an. Ein Wortgottesdienst etwa ist Liturgie im Feld der Martyria, die Eucharistiefeier ist Liturgie im Feld der symbolisch vermittelten Erfahrbarkeit der Diakonie Gottes. Eine Predigt freilich, die den Zuspruch oder auch den Anspruch der Diakonie zum Thema hat, nähert sich wiederum dem Feld 2. Den kleineren Bereich der Liturgie, der hier über D und M hinaus reicht (Feld 5), könnte man als den Ort phantasieren, wo liturgische Vorgänge, nicht abgetrennt von D und M und noch durchaus in deren Bannkreis, aber sie auch nicht sonderlich thematisierend, hauptsächlich um der Freude willen geschehen, die sie an sich selber (als Tanz, als ungerichtete Meditation, als Kunstwerk usw.) haben und haben dürfen. Sicher könnte man dies auch noch als »Diakonie« an der Sinnenfreudigkeit und sensiblen Ästhetik der Menschen bezeichnen, muß es aber nicht.

Bevor ich auf die entsprechende Koinonia-Beschreibung zugehe, sei insgesamt als Einschränkung bemerkt: Je differenzierter man die Sektoren beschreiben will, desto deutlicher werden die jeweilige mangelnde Trennschärfe und Grenzüberschreitung vieler Vorgänge, desto deutlicher wird auch der künstliche Charakter dieser Graphik. Dies ist wohl das Schicksal jeder solchen Übersicht, die um der Beschreibungs- und Unterscheidungsfähigkeit dieser Vorgänge und ihrer Dominanzen willen innerhalb der denkerischen Einsicht wohl dennoch nicht belanglos ist. In der Anwendung dieses Schemas steigert sich die differenzierte Wahrnehmung der Wirklichkeit ebenso, wie die dadurch provozierte Einsicht in die Komplexität der Wirklichkeit dieses Schema um so mehr übersteigt.

Die Felder im K-Kreis lassen sich wie folgt denken: Das Feld I entspricht dem Feld 1 und wurde bereits oben skizziert. Wo die K auf die Überlappung von D und M fällt (Feld II), handelt es sich um Begegnungen, in denen beide Grunddimensionen annähernd gleichermaßen verwirklicht sind. Auch davon war bereits in Kap. 4.1 die Rede. Die K im M-Kreis benennt alle Kommunikationen, in denen das Wort Gottes im Mittelpunkt steht, z. B. einen Bibelkreis oder auch das Studium der Theologie (Feld IV). Demgegenüber erfolgt die K in der D etwa in den Institutionen des Caritasverbandes, z. B. in einem Behindertenheim (Feld III). Natürlich ereignen sich D und M außerhalb des K-Kreises auch nicht anders als innerhalb von entsprechenden Kommunikationen (vgl. die Differenzierung in 4.1), jedoch thematisiert der K-Kreis einen ganz spezifischen Aspekt und Anteil in D und M. In D wäre es etwa die Bemühung um eine gleichstufige interpersonale Begegnung, nicht etwa nur um ein objektbezogenes Hilfehandeln. Die allgemeinen Kriterien ethischer Kommunikation (Freiheit, Gleichheit und Gegenseitigkeit) qualifizieren die soziale Kultur, wie sie auch und besonders in M und D zu realisieren sind (und nicht etwa durch besondere Verkündigungsansprüche im Verbund mit einschlägigem Autoritarismus außer Kraft gesetzt werden dürfen). Auch die Probleme der Leitungsdiakonie gehören hierher (vgl. Kap. 6.3).

Man könnte den K-Kreis selbstverständlich auch um das ganze Schema herum zeichnen, so daß D und M darin zu liegen kommen.[3] Nicht nur wegen der Übersichtlichkeit sei darauf verzich-

---

[3] Dennoch warne ich vor einer Totalisierung der »Communio-Theologie«. Wenn in Kap. 4.1 davon die Rede war, daß die Communio keinen Selbstzweck habe, dann in dem Sinn, daß sie sich selbst nicht an die Spitze aller Grundvollzüge stellt und von dort die letzteren entsprechend dominiert, was faktisch bedeutet, daß auch hierarchisch entschieden wird, was man unter »Communio« zu verstehen hat. Um ein solches »für sich selbst« der Koinonia handelt es sich selbstverständlich nicht, wenn weiter unten (im Bezug auf das K-Feld V) davon die Rede sein wird, die Koinonia um ihrer selbst willen zu leben: Denn dort geht es um eine diesbezüglich absichtslose Selbstverwirklichung der Koinonia. Eine Hierarchisierung der Communio und damit

tet, sondern auch um nicht vergessen zu lassen, daß D und M in sich selbst eben jene spezifischen Kommunikationen benennen, die nicht hintergehbar die soziale Identität der Kirche charakterisieren. Der K-Kreis thematisiert auf zweitem Niveau, daß es um des Zusammenhaltes der Gläubigen und auch von D und M willen spezifische Bemühungen um den Aufbau von Gemeinschaft geben darf und muß. Hier käme vieles von dem zum Tragen, was in Kap. 6.2 zur Gemeindebildung (insbesondere hinsichtlich des Stichwortes »Ich-Stärke«) gesagt wurde. Den allgemeinen Kommunikationen in und zwischen den Bereichen D und M steht damit eine besondere Bemühung um Gemeinschaftsgestaltung bezüglich eines im Alltag verankerten gegenseitigen Gebens und Nehmens, also gegenseitiger Partizipation gegenüber: als von innen her kommende Lernschule für die Beziehungen nach außen. Im übrigen brächte es insgesamt nicht viel, die jeweiligen weiteren Begriffe von D und M sowie von L und K derart in das Schema einzubringen, daß im Grunde jeder Kreis so erweitert werden kann, daß er alle anderen umschließt. So gibt es auch von der Liturgie einen so ausgeweiteten Begriff, daß mit ihm das Ganze von Kirche gemeint sein kann: Denn alles ist hier selbstverständlich in irgendeiner Form Gottesdienst.[4]

Im Bereich der M stehen mit dem spezifischen Aspekt der K-Verantwortung vor allem die Partizipation und die Möglichkeiten bzw. Strukturen zur Debatte, in denen der Umgang der Hauptamtlichen mit »Laien«, nicht zuletzt auch der Umgang der Christen mit den Zeugnissen der Toten, mit der Tradition,

Ideologisierung im Sinn einer Machthabe liegt erst dann vor, wenn z. B. disziplinäre Maßnahmen (wie etwa die päpstliche Weisung, daß Unterzeichner der »Kölner Erklärung« an anderen Orten keine Lehrerlaubnis erhalten dürfen) in höchst dubioser Weise mit dem »Communio«-Argument begründet werden. Dabei handelt es sich hier gar nicht einmal um eine inhaltlich kirchliche Communio, weil nicht nur die Liebe der Diakonie verletzt wird, sondern auch die Freiheit der Martyria, nämlich die Freiheit einer Theologie, die sich für die Achtung des Gottesvolkes einsetzt (vgl. Rheinischer Merkur Nr. 25, 1990). Die Reduktion und zugleich Totalisierung des Communiogedankens auf das Zustimmungsverhalten zum Papst haben gerade deswegen nur höchst begrenzt mit der kirchlichen Koinonia zu tun, weil dadurch die Bereiche der Diakonie und Martyria nur soweit erwünscht sind, als sie dieser Ideologie dienen (zur Problematik der Communio-Ekklesiologie vgl. auch Ch. Duquoc, Kirchen unterwegs. Versuch einer ökumenischen Ekklesiologie, Freiburg [Schweiz] 1985, 79-92).

[4] Vgl. H. Heinz, Die Struktur der Liturgie als Maß der Pastoral, in: Münchener Theologische Zeitschrift 35 (1984) 124–138, hier 130.

entworfen und geregelt wird. Die K spezifiziert innerhalb der Überlappungen D und M (Feld II) demnach insbesondere die Art und Weise, wie sich die Verkündigung der M in die Diakonie einbringt, wie etwa Pfarrer mit Erzieherinnen umgehen: Im Klima der Besserwisserei oder in einer gerade von der Theologie her notwendigen Anerkennung. Dazu gehört aber auch, wie sich die spezifische Verkündigung, die ihrerseits aus der Diakonie kommt, in die M der Kirche einzubringen vermag: so daß M mit der bereits in D entfalteten inhaltlichen Kompetenz der Betroffenen und derer, die mit ihnen zu tun haben, entsprechend in Berührung und Kontakt kommt. Außerdem gehört hierher auch, daß den Menschen die Diakonie Gottes gegönnt wird, insofern sich die Beziehungen in M so ereignen, daß die Rede von Gott in einer entängstigenden und vertrauenaufbauenden Weise erlebt werden kann.

Das freie K-Feld (V) umfaßt alle die Aktivitäten und Bereiche, in denen Beziehungen um ihrer selbst willen gelebt werden: in nichtliturgischen Festen und Feiern, in den vielfältigen Angeboten von kirchlichen Institutionen für die Freizeitgestaltung, die sicher im weiteren Sinn immer auch diakonisch, also ein Dienst an den Menschen sind (doch war von der mangelnden Trennschärfe der hier behandelten Bereiche schon die Rede). Man denke hier auch an die absichtslose Freude im Genuß der reinen Gegenwart von gemeinsamer Erholung und Gemeinschaft, Liebe und Freundschaft.

Insgesamt darf der Hinweis nicht fehlen, daß in allen Bereichen (D und M sowie L und K) die beiden Grundkategorien interpersonaler Beziehungen (zwischen den Menschen sowie zwischen den Menschen und Gott) angesprochen sind und darin zum Tragen kommen: die Kategorie des Indikativischen, des Geschenkhaften und der Gnade genauso wie die Kategorie des Imperativs, des Anspruchs und der Notwendigkeiten. So empfangen die Helfer Lebensbereicherung von denen, denen sie helfen. So erfahren die Verkündiger entscheidende Inhalte von denen, denen sie zu verkündigen beanspruchen. Jede Gemeinschaftsbildung kostet Investitionen, wie sie auch Solidarität schenkt. Und je mehr die Gläubigen in der Liturgie Gott dienen, desto mehr erfahren sie Gottes Dienst sich gegenüber. Solche Einsicht kann auch noch durch unterschiedliche Situationen und Erfahrungen hindurch zwischen den primären und sekundären Grunddimensionen (auf gleichem Niveau bzw. zwischen den beiden Schichten) gedacht und erlebt werden. So wirkt sich das Sakrament der Firmung (in L) insofern (und nur dann) für K aus, wenn die Gläubigen tatsächlich auf der Basis der verbürgten Gegebenheit des gemeinsamen Gottesgeistes in entsprechender Achtung miteinander umgehen und die Beziehungen gestalten.

Hinsichtlich des vorgestellten Schemas sind übrigens der Phantasie keinerlei Grenzen gesetzt: Es ist als ein dynamisches und plastisches zu denken. Und wer gerne aus einsehbaren Gründen an einer Dreier-Struktur hängt (etwa drei Kreise im Dreieck), mag den K-Kreis oder den L-Kreis weglassen und jeweils im anderen bzw. in der gegenseitigen Beziehung von D und M als gegeben voraussetzen. Nur auf die zwei Basisdimensionen, auf die D- und M-Kreise, kann nicht verzichtet werden.

7.2 Zur Kirchenbildung in Notzonen

a) Ins Angesicht schauen

Am Beispiel der »Kirche als Asylbewegung« sei verdeutlicht, worum es hier geht. Insider klagen, daß in der kirchlichen Bildungsarbeit seit geraumer Zeit Themen nach dem Motto »Christlicher Umgang mit den Fremden in unserem Land« nicht mehr »ziehen«. Die anberaumten Veranstaltungen sind dünn und dünner besucht: wahrhaftig nicht etwa, weil die Fremdenproblematik erledigt wäre, sondern weil man sie im eigenen Bewußtsein und in der emotionalen Einstellung bereits als erledigt abgehakt hat. Die Meinungen sind fest, so oder so, meistens freilich so, daß man möglichst defensiv und angstbesetzt reagiert und endlich den »Schlußstrich« ziehen will (durch Verschärfung des Asylrechtes, durch Einwanderungsstop, durch ein Schlechtmachen von Asylbewerbern/innen usw.). In dieser festgezurrten Vorurteilsstruktur will man sich nicht mehr irritieren lassen, auch und gerade nicht durch Informationen, die die Angst unbegründet sein lassen und die das Bewußtsein verändern könnten. Man wehrt sich mit Kopf (durch Rationalisierung der einmal eingenommenen Einstellungen) und Herz, mit Händen und Füßen gerade innerkirchlich (nicht zuletzt auch durch parteipolitische Fixierungen) gegen die Sicht einer partizipativen Gesellschaft und Kirche, die vom eigenen Leben und Wohlstand her Anteil gibt und die am Leben bedrängter Menschen, gerade von Flüchtlingen, Anteil nimmt und von daher ihre Positionen bestimmt. Gegen diese hier nur angedeutete Verkrustung scheint kein Kraut gewachsen zu sein, allenfalls die zarte und zu pflegende Pflanze des direkten Kennenlernens von einzelnen Flüchtlingen, um in diesen die Probleme aller Asylbewerber/innen zu sehen, ganz im Gegensatz zu den Strategien, von der anonymen Gesamtgefahr des Kollektivs »unzählige Flüchtlinge« die einzelnen Menschen mit ihren Leidenserfahrungen aus dem Blick zu verlieren.

Rainer Krockauer geht in seinem Buch »Abschieben oder Aufnehmen«[5] von Einzelgeschichten aus und bekommt von ihnen her die Gesamtproblematik in den Blick. Genau dies ist der Weg des Evangeliums: Der Einzelmensch ist die Offenbarung der Situation und seiner Mitbetroffenen, wie für uns Christen der eine Mensch Jesus von Nazaret (und nicht etwa ein Kollektiv) die Eröffnung des universalen Gottes darstellt: Eben dieser Einzelmensch kümmert sich selbst um die konkreten Menschen. Der ethnozentrische Blick freilich, der vom Kollektiv der Deutschen her den Einzeldeutschen mehr Chancen, zu leben und zu überleben, verschafft, kann fremde Menschen nur als Teil eines fremden Volkes sehen, das nicht zum eigenen gehört und dessen andere Kultur die eigene narzißtisch vertretene starre Identität gefährdet. Die kollektivistische und chauvinistische Vorentscheidung erledigt die gleichstufige Begegnung des deutschen Menschen mit einem türkischen Menschen. Wenn dagegen schon wenigstens auf der Redeebene die gleiche Menschenwürde aller Menschen behauptet wird: Was berechtigt dann noch praktisch zu der Einstellung, daß in Deutschland der/die Deutsche mehr Rechte im Leben, letztlich zum Leben haben als ein »geduldeter Flüchtling«?

Offensichtlich funktioniert die ethische Vorstellung von der gemeinsamen Menschenwürde aller immer dann nicht wirksam genug, wenn es zum Teilen und wenn es deshalb zu Konflikten kommt. Ich denke, wir Christen haben darüber hinaus ein psychisch wirksameres ethisches Bild der gemeinsamen Angewie-

---

[5] Vgl. R. Krockauer, Abschieben oder Aufnehmen? Christen engagieren sich für Asylsuchende und Flüchtlinge, München 1990; vgl. insgesamt die Beiträge in: O. Fuchs (Hrsg.), Die Fremden, Düsseldorf 1988, und: P. Bocklet (Hrsg.), Zu viele Fremde im Land?, Düsseldorf 1990.

senheit aller Menschen. Vergleichbar mit dem »Mythos« der (engeren) Verwandtschaft, der im Alltag immer wieder stärker ist als Meinungsunterschiede und Lebensgegensätze (in der Familie), reden wir analog, aber nicht weniger wirklich, sondern vielmehr mit dem Anspruch der »eigentlichen« Wirklichkeit von der universalen Gottes-Kindschaft aller Menschen: Glauben die Christen daran? So enthüllt sich die Frage nach den Flüchtlingen in unserem Land als eine ausschlaggebende Frage nach unserem Glauben selbst! Verhalten wir uns tatsächlich als Brüder und Schwestern »in Christo« der geduldeten Flüchtlinge, im persönlichen, kirchlichen und politischen Bereich? Dann freilich wäre eine multikulturelle Gesellschaft, die Fremde und besonders Flüchtlinge in sich aufzunehmen vermag, das konkrete Sinnziel von Christ und Kirche selbst. Doch ist vielerorts nicht einmal der gemeinsame Konfessionsglaube bisher stark genug gewesen, daß z. B. spanische und italienische Fremde in unseren deutschen Gemeinden Heimatrecht bekommen hätten: zugunsten wenigstens einer durch die gemeinsame Kirchenzugehörigkeit ermöglichten multikulturellen Ortsgemeinde. Diesbezügliche Mobilitäten unserer Pfarreien stehen gründlich aus (jedenfalls aufgrund von durch Umfragen eingeholten Erfahrungen spanischer Gastarbeiterfamilien).[6]

Nicht nur der einzelne Christ, auch die kirchlichen Sozialgestalten (Gemeinschaften und Institutionen mit ihren jeweiligen Organisationen) stehen unter dem Kriterium des Messias, dessen Wahrheit sich für Johannes den Täufer darin beweist, daß Blinde sehen, Lahme gehen und Armen die frohe Botschaft verkündet wird, daß Hungrige gespeist und die Fremden aufgenommen werden. Diese Kriterien sind nicht nur ein persönliches Problem der Christen, sondern ein Sozialproblem der kirchlichen Gemeinden. Die Kirche wird sich dann vornehmlich an den Orten entfalten, wo sie mit den Fremden und Benachteiligten zu reden und zu tun bekommt. Angesichts der dabei erlebten Notwendigkeiten handelt man sich innerkirchlich und gesellschaftlich die notwendigen Konflikte ein. Bisherige binnenkirchliche Wichtigkeiten, um die immer wieder heftig gestritten wird, werden dann relativ belanglos.

[6] Vgl. O. Fuchs, Fremdsein in Deutschland? Spanisch-katholische Missionen in der Bundesrepublik Deutschland, in: Caritas 89 (1988) 4, 172–185.

b) Diakonale Inkulturation

Von daher wird das authentische christliche Kirchenverständnis klar, das Krockauer im Zusammenhang mit dem Begriff der »Kirche als Asylbewegung« aufbringt. Neben der traditionellen Kirchenbildung (in Pfarreien, aber auch in Orden und Verbänden, die sich freilich nicht selten auch an bestimmten Noterfahrungen und Problemen der Menschen entfaltet haben) wird es zunehmend neue Sozialformen von Kirche geben müssen, die sich unmittelbar an und in den Zonen von Nöten und Bedürftigkeiten konstituieren. Auch wenn es zuweilen so scheint, als entwickelten sich diese neuen Sozialformen an den Rändern der bisherigen Kirchenformen, muß inhaltlich festgehalten werden, daß sie aufgrund ihrer Praxis mindestens genauso zum Zentrum der Kirche gehören wie die etablierten Zentren. Dabei können durchaus (hoffentlich) entsprechende gegenseitige solidarische Verbindungsformen mit den Herkunftsgemeinden aufrechterhalten werden (sofern das nicht durch gegenseitige Aussperrungen verhindert wird).

Von Kirchen rede ich in diesem Zusammenhang deswegen, weil gerade der Tatbestand, daß Christen die direkten Begegnungen mit Betroffenen wählen und in diesen Lebenszusammenhängen ihre Optionen treffen, Kirche konstituiert. Man kann hier auch von Teilkirche sprechen, sofern man nicht vergißt, daß die Teilkirche mit dem Teil, den sie christlich vertritt, selbst Kirche ist (denn keine konkrete Kirchenbildung kann die Totalität aller Kirchenbildungen enthalten oder beanspruchen). In der Kirche als Asylbewegung kommen Menschen in der praktischen Nachfolge Jesu auf Betroffene zu und bilden damit Gemeinschaften »in seinem Namen«: in buchstäblicher Not-Wendigkeit ihres Heilsdienstes an der Welt. Interessanterweise bilden sich solche »Optionskirchen« nicht selten quer durch die Konfessionskirchen hindurch. Hier eröffnet sich eine Ökumene, die die Einheit der Christen im vitalen und wesentlichen Konzentrationspunkt christlicher Identität einholt und begreift, nämlich in der gemeinsam verantworteten mitmenschlichen und lebensrettenden Praxis zugunsten bedürftiger Menschen.

Es sind dies zugleich jene Orte, wo sich die Kirche um der Betroffenen willen entgrenzt und mit allen zusammenarbeitet, die aus nicht explizit christlichen Motivationen heraus die gleichen

Solidarisierungen konkret verfolgen. Hier reicht die Kirche gerade an den Stellen in die Gesellschaft hinein, wo sie sich in doppelter Weise mit Menschen (gleich welchen Glaubens und welcher Weltanschauung) solidarisiert: mit den Benachteiligten und Notleidenden auf der einen und mit denen, die sich um die Betroffenen sorgen, auf der anderen Seite. Dieser Gesellschaftsbezug und eine solche »Anpassung« an die Gegenwart sind genau das Gegenteil von einer opportunistischen Verbindung mit der Umwelt, in der man sich besonders mit den mächtigen Menschen und Strukturen um der eigenen Einflüsse willen arrangiert. Die Innen-Außen-Frage der kirchlichen Identität bekommt aus solcher Perspektive neue Konturen durch dynamische Austauschprozesse von Kirche und Welt, zwischen Christen und Nichtchristen an und in den Angst- und Notzonen und damit an den notwendigen Stellen von Gesellschaft und Politik.

Aus christlicher Perspektive handelt es dabei um die geschichtliche Verankerung des Reiches Gottes mit allen Kräften guten Willens, um die diakonale Inkulturation des Evangeliums jenseits jeglicher kulturimperialistischen Attitüde und deshalb zugunsten multikultureller Präsenzformen der christlichen Inhalte. Man darf hier nicht vergessen: Die Bergpredigt Jesu ist ganz und gar keine »binnenkirchliche« (hier binnensynagogale) Predigt gewesen, sondern war eine öffentliche politische Rede innerhalb der damaligen Gesellschaft zugunsten der von dieser Gesellschaft marginalisierten Menschen selbst. Daß eine solche öffentliche Solidarisierung zugleich ganz bestimmte Wirkungen hat auf die »Predigt nach innen« für diejenigen, die Jesus nachfolgen, und auch deren Standortbestimmungen und Themen, deren Lebenszusammenhänge und Sozialbildungen verändert, liegt auf der Hand. So geht es um den realen Vollzug der Antithesen der Bergpredigt: Selig ihr Armen, denn euch gehört das Reich Gottes (Lk 6,20); selig ihr Flüchtlinge, denn euch gehört die Anerkennung und die Hochschätzung Gottes. Wo Menschen sich nicht an der Plausibilität orientieren, daß den Reichen, Perfekten und Mächtigen die Welt gehört, sondern im Umgang mit den Schwachen die Antithese dazu real erfahren (nämlich daß gerade die Begegnung mit den Armen das Leben intensiv und reich macht und die gängigen Plausibilitäten auf den Kopf stellt), da gestalten sie bereits hier ansatzhaft Reich Gottes. So findet in der Diakonie der christliche Glaube an die Verheißung des Reiches Gottes »seinen unmittelbaren Bezug zur Welt«.[7] In der Diakonie geht es demnach um die »realen Vermittlungsprozesse zwischen Reich Christi und Gesellschaft«.[8] Wer an einer solchen zwischenmenschlichen Wirklichkeit Anteil hat und gibt, gibt und hat gleichzeitig teil am Reich Gottes, weil er dieses Reich in konkreter Begegnungsrealität auf die Erde bringt. Kirche als Asylbewegung bezieht sich demnach in der über die Kirche hinausreichenden gesamten Asylbewegung nicht nur auf die beteiligten Christen, sondern bringt alle Beteiligten in einen (nicht-vereinnahmenden, sondern anerkennenden und befreienden) »Kirchenbezug«: insofern die Betroffenen selbst aufgrund ihrer Noterfahrungen in die Mitte der Kirchenbildung gehören und insofern alle diejenigen, die sich um entsprechende Humanisierungen in Gesellschaft und Politik bemühen, aufgrund ihrer Praxis nicht weit weg vom Reich Gottes sind. Kirche zeigt sich hier überaus verklammert mit der »Welt«: und zwar in einer nicht-integralistischen, sondern inhaltlich an der Diakonie orientierten »Osmose« mit der nicht-kirchlichen, aber doch faktisch nicht nicht-christlichen Umgebung. Die Praxis des Reiches Gottes übersteigt die Grenzen der Kirche in erlebbarer Weise an eben diesen Übergängen. Die Kirchenbildung ereignet sich dann hoffentlich im Zentrum der über sie hinausgehenden Vergeschichtlichung des Reiches Gottes, wofür sie sich ihrerseits selbst in den Dienst stellt. Auf unser Thema bezogen: Die Kirchenbildung ereignet sich dann im Zentrum der Asylbewegung selbst, ohne letztere zu subordinieren, sondern vielmehr im Dienst an und in ihr. Gerade in solcher Diakonie entdeckt sie ihre eigene Mitte und Identität. Solche Kirchenbildungen werden zum analogen Zeichen der Liebe Gottes unter den Menschen, weil sie darstellen, was sie benennen.

c) Authentische Kirchen

Innerkirchlich läuft die Auseinandersetzung zwischen zwei Kirchenbildern, die man plakativ auf zwei extreme Positionen bringen kann. Die eine Position lautet: Die Kirche ist zuerst einmal

[7] P. Helbig, Diakonie und Frömmigkeit, in: Ulrich (Hrsg.), Diakonie (Kap. 3, Anm. 5), 108, 112, hier 109.

[8] A. Hollweg, Trendwende in der Diakonie, in: Pastoraltheologie 73 (1984) 6, 196–211, hier 206; vgl. auch 204 und 208.

für sich selbst da. Was nicht ihren Aufbau fördert an Teilneh-
merzahl und Einfluß, wird in der Pastoral als relativ unergiebig
erachtet. Zunehmend rotiert die Kirche dann um Probleme, die
sie in solch starrer Identitätswahrung letztlich nur noch selber
hat. Die andere Position: Die Kirche ist für die anderen da, sie
hat keinen Selbstzweck, sondern steht im Horizont des Reiches
Gottes selbst im Dienst der Humanisierung der Menschen und
ihrer Strukturen. Wo sie in dieser Hinsicht mithilft, realisiert sie
sich in der dynamischen Identität dieses Dienstes selbst, zunächst abgesehen von der Erfolgswirkung für die eigene Institution und Weltanschauung.
Ein Beispiel dafür aus der kirchlichen Medienpolitik: Im Sinn
der ersteren Strategie kämpfen Kirchenleitungen medienpoli-
tisch um die Repräsentanz kirchlicher Organisationen in den
gegebenen Neuen Medienstrukturen, ohne letztere freilich selbst
zu verändern. Dabei lassen sie sich auf Systeme ein, in denen
nur etwas zu sagen hat, wer das nötige Geld aufbringt. Selbstverständlich wird der narzißtische Drang zum Einfluß der eigenen
Institution damit begründet, daß man dann auch »Sprachrohr«
sein kann für diejenigen, die in den Neuen Medienlandschaften
nichts zu sagen haben. Eine Kirche dagegen, die ihrerseits von
der inhaltlichen Kompetenz benachteiligter Menschen viel hält,
wird der Versuchung zu solcher immer wieder leicht machtför-
migen »Fürsorglichkeit« widerstehen und zuerst politisch für
solche Medienstrukturen kämpfen, in denen benachteiligte
Menschen ohne Vorleistungen und direkt zu Wort kommen können. Im Zuge eines solchen Engagements wird die Kirche dann
damit zu rechnen haben, daß sie in diesen Medien, wenn letztere
sich nicht diesbezüglich verändern lassen, nicht ohne weiteres
willkommen ist. Umgekehrt müßte die Kirche damit rechnen,
daß die direkte Wortergreifung der Betroffenen wohl stark über
das hinausgeht, was die Kirche als Sprachrohr für sie zu sagen
gewillt gewesen wäre.
In solcher Auseinandersetzung zwischen den angedeuteten zwei
Kirchenbildern bezieht die »Kirche als Asylbewegung« eindeutig Position für die diakonische Kirche, die sich zugunsten notleidender Menschen selbst entäußert und gerade darin sich
selbst (als Kirche) zu gewinnen glaubt. Viele neue solcher Kirchen werden entstehen, je nach Situation, Charisma und Entscheidung der Christen »vor Ort«: in etwas, mit etwas und als

etwas, das sie selbst in ihrer geschichtlichen Situation ist und was zugleich über sie hinausgeht. Die Kirche mit den Asylsuchenden und als Asylbewegung, die Kirche mit behinderten Menschen, die Kirchenbildung mit psychisch kranken Menschen (zugunsten ihrer Lebensmöglichkeiten in den Alltagsbereichen der Gesellschaft), die Kirche mit den HIV-infizierten und Aids-kranken Menschen, überhaupt die Kirche als »Selbsthilfegruppe« bezüglich vieler Noterfahrungen, in denen sich Menschen gegenseitig helfen können und müssen. Die Kirche der bzw. mit den Frauen, die Kirche der Frauenbewegung also (in der die in der Männerkirche offiziell zu wenig wahrgenommene inhaltliche Kompetenz der Frauen um so gründlicher zum Zuge kommt). Es kann so viele von ihren Notzonen unterschiedliche Kirchenbildungen geben, wie es eben diese Notzonen gibt. Und doch werden sie alle das eine Wesen gemeinsam haben: daß sie sich zugunsten benachteiligter Menschen verausgaben. Eben das wird ihre Verbindung und gegenseitige Kommunikation nicht nur ermöglichen, sondern zur wechselseitigen Solidarisierung herausfordern. Immer wieder wird es freilich mehr Noterfahrungen als Kirchenbildungen geben. Letztere werden den ersteren nachhinken, darin aber nicht verzweifeln, sondern in der Hoffnung auf das Reich Gottes das Mögliche tun.

Der ganze Caritasverband wie auch seine einzelnen Einrichtungen können als solche Kirchen mit und bei den angewiesenen und bedürftigen Menschen angesehen werden. Und schließlich gehört hierher auch ein sozialer Arbeitskreis in einer Pfarrei, der sich z. B. um obdachlose Menschen kümmert: Auch er ist eine Kirche in der Kirche (wie es bislang auch keine Schwierigkeiten machte, von der Hauskirche, von der Familie als Kirche innerhalb der Gemeindekirche zu reden: Die Quantität also macht nicht die Kirchlichkeit aus, sondern nur die entsprechende Qualität). Schließlich gehören hierher selbstverständlich auch die »konziliaren Prozesse«, netzwerkhaft quer durch die Konfessionskirchen hindurch, die sich auf überregionale und deshalb regional zu verantwortende und zu verfolgende Überlebensfragen der Menschheit konzentrieren: auf die Frage nach globalen Gerechtigkeitsstrukturen, nach der Ökologie und der Erhaltung der Atmosphäre, nach dem Frieden zwischen den Völkern (hier also die Kirche als Ökologie-, als Friedens- und Gerechtigkeitsbewegung). Diese plakativen Stichworte benennen höchst differenzierte und zu differenzierende tiefe Ängste, Probleme und dringende Handlungsnotwendigkeiten.

Insgesamt ist also die Frage nach dem Stellenwert solcher Gruppen und Bewegungen von und mit Christen innerhalb der Kirchen und damit in der Ekklesiologie (als dem theologischen Selbstbewußtsein der Kirche) dahingehend zu beantworten, daß sie aufgrund ihrer Praxis Kirchen eigener Berechtigung darstellen und gleichstufig mit anderen kirchlichen Sozialgestalten einzuschätzen sind.[9] Die (konfessionellen) Herkunftskirchen vornehmlich in den traditionellen Pfarreiformen werden ihnen nicht subordinierend gegenübertreten können und dürfen, sondern sie in zwischenkirchlicher Gleichberechtigung innerhalb der einen multikirchlichen Kirche anzunehmen haben. Denn hier geschieht Ökumene am inhaltlich entscheidenden Ort kirchlichen Selbstvollzugs. Alte Grenzen relativieren sich zugunsten neuer Entgrenzungen, ohne daß die alten Grenzen beseitigt werden müßten. Was ist angesichts solcher Kirchenzukunft mehr zu wünschen, als daß die »alten Kirchen« die neuen diakonalen Kirchenbildungen solidarisch stützen und mittragen, daß sie von ihnen lernen, daß sie sich in diesen nicht nur durch Beobachter vertreten lassen, sondern deren Kirchlichkeit dadurch anerkennen, daß sie sich mit ihrem eigenen Stimmrecht auf die Stufe des gegenseitigen Stimmrechtes dieser Kirchenbewegungen begeben: Die römisch-katholische Kirche hat hierin viel zu lernen![10]

7.3 Zum alternativen Erkenntnisinteresse

a) »Extremfall«

Mit Detailerfahrungen habe ich dieses Buch begonnen, mit einer Reflexion auf die entsprechende Erkenntnisweise will ich

[9] Vgl. zur ekklesiologischen Qualität der »konziliaren Prozesse« G. Hintzen, Die ekklesiologische Bedeutung des konziliaren Prozesses für Frieden, Gerechtigkeit und Bewahrung der Schöpfung, in: Ökumenische Rundschau 38 (1989) 283–297; Daiber, Identität (Kap. 2, Anm. 5), 58 ff, 194 ff; M. Bührig, Zwischen Sintflut und Regenbogen, in: Publik-Forum (1990) 1, 14–15; zu ihrer ökumenischen Bedeutung vgl. Mette, Dimension (Kap. 4, Anm. 15), 59; vgl. dazu auch Fuchs, Dabeibleiben (Kap. 5, Anm. 33), 107–119.

[10] Vgl. L. Kaufmann, Katholiken für Seoul: trotz allem!, in: Orientierung 54 (1990) 1, 1–2.

am Schluß auf den Eingang zurückkommen und damit wenigstens anfanghaft jene Sichtweise erkenntnistheoretisch einholen, um die ich mich in meinen Überlegungen bemüht habe. In der christlichen Existenz von Mensch und Kirche geht es nicht nur um die Aktivität, für Betroffene Partei zu ergreifen, sondern um den Seinsmodus, parteilich zu sein. Diesem Modus entspricht eine spezifische Erkenntnisweise, in der sich Wahrnehmen und Denken profilieren. Es ist das Erkenntnisprinzip, welches vom Notleidenden, von seinen Wahrnehmungen und Einsichten her den Entwurf der Lebens- und Handlungswelt gestaltet und organisiert. Es ist das Prinzip dieser Erkenntnis selbst, das eigene Erkenntnisinterese vom Interesse dieser Erkenntnissubjekte abhängig zu machen.[11] Dahinter steht dann eine Erkenntnistheorie, in der sich die Erkennenden etwas sagen lassen von der in dieser Theorie privilegierten Subjektgruppe des Erkennens.

Dann freilich gilt nicht mehr die Kategorie des Allgemeinen und Kontinuierlichen von Geschichtsvorstellungen und Systemerhaltungen, sondern vielmehr die Kategorie der wahrgenommenen Unterbrechungen (von Strukturen in ihren ungerechten Widersprüchen und von Menschen in ihren Schädigungen), also von Gebrochenheiten, die von der ersten Kategorie nur allzu leicht verschleiert werden. Indem das Erkennen an einen ganz bestimmten kommunikativen Kern gebunden wird, wird es selbst als ganz bestimmte Praxis verständlich.[12] Eine solche Erkenntnistheorie ist notwendig mit der Praxis der Leidenden und mit der Praxis der Leidverhinderung bzw. -milderung verbunden, aber auch mit der Einsicht in die eigene Gebrochenheit und Ohnmacht.

Wenn es um die Frage nach der »echten« und damit ausschlaggebenden Erfahrung für Erkennen und Handeln geht, dann darf in diesem Zusammenhang wohl an die Erkenntniskritik Walter

---

[11] Vgl. dazu J. Habermas, Erkenntnis und Interesse, in: ders., Technik und Wissenschaft als Ideologie, Frankfurt a. M. 2/1969, 146–159; dazu und zum Folgenden vgl. auch C. Boff, Theologie und Praxis. Die erkenntnistheoretischen Grundlagen der Theologie der Befreiung, München /Mainz 1983, 294–323.

[12] Vgl. dazu besonders H. Peukert, Wissenschaftstheorie – Handlungstheorie – Fundamentale Theologie. Analysen zu Ansatz und Status theologischer Theoriebildung, Düsseldorf 1976, 283–323; K. Füssel, Sprache, Religion, Ideologie. Von einer sprachanalytischen zu einer materialistischen Theologie, Frankfurt a. M. 1982, 157–183.

Benjamins erinnert werden.[13] Danach ist wahre Erkenntnis nur möglich, wenn sie die extremen und exzessiven Tatbestände, Entwicklungen und Erfahrungen wahrnimmt und im Abschreiten ihrer darin auf- und einleuchtenden Einsichten entsteht. Die Begriffe erfüllen den Hilfsdienst, das beim Eintauchen in die Extremphänomene Geschaute ins Bewußtsein zu heben. In der Einmaligkeit einer besonderen Erfahrung oder Begegnung eröffnet sich der erkennende Durchblick in das, was über diesen Extremfall hinaus allgemein der Fall ist. Die kontinuierliche Glattheit des allgemein Ablaufenden nämlich entläßt aus sich selbst heraus wenig Erkenntnismöglichkeiten ihrer selbst. Erst die Brüche zeigen die Tektonik dessen, was Wirklichkeit ist. Zwar wird man nicht jedes Kontinuum allein aufgrund seiner formalen Kontinuität zu verdächtigen haben. Es gibt auch »gute« und stützende Kontinuitäten von Strukturen und Gewohnheiten, von gegenseitiger Sicherheit und Zuverlässigkeit. Doch darf man die Gefahr nicht unterschätzen, daß sie in ihrem überindividuellen Ordnungsdrang über die Individuen hinweggehen und deren Begrenzungen nicht in die Bestimmung ihrer (dann eben auch nur bruchstückhaften) »Kontinuität« aufnehmen (können). Das Kontinuum wird sich dann wohl um seine eigene Einheit bringen und nicht mehr störungsfrei, sondern mit Sand im Getriebe »funktionieren«. Zudem geht es bei der Erkenntnis im Extremfall gerade darum, entweder die die Einzelphänomene achtende und aufbauende Wirkung eines Kontinuums zu enthüllen oder deren das einzelne instrumentalisierende und zerstörende Realität zu demaskieren. An der Bruchgrenze zwischen Individuum und Kontinuum blitzt ihr tatsächliches gegenseitiges Verhältnis auf.

Erkennen ist damit nicht primär die empirische additive Anreicherung der quantitativ häufigsten oder qualitativ herrschenden normalen Phänomene, sondern steigt in die »Strudel« der Einzelphänomene hinunter bis an deren Ursprung ihrer Gebrochenheit und Unverlierbarkeit: also bis an die Wurzeln unmittelbarer und doch vermittlungsnotwendiger Evidenz. Wie der Strudel im Fluß senkrecht, also quer zu dessen kontinuierlicher Flußrichtung steht (die unerbittlich über alles hinweggeht), so zeigt sich

---

[13] Vgl. W. Benjamin, Ursprung des Deutschen Trauerspiels, Frankfurt a. M. 1972, hier 16–31; ders., Illuminationen, Frankfurt a. M. 1977.

das wirkliche Leben nur dort, wo es in den Strudel gerät, der bis an dessen Ursprungstiefe gelangt. Damit ist das Einzelphänomen gerettet und wird gleichzeitig zur exquisiten Erkenntnisquelle dafür, was unter der Flußoberfläche tatsächlich »abläuft«. Wichtig ist dabei die Qualität und weniger die Quantität solcher Erkenntnisarten und -vollzüge. Dabei geht es nicht um die Wahrnehmung möglichst vieler solcher Phänomene (wofür allein schon die psychische Energie kaum ausreicht), sondern man kann sich getrost, indem man die Quantität durch die Extremheitsqualität reduziert, dem Einzelphänomen zuwenden, denn in solcher Zuwendung auf das Bruchstück eröffnet sich die Einsicht in das All der dahinterliegenden Gebrochenheitszusammenhänge (vgl. Kap. 1.1, a). Die Qualität der Erkenntnis bezieht sich auf das Erkenntnisphänomen, indem es um so mehr Erkenntnis bringt, als es »extrem« ist, wie auch auf die Erkenntnisweise, indem es in die Tiefe des Torsos und seiner Geschichte einsteigt.

b) »Gebrochenheit«

Entscheidend ist dabei, daß nicht irgendwelche Extremerfahrungen aus irgendeiner Perspektive betrachtet werden, sondern daß die Kategorie der »Gebrochenheit« menschlicher Geschichte und Existenz erkenntnisleitend ist. Es geht also um das Innewerden von Erfahrungen aus der Perspektive derer, die sich als »Gebrochene« erleben. Die Einklagen und Einsichten der Opfer decken menschliche Geschichte(n) auf.[14] Sie sind zugleich die Grundlagen zum Entwurf des geschichtlichen Handelns, welches »messianische«, also heilende Qualität hat und zur Rettung der Opfer führt. In den Extremerfahrungen der Gebrochenheit erfolgt das epistemologische wahrheitsfähige Durchdringen des Alltags, was auch beinhalten kann, daß etwas alltäglich Unscheinbares als die Manifestation eines Extrems wahrgenommen wird. So gehört der Anblick von Bettlern in den Fußgängerzonen zur unscheinbaren Randerscheinung eines normalen Einkaufsbummels. Indem der Künstler *Otto Dix* (vgl. Umschlagbild) eine solche Szene zum Zentrum seines Bildes erhebt und in seinen Widersprüchen eindrucksvoll aus dem Alltag heraus-

---

[14] Vgl. W. Benjamin, Über den Begriff der Geschichte, in: Gesammelte Schriften, Band I. 2, Frankfurt 1980, 693–704.

bricht, steigt er in die Tiefe des Einzelfalls und bringt gerade dadurch (mehr als eine Statistik über die Bettler in unserem Land) entlarvend zum Vorschein, was »normal« geschieht. Das »Kunstbild« wird so zum »Denkbild«.

Von diesen Überlegungen her dürfte der erkenntnistheoretische Ansatz W. Benjamins unschwer als Basis einer diakonalen Erkenntnistheorie zu identifizieren sein. Erst die Praxis ist wahre und heile Praxis, die sich an der Erkenntnis menschlicher, gesellschaftlicher und geschichtlicher Existenz im Horizont der Gebrochenheit orientiert und letztere von den Extremfällen der von den Gebrochenheitserfahrungen Betroffenen her bestimmt (sein läßt). So erschließt beispielsweise die Schockerfahrung des Todes eines alten Menschen eine tiefere Erkenntnis dem gegenüber, den der jüngere als Lebenden gekannt hat, und damit eine neue erinnernde Begegnungspraxis mit dem Toten selbst, im Sinn des »Wohlwollens ohne Beisatz«[15]. Kontinuitäten der Perfektion und des Funktionierens, die einen gestorbenen Menschen in der Kategorie des Ersatzaustausches ein- bzw. ausordnen, können davon nichts wahrnehmen, sondern nur diejenigen, die der Tod eines Menschen als Unterbrechung trifft, und diejenigen, die sich im Leben bereits als die Opfer jener Kontinuitäten erfahren, weil sie auf deren Standard nicht mithalten können. Und hier zeigt sich der tiefgehende Zusammenhang: Wer nicht »generell« im Horizont der zum Menschen gehörenden Gebrochenheit menschliche Praxis entwirft (sondern etwa im Kontext einer vergöttlichenden Fiktion des Menschen unter den Paradigmen von Fortschritt und Funktionalität), produziert eben deshalb um so mehr gebrochene Menschen, weit über das Maß der kreatürlichen Gebrochenheit hinaus. Gerade deshalb geht es wirklich nicht nur um die »Auch-Notwendigkeit« der Sozialarbeit, additiv zu den anderen eigentlichen Lebens- und Arbeitskontexten, sondern darum, die in der Sozialarbeit aufbrechenden Gebrochenheitserfahrungen als bestimmende Erkenntnisform für die Kritik der Wirtschafts- und Gesellschaftsstrukturen ernst zu nehmen.

Man kann solche Einsichten an verschiedenen Wirklichkeitsbereichen durchbuchstabieren. Wie wird beispielsweise die Krankheit eines Menschen gesehen: aus der Durchschnittsperspektive

---

[15] Vgl. Benjamin, Illuminationen, 308.

der Gesunden und Funktionierenden, wodurch sie nichts als eine lästige und zeitlich zu verkürzende Periode sein kann; oder aus der Perspektive, daß in dieser Unterbrechung und Gebrochenheitserfahrung zugleich neue Botschaften für die Beurteilung dessen bereitliegen, was der Alltag fordert? Wenn Herzinfarktpatienten ihre Krankheitsunterbrechung nicht als Kritik an ihrem bisherigen Leben auffassen, erstickt die Chance, die in ihrer Extremerfahrung läge, in der Kontinuität des So-Weitergehens wie bisher, ungeachtet der möglichen tödlichen Konsequenzen. Oder: Deckt nicht die Zwanghaftigkeit eines psychiatrischen Patienten in unglaublicher Schärfe und personalisierter Konzentration die Sicherheitsideologien und -strategien auf, die als normal gelten, es aber unter Umständen gar nicht sind (von den Karriere-, Kapital-, Besitz- bis hin zu den Militärstrategien)?

Die relativ ungeschützten und unverstellten »Offenbarungen« eines psychisch Kranken dürften ähnliche als normal geltende Strukturen und Strategien plötzlich derart um ihre hochbegabten Rationalisierungen und Plausibilitäten bringen, daß ihr irrationaler Kern freigelegt wird. Eine Therapie, die von solchen Betroffenen keine innovative Erkenntnisqualität erwartet, kann auch nie einsehen, daß deren »Krankheit« womöglich eine »gesunde« Reaktion auf ungesunde und krankmachende Verhältnisse ist.

Wenn Jesus ein realistisches Bild für Gott in der Geschichte der Menschen ist, dann wird die theologische Qualität gerade eines solchen Verhaltens deutlich, indem vom Extremfall her Wirklichkeit gesehen und Handeln entworfen wird. Denn er befindet sich mit seinen entscheidenden Begegnungen an eben diesen Bruchstellen moralischer und ökonomischer Kontinuitäten, indem er sich den Sündern und den Armen zuwendet, wie er selbst mit seiner ganzen Existenz und mit seinem Tod das aufgerichtete Zeichen menschlicher Gebrochenheit und unmenschlicher Brechung darstellt. Wenn Gott in Jesus Mensch geworden ist, dann hat er sich tatsächlich nicht nur im Ernst-, sondern im Extremfall menschlicher Existenz geoffenbart.

Das alternative formale Erkenntnisprinzip also, daß im Extremfall eines Sachverhaltes seine Wahrheit deutlich wird, besitzt in seinem Formobjekt die inhaltliche Option, vom Extremfall der Schwachen, Beschädigten, der Hilfsbedürftigen und der Opfer (der Gegenwart, aber auch der geschichtlichen Vergangenheit, für uns Christen insbesondere des Opfers Jesu Christi) her verifiziert zu werden. Erst im Rekurs auf die Beschädigten und in der realen Begegnung mit den Opfern läßt sich eine fundamentale Position bestimmen, die nicht mehr vorgeschobenen Argumenten verfallen kann, sondern eine ursprüngliche Unabweisbarkeit erreicht, weil sie sich am Ursprung der Leidens- und nötigen Befreiungserfahrungen belehren läßt. Solche Einsichten »offenbaren«, was vorgeht und welche Urteils- und Handlungsperspektiven um einer menschlicheren Gesellschaft willen fällig sind.

Die Aufrechterhaltung der *reinen* Gesinnung dagegen ist ein Wahn fiktionaler Unschuld und Luxus idealer Kontinuitäten und verhindert den Einstieg in die Brüche der konkreten Verhältnisse und damit die *Verantwortung* für konkrete Handlungsentscheidungen zwischen Gelingen und Scheitern sowie im unvermeidbaren Schuldigwerden.

c) »Brechungen«

Auch sittliche, moralische und rechtliche Prinzipien sind (oft durch Sanktionen geschützte) Kontinuitäten und haben als solche höchst zwiespältige Wirkung auf Menschen in ihrer Selbst- und Fremdeinordnung zwischen Prinzip und Scheitern, zwischen Sanktion und Diakonie. Um der Menschlichkeit willen stehen immer wieder »Brechungen« überichhafter Prinzipien an.

Zunehmend erzählen Seelsorger/innen und insbesondere Pfarrer, daß sie sich nicht selten gerade dann, wenn sie im Bereich der Pastoral helfend und befreiend mit Menschen umgehen, in der Anrüchigkeit des prinzipiell moralisch oder kirchenrechtlich dann doch nicht Erlaubten befinden. Etwa wenn sie wiederverheiratete geschiedene Gläubige zur vollen sakramentalen Beteiligung ermutigen; wenn sie konfessionsverschiedene Ehepartner darin unterstützen, auch in ihrer konfessionellen Identität reziprok miteinander umzugehen, z. B. im abwechselnden Besuch evangelischer und katholischer Sonntagsgottesdienste; wenn sie Eheleute ermutigen, die Art und Weise ihrer Familienplanung selbst zu verantworten, wenn sie bezüglich der HIV-Infektion den durch ihre sexuelle Praxis gefährdeten Menschen nicht nur »erlauben«, sondern diesen dringend anraten, Kondome zu be-

237

nutzen.[16] Wenn die Rigidität der kirchlichen Rechts-, Disziplin-
und Moralvorstellungen weiter anwächst, wird es bald kein diakonales pastorales Handeln mehr geben, das nicht kriminalisiert
ist.

Dabei geht es nicht in jedem Fall darum, daß mit solcher diakonalen Pastoral bereits die jeweiligen ethischen Probleme erledigt
seien, sondern es geht darum, daß jeder Mensch auf jedem glau-
bensmäßigen und sittlichen Niveau seines Verhaltens (und sei es
auf dem niedrigsten) ein Recht auf Diakonie, auf Hilfe und Befreiung zu besserem Leben und zum Überleben hat. Theologisch
heißt das: Auch und gerade die (angeblichen bzw. wirklichen)
Sünder (und wer könnte sich aus dieser Sammelbezeichnung in
Hinsicht auf seine reale und potentielle Sündenanfälligkeit heraushalten?) haben ein Recht auf christliche Diakonie, wie Gott
selbst es ist, der die Sünder liebt und in seiner Versöhnung rechtfertigt. In solcher theologischen Rechtfertigung liegt die Wurzel
der prinzipiell ausnahmslosen diakonischen Pastoral, die weder
durch sittliche, moralische und dogmatische noch durch irgendwelche andere Bedingungen zu begrenzen ist. Von daher fällt
jede (un-)menschliche Rechtfertigung in sich zusammen, die Betroffene aus dem eigenen diakonischen Verhalten ausgrenzt mit
der Begründung, daß sie selbst durch ihre Sünden daran
»schuld« seien. Vielmehr fallen auf diejenigen, die sich solche
Entschuldigungen leisten, letztere als eigene Schuld zurück. Erfahrung von Sündhaftigkeit (bei Helferinnen und Helfern wie
auch bei ihren Adressaten) und diakonisches Handeln liegen
dicht beieinander, weil letzteres im konkreten Ernstfall immer
wieder eingebettet ist in Vorgegebenheiten der Schwäche und
des Scheiterns, in den selbstentlastenden Versuchungen der Ausgrenzung und im (bezüglich des Einzelfalls mit höchster Sensibilität zu behandelnden) Anteil der Schuld an der Produktion des
eigenen und fremden Leidens.[17]
Ein weiteres Grundproblem, das hiermit zusammenhängt, ist die
Tendenz in kirchlichen Kreisen, nicht von der Realität, sondern
von einer *Fiktion* vom Menschen auszugehen. Ein Beispiel: Gerade christliche Eltern begegnen ihren »Kindern« nicht selten in
der Einstellung »Was nicht sein darf, ist auch nicht der Fall«!

[16] Vgl. dazu ausführlicher Fuchs, Umgang, 105ff.
[17] Zum Verhältnis von Schuldentdeckung und Freiheit vgl. am Beispiel der Aids-Pro-
blematik Fuchs, Umgang, 119ff.

Hinsichtlich der Aids-Gefahren kann diese Einstellung höchst problematisch sein: »Mein Kind tut das nicht!« So wenige christlich-arglose Eltern kann es gar nicht geben, daß ihre Zöglinge zu den wenigen Prozent gehören sollen, die in den einschlägigen statistischen Untersuchungen als derart zurückhaltend ausgewiesen sind. Auch christliche Eltern werden dann wohl miteinander und mit den jungen Menschen darüber zu reden haben, wie sich junge Menschen schützen müssen, wenn sie dem Bild der Eltern nicht entsprechen, etwas vereinfacht formuliert: »Am besten, ihr tut das wirklich nicht (nämlich miteinander schlafen), aus moralischen und infektionsverhindernden Gründen, aber wenn ihr schon (was die Eigendynamik einer vitalen Beziehung nie mit Sicherheit auszuschließen vermag) miteinander schlaft, dann benutzt unbedingt Kondome!« (Sofern man sich nicht bereits sehr gut kennt und diesbezüglich sicher sein kann.) Jede Verdrängung einer solchen realistischen Möglichkeit verdrängt auch ihre vorherige Besprechung und ist damit gerade aus praktisch-ethischen Gründen verantwortungsarm. Denn die Verhinderung einer tödlichen Krankheit hat ja wohl nicht nur diakonische, sondern darin auch ethische Qualität. Ethische Fiktionen verhindern ethisches Verhalten. Nicht daß die Ansteckungsgefahr Jugendlicher gleichen Alters sehr groß wäre; aber prinzipiell ist sie bei relativer Unkenntnis der Partner/in gegeben, was um so mehr gilt, wenn Jugendliche mit älteren Partnern/innen zusammen sind.

Überichhafte perfektionistische moralisch-ethische Grundsätze tendieren zur Doppelmoral, Übertretungen nicht wahrzunehmen oder weit von sich zu weisen. Der damit verbundene »Selbstruhm« der beanspruchten Nichtsündigkeit ist freilich von Gott her nicht zu rechtfertigen, der die Menschen *als* Sünder rechtfertigt. Die Menschen können sich damit so wahrnehmen, wie sie sind, einschließlich ihrer dunklen und destruktiven Anteile.[18] Man darf in diesem Zusammenhang auch nicht die für den Glauben grundlegende Erfahrung der »felix culpa« vergessen, insofern gerade in der den Sündern geschenkten unendlichen Versöhnungsbereitschaft Gottes Liebe um so intensiver erfahrbar ist. Das ist keine Verharmlosung der Sünde, sondern

---

[18] Vgl. zum Verhältnis von Rechtfertigung und Befreiung Werbick (Kap. 5, Anm. 24), Gerechtigkeit.

ihre angemessene Lokalisierung in der Diakonie Gottes selbst: Wer in seinem Vertrauen an diesen Gott glaubt, der die Menschen ohne Unterlaß als Sünder aufnimmt, der wird angesichts solcher Gnade das lernen, was die Sündenbekämpfung nicht zum Gesetz macht, sondern aus der Gottesliebe heraus ermöglicht: nämlich die Scham vor Gott![19] Von daher ist es Christen geschenkt, schützenswerte Prinzipien des (mit-)menschlichen Lebens so zu vertreten, daß gerade *im Scheitern* mit der im Prinzip vertretenen Menschlichkeit (und daß es sich um menschliche Prinzipien handelt, sei hier einmal vorausgesetzt) ein ständiger Neuanfang ohne Ende möglich ist. Christliche Prinzipien sind dann nicht mehr kontinuierlich in ihrer Fiktion, sondern in ihrem konkreten Kampf zwischen Brechung und Erfüllung. Anders, nämlich selbstrühmerisch, können Menschen sie gar nicht aufrechterhalten!

[19] Vgl. G. Schneider-Flume, Die Identität des Sünders, Göttingen 1985.